课件实例效果赏析

离子反应

平行四边形的面积

颜色调整

走一步，再走一步

春节习俗

锦绣安徽

秋天

课件实例效果赏析

三峡

苏州园林

以内的加法运算

春夏秋冬

从百草园到三味书屋

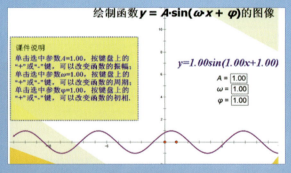
绘制函数图像

大自然的语言1

大自然的语言2

课件实例效果赏析

动与静

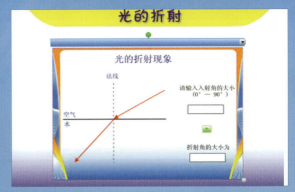

光的折射

进化与遗传

能够承受挫折

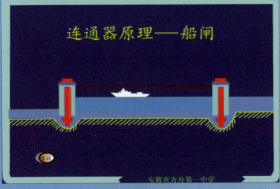

连通器原理

琵琶行

设计遮阳篷

变色龙

课件实例效果赏析

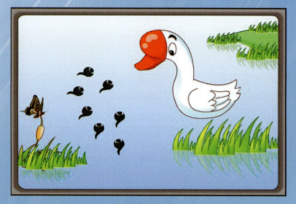

小蝌蚪找妈妈

选择正确的英文单词

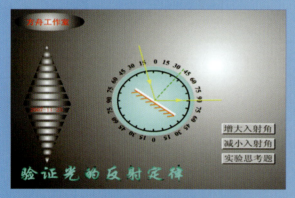

验证光的反射定律

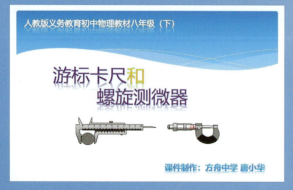

游标卡尺的原理和使用

新石器时代的陶器

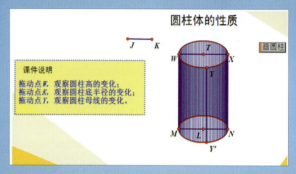

圆柱体的性质

找规律

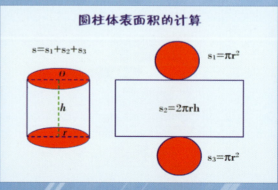

圆柱体表面积的计算

高等院校计算机应用系列教材

多媒体CAI课件制作实例教程

（第7版） 微课版

方其桂　主编

宣国庆　殷小庆　副主编

清华大学出版社
北京

内 容 简 介

应用多媒体CAI课件辅助教学是信息时代每一位教师必须掌握的一门技术。本书通过中小学各学科的典型课件实例,详细介绍了多媒体CAI课件的理论知识,并着重介绍了使用PowerPoint、Flash、电子白板、几何画板等常用软件制作多媒体CAI课件的方法与技巧。本书图文并茂,理论与实践相结合,每章内容都由浅入深,并配有相关实例进行说明,便于读者阅读和使用。

本书不仅可以作为师范院校的教材,也可以作为广大中小学、大中专教师学习制作多媒体CAI课件的自学用书和各种多媒体CAI课件制作培训班教学用书,同时还可以作为教育信息化2.0提升用书。

本书封面贴有清华大学出版社防伪标签,无标签者不得销售。
版权所有,侵权必究。举报: 010-62782989, beiqinquan@tup.tsinghua.edu.cn。

图书在版编目(CIP)数据

多媒体CAI课件制作实例教程: 微课版 / 方其桂主编. —7版. —北京: 清华大学出版社,2023.6（2024.8重印）
高等院校计算机应用系列教材
ISBN 978-7-302-63841-4

Ⅰ.①多… Ⅱ.①方… Ⅲ.①多媒体课件—制作—软件工具—高等学校—教材 Ⅳ.①G434

中国国家版本馆CIP数据核字(2023)第107727号

责任编辑: 刘金喜
封面设计: 常雪影
版式设计: 孔祥峰
责任校对: 成凤进
责任印制: 沈 露

出版发行: 清华大学出版社
    网 址: https://www.tup.com.cn, https://www.wqxuetang.com
    地 址: 北京清华大学学研大厦A座 邮 编: 100084
    社 总 机: 010-83470000 邮 购: 010-62786544
    投稿与读者服务: 010-62776969, c-service@tup.tsinghua.edu.cn
    质 量 反 馈: 010-62772015, zhiliang@tup.tsinghua.edu.cn
印 装 者: 北京同文印刷有限责任公司
经 销: 全国新华书店
开 本: 185mm×260mm 印 张: 22.5 彩 插: 2 字 数: 562千字
版 次: 2003年1月第1版 2023年7月第7版 印 次: 2024年8月第3次印刷
定 价: 78.00元

产品编号: 102679-01

前　言

一、课件制作的意义

信息技术应用技能是信息化社会教师必备的专业能力。为全面提升中小学教师的信息技术应用能力，促进信息技术与教育教学深度融合，教育部于 2018 年 4 月发布了《教育信息化 2.0 行动计划》，提出持续推动信息技术与教育深度融合，促进以下两方面水平的提高：①教育信息化从融合应用向创新发展的高阶演进；②信息技术和智能技术深度融入教育全过程，推动改进教学、优化管理、提升绩效。2019 年 3 月发布的《教育部关于实施全国中小学教师信息技术应用能力提升工程 2.0 的意见》中，对教师在教育教学和专业发展中的应用信息技术提出了新的目标和发展性要求，要求教师主动适应信息化、人工智能等新技术变革，积极有效地开展教育教学。因此，设计、制作、使用多媒体 CAI 课件是信息科技时代大、中、小学教师必备的一种信息技术应用能力。

二、编写动因

多媒体 CAI 课件集文本、声音、视频、动画于一体，生动形象，在吸引学生注意力和创设教学情境方面，具有其他教学手段不可比拟的优势。因此，多媒体 CAI 课件的设计与制作是一门融课件制作理论、多媒体素材加工、课件制作软件运用于一体的综合技术。一线教师只有真正理解多媒体 CAI 课件制作的流程，掌握多媒体素材的处理和课件制作软件的使用方法，才能制作出集教育性、科学性和艺术性于一体的优秀课件。

基于以上情况，我们编写了《多媒体 CAI 课件制作实例教程》一书，书中使用大量经典的课件案例，详细介绍了课件的设计、制作及使用等方面的知识，使读者能够轻松地制作出可应用于实际教学的多媒体 CAI 课件。因此，本书定位于所有想制作课件的教师，它不仅适合具有初步课件制作基础的教师，还适合高等院校作为教材使用。

三、本次修订

《多媒体 CAI 课件制作实例教程》出版后，受到广大教师的欢迎，已重印多次。我们组织优秀教师对本书进行了再次修订，修订时主要做了以下方面的改进。

- 完善结构：进一步精心修改完善内容结构，使知识分布更加全面、系统。
- 更新软件：更新了制作课件的软件版本，使教师制作课件更加方便、快捷。
- 优化内容：增补实用性和技巧性强的内容，更切合课件制作所需。
- 调整实例：更新了部分课件制作的实例，增加了美观性和适用性。

四、本书特色

本书突破传统写法，除了第 1 章，其他各章节均以实例入手，逐步深入分析多媒体 CAI

课件的制作方法和技巧。本书具有以下特点。

- **内容实用**：本书所有实例均选自现行教材，涉及中小学主要学科，内容编排结构合理。每个实例都通过"跟我学"轻松学习掌握，其中包括多个"阶段框"，将任务进一步细分成若干更小的任务，降低阅读难度。每章节还设置了"创新园"与"小结和习题"等模块，使读者进一步深化理解所学知识。
- **图文并茂**：在介绍具体操作步骤的过程中，语言简洁，基本上每个步骤都配有对应的插图，用图文来分解复杂的步骤。路径式图示引导，便于读者一边翻阅图书，一边上机操作。
- **提示技巧**：本书对读者在学习过程中可能会遇到的问题以"小贴士"和"知识库"的形式进行了说明，以免读者在学习过程中走弯路。
- **便于上手**：本书以实例为线索，利用实例将制作课件的技术串联起来，书中的实例都非常典型、实用。不同的教师对教学内容需要的课件虽然不同，但其中有很多共性的内容，读者完全可以将这些共性的制作思路和方法直接移植到自己的课件中。

五、配套资源

本书提供了制作书中实例所用的素材，并提供了实例的源程序及制作完成的完整课件，对这些课件稍加修改就可以在实际教学中使用，也可以以这些课件实例为模板稍做修改，举一反三，制作出更多、更实用的课件。同时考虑许多师范院校选择本书作为教材，因此还提供了配套的教学课件、微课。资源获取方式见文前"配套资源使用说明"。

六、编写人员

参与本书修订编写的作者有省级教研人员、多媒体 CAI 课件制作获奖教师，他们不仅长期从事计算机辅助教学方面的研究，而且都有较为丰富的计算机图书编写经验。

本书由方其桂任主编并统稿，宣国庆、殷小庆任副主编。宣国庆编写第 1～3 章和第 7 章，殷小庆编写第 4～6 章，方其桂整理制作配套资源。参加本书编写的还有梁祥、夏兰、唐小华、周本阔、刘蓓、张小龙、周木祥、赵家春、赵青松、王丽娟、陈晓虎、贾波、张晓丽、王军、刘锋等，提供实例课件的有冯士海、谢福霞、刘振伦、曹艳丽、江浩、张明荣、冯林、丁少国、王静、赵海玲等。

虽然我们有着十多年撰写课件制作方面图书(累计已编写、出版三十多种)的经验，并尽力认真构思验证和反复审核修改，但书中难免有一些瑕疵，衷心希望读者对本书提出宝贵的意见和建议。若读者在学习使用本书过程中，对同样实例的制作有更好的方法，或者对书中某些实例制作方法的科学性和实用性有质疑，请联系我们。

我们的网站为 http://www.ahjks.cn/，服务邮箱为 476371891@QQ.com。

方其桂

2023 年 1 月

配套资源使用说明

感谢您选用《多媒体 CAI 课件制作制作实例教程》(第 7 版)(微课版)。为便于学习，本书配有教学资源，内容如下。

1. 本书实例

本书实例包括编写本书时所介绍的实例及相关素材，供读者在阅读本书时参考。同时读者对这些实例稍做修改就可以直接应用于教学。在计算机中安装好本书介绍的相关软件后，双击配套资源中的实例文件，即可用相应软件将其打开。

2. 教学课件

为便于教学，本书提供了 PPT 教学课件，降低了教师的备课难度。

3. 自学微课

作者精心制作了与本书相配套的多媒体微课视频，供读者自主学习，并可应用于课堂教学。多媒体微课视频以二维码的形式呈现在书中，读者可通过移动终端扫码观看，实现随时随地无缝学习。

4. 习题

本书每章后面都附有习题，供读者检验学习效果。
本书相关资源关联网站为 http://www.ahjks.cn，欢迎访问。

5. 资源下载

读者可通过扫描下方二维码用移动终端直接下载上述资源，也可在扫码后将链接推送到自己的邮箱，通过 PC 端下载。服务邮箱：476371891@qq.com。

PPT课件

素材和实例

自学微课

目 录

第 1 章　多媒体 CAI 课件制作入门 ·········· 1

- 1.1 多媒体 CAI 课件的特点与类型 ·········· 2
  - 1.1.1 多媒体 CAI 课件的特点 ·········· 2
  - 1.1.2 多媒体 CAI 课件的类型 ·········· 3
- 1.2 多媒体 CAI 课件的设计 ·········· 6
  - 1.2.1 多媒体 CAI 课件制作软硬件准备 ·········· 6
  - 1.2.2 多媒体 CAI 课件制作流程 ·········· 9
  - 1.2.3 多媒体 CAI 课件设计原则 ·········· 13
  - 1.2.4 多媒体 CAI 课件应用环境 ·········· 14
- 1.3 多媒体 CAI 课件的美化与优化 ·········· 16
  - 1.3.1 美化多媒体 CAI 课件 ·········· 16
  - 1.3.2 优化多媒体 CAI 课件 ·········· 20
- 1.4 多媒体 CAI 课件的评价与问题 ·········· 23
  - 1.4.1 多媒体 CAI 课件的评价标准 ·········· 23
  - 1.4.2 多媒体 CAI 课件常见问题 ·········· 24
- 1.5 小结和习题 ·········· 28
  - 1.5.1 本章小结 ·········· 28
  - 1.5.2 强化练习 ·········· 28

第 2 章　多媒体 CAI 课件素材获取与处理 ·········· 30

- 2.1 文本素材获取与加工 ·········· 31
  - 2.1.1 文本素材的获取 ·········· 31
  - 2.1.2 文本素材的加工 ·········· 36
- 2.2 图像素材获取与加工 ·········· 45
  - 2.2.1 图像素材的获取 ·········· 45
  - 2.2.2 图像素材的加工 ·········· 54
- 2.3 声音素材获取与加工 ·········· 64
  - 2.3.1 声音素材的获取 ·········· 64
  - 2.3.2 声音素材的加工 ·········· 70
- 2.4 视频素材获取与加工 ·········· 73
  - 2.4.1 视频素材的获取 ·········· 73
  - 2.4.2 视频素材的加工 ·········· 76
- 2.5 小结和习题 ·········· 82
  - 2.5.1 本章小结 ·········· 82
  - 2.5.2 强化练习 ·········· 83

第 3 章　PowerPoint 演示型课件制作实例 ·········· 85

- 3.1 PowerPoint 课件入门 ·········· 86
  - 3.1.1 PowerPoint 工作界面 ·········· 86
  - 3.1.2 PowerPoint 视图模式 ·········· 87
  - 3.1.3 PowerPoint 基本操作 ·········· 89
- 3.2 添加课件内容 ·········· 91
  - 3.2.1 添加文字 ·········· 92
  - 3.2.2 添加图像 ·········· 97
  - 3.2.3 添加图表 ·········· 105
  - 3.2.4 添加声音 ·········· 110
  - 3.2.5 添加视频 ·········· 114
  - 3.2.6 添加动画 ·········· 117
- 3.3 美化课件效果 ·········· 121
  - 3.3.1 设计课件的版式 ·········· 121
  - 3.3.2 美化课件的元素 ·········· 125

		3.3.3 巧用母版统一外观	129
		3.3.4 套用模板快速美化	131
3.4	设置课件动画效果		135
		3.4.1 设置自定义动画	135
		3.4.2 设置幻灯片切换	142
3.5	控制课件交互		145
		3.5.1 使用超链接交互	146
		3.5.2 使用动作按钮交互	149
		3.5.3 使用放映菜单和快捷键交互	153

3.6	制作课件实例		156
		3.6.1 制作课件封面	157
		3.6.2 制作课件内容	160
		3.6.3 设计课件动画	164
		3.6.4 完善课件目录	167
3.7	小结和习题		169
		3.7.1 本章小结	169
		3.7.2 强化练习	169

第 4 章　Flash 动画型课件制作实例 ············ 172

4.1	Flash 基础知识		173
		4.1.1 Flash 使用界面	173
		4.1.2 Flash 基本操作	175
		4.1.3 Flash 课件操作	182
4.2	添加课件内容		184
		4.2.1 插入文字	185
		4.2.2 绘制图形	192
		4.2.3 导入图片	201
		4.2.4 导入声音	202
		4.2.5 导入动画	204
		4.2.6 导入视频	205
4.3	制作课件动画		207
		4.3.1 制作逐帧动画	207

		4.3.2 制作补间动画	210
		4.3.3 制作引导动画	214
		4.3.4 制作遮罩动画	216
4.4	设置课件交互		219
		4.4.1 巧用按钮实现交互	219
		4.4.2 使用文本框实现交互	224
		4.4.3 调用组件实现交互	228
4.5	制作课件实例		231
		4.5.1 课件简介	231
		4.5.2 课件制作过程	232
4.6	小结和习题		236
		4.6.1 本章小结	236
		4.6.2 强化练习	236

第 5 章　电子白板交互型课件制作实例 ············ 238

5.1	初识电子白板		239
		5.1.1 了解电子白板	239
		5.1.2 维护与保养电子白板	240
		5.1.3 电子白板软件基本操作	241
5.2	添加课件内容		244
		5.2.1 添加文字	244
		5.2.2 添加图片	246
		5.2.3 添加影音	250
		5.2.4 添加动画	251
		5.2.5 添加思维导图	253
5.3	设置课件交互		255

		5.3.1 添加屏幕批注	256
		5.3.2 设置屏幕遮盖	257
		5.3.3 巧用放大镜	258
		5.3.4 设计游戏活动	260
5.4	使用学科工具		263
		5.4.1 使用语文学科工具	263
		5.4.2 使用英语学科工具	266
		5.4.3 使用数学学科工具	267
5.5	制作综合课件		270
		5.5.1 课件制作规划	270
		5.5.2 课件制作过程	271

5.6 小结和习题·····················275
　　5.6.1 本章小结·················275
　　5.6.2 强化练习·················275

第6章 几何画板课件制作实例　　277

6.1 几何画板制作基础··············278
　　6.1.1 工作界面·················278
　　6.1.2 基本操作·················280
6.2 绘制平面几何图形··············281
　　6.2.1 绘制三角形···············281
　　6.2.2 绘制等腰图形············286
　　6.2.3 绘制正五边形············290
　　6.2.4 绘制圆形·················293
6.3 绘制立体几何图形··············295
　　6.3.1 绘制旋转体···············295
　　6.3.2 绘制三维坐标系·········297
　　6.3.3 构造三视图···············302
6.4 绘制函数图像·····················304
　　6.4.1 绘制一次函数图像·····304
　　6.4.2 绘制二次函数图像·····307
　　6.4.3 绘制三角函数图像·····308
　　6.4.4 绘制分段函数图像·····309
6.5 制作动画型课件··················313
　　6.5.1 制作移动动画············313
　　6.5.2 制作路径控制动画·····314
　　6.5.3 制作参数控制动画·····315
　　6.5.4 制作系列动画效果·····317
6.6 小结和习题·······················321
　　6.6.1 本章小结·················321
　　6.6.2 强化练习·················321

第7章 多媒体CAI课件制作综合实例　　323

7.1 课件制作规划····················324
　　7.1.1 课件制作需求分析·····324
　　7.1.2 课件制作流程············325
7.2 编写课件脚本····················326
　　7.2.1 编写课件文字脚本·····326
　　7.2.2 编写课件制作脚本·····327
7.3 准备课件素材····················328
　　7.3.1 准备文字图片素材·····329
　　7.3.2 准备音视频素材········331
　　7.3.3 准备动画素材···········334
7.4 制作发布课件····················335
　　7.4.1 课件制作分析···········336
　　7.4.2 制作课件模板···········336
　　7.4.3 制作课件导航···········339
　　7.4.4 制作课件内容···········341
　　7.4.5 设置动画效果···········344
7.5 小结和习题······················347
　　7.5.1 本章小结················347
　　7.5.2 强化练习················347

第 1 章　多媒体CAI课件制作入门

随着现代化科学技术的发展，教育信息化已进入 2.0 时代，信息技术与教育达成了深度融合。在教学过程中应用信息技术，结合多媒体 CAI 课件，使课堂教学效率有了很大的提高。在数字社会新时代，利用多媒体 CAI 课件开展教学，掌握最新的多媒体 CAI 课件基础知识和理论，对教师制作出符合新课程理念、适应学生个性化学习需求、适合自己教学运用的多媒体 CAI 课件非常有帮助。

■ 本章内容
- 多媒体 CAI 课件的特点与类型
- 多媒体 CAI 课件的设计
- 多媒体 CAI 课件的美化与优化
- 多媒体 CAI 课件的评价与问题

1.1 多媒体CAI课件的特点与类型

计算机辅助教学(computer assisted instruction，CAI)，是指把计算机作为工具，将计算机技术运用于课堂教学、实验课教学、学生个性化教学及教学管理等各教学环节中。作为一个新时代的学科教师和多媒体 CAI 课件的设计者与制作者，应先了解多媒体 CAI 课件的特点与类型。

多媒体CAI课件
基础知识

1.1.1 多媒体CAI课件的特点

计算机技术特别多媒体技术的迅速发展，为教师的专业发展提供了崭新的平台。将多媒体技术运用于课堂大大提高了教学效率，也给传统的教学方式方法带来了变革。因此，使用多媒体 CAI 课件开展教学已是教师的必备技能，是教育信息化的重要手段。多媒体 CAI 课件的特点如下。

1. 教学表现丰富

多媒体 CAI 课件通过计算机屏幕来显示文字、图片、动画和声音等多种媒体信息，并向学生传授知识，这比传统的教师在黑板上书写更加直观、形象。图 1-1 所示为"细胞壁结构"课件内容，将无法用肉眼观测到的细胞壁结构用多媒体生动直观地展示出来，引导学生去探索细胞壁的结构与组成。图 1-2 所示为"太空力学实验"课件内容，将一些抽象、复杂的变化和运动形式，如太空实验以内容生动、图像逼真、声音动听的视频形式展现在学生面前。

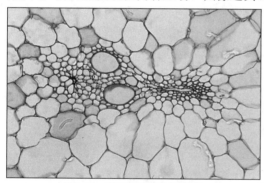

图1-1　"细胞壁结构"课件

图1-2　"太空力学实验"课件

2. 交互功能强大

如今，随着软件的升级和更新，很多多媒体 CAI 课件可根据教学实际需求，制作并提供良好的交互控制。图 1-3 所示为"平行四边形面积"课件内容，学生在学习平行四边形面积时，在教师的指导下，根据课件提示，自主完成图形的切割，实现探究性学习。正因为课件强大的交互功能，学生可根据课件的反馈信息进行自我调整，使学习更具有针对性，同时也拓展了学习的深度和广度。

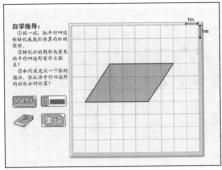 

图1-3 "平行四边形面积"课件

3. 在线学习便捷

互联网的发展促进了资源共享和信息交流。国家教育资源公共服务平台等各种网络教学资源平台提供了丰富的教学资源，如课件、练习等，供教师下载使用；同时教师在教学过程中通过网络平台分享教学课件，加强了与学生的互动与交流，教学不再局限于一间教室、一所学校，而是发展到不同地域、不同时间的合作交流和探索学习。图1-4所示为"电解质在水溶液中的反应"课件内容，学生可以通过网络观看课件，进行在线学习，学习的时间与内容可以根据个人情况进行选择。

 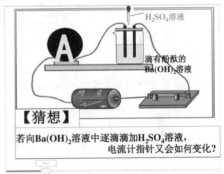

图1-4 "电解质在水溶液中的反应"课件

1.1.2 多媒体CAI课件的类型

多媒体CAI课件按照不同的标准，可分为若干种类型，教师可根据教学需求和教学对象选择不同类型的课件，从而达到最佳教学效果。

1. 根据教学活动应用划分

多媒体CAI课件根据教学活动与教学任务不同，可分为演示型课件、练习型课件、娱乐型课件、模拟型课件等。

- 演示型课件：演示型课件主要应用在课堂教学中，由教师向全体学生演示教学过程。这种课件的设计目的是揭示教学内容的内在规律，将抽象的教学内容用形象具体的形式表现出来。如图1-5所示，在介绍物理学中的电磁场知识时，教师通过展示实物图片与动画模拟演示教学过程。

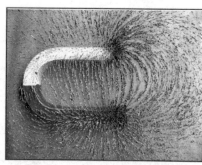 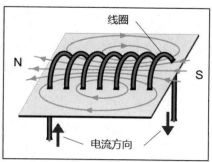

图1-5 演示型课件

- 练习型课件：练习型课件主要是通过大量或反复的练习，使学习者掌握所需的知识和技能，以强化学生某方面的知识和能力。如图1-6所示，学生输入答案或做出回应后，课件判断答案正确与否，并根据学生回答的情况给予相应的反馈。

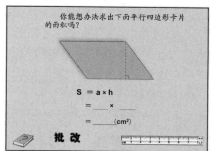 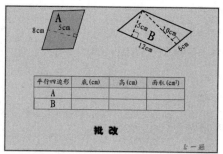

图1-6 练习型课件

- 娱乐型课件：娱乐型课件与一般的游戏软件有很大的不同，这种课件要求趣味性较强。它主要基于学科的知识内容，寓教于乐，通过游戏形式激发学生的学习兴趣，实现玩中学，在游戏升级的过程中掌握学科知识，提升自主学习能力。如图1-7所示，娱乐型课件把教学和娱乐融为一体，学生在玩的过程中达到了学习目标。

 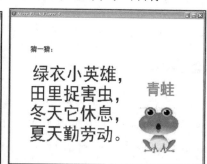

图1-7 娱乐型课件

- 模拟型课件：模拟型课件也称仿真型课件，是利用计算机模拟真实的实验现象、自然现象和社会现象。学生通过观察、操作与思考，并总结结论，从而模拟出事件的发展结果。如图1-8所示，当真实实验过于昂贵或很难实现或包含有危险因素时，使用模拟型课件代替真实实验，可以有很好的教学效果。

图1-8 模拟型课件

2. 根据课件设计制作划分

多媒体CAI课件从课件开发和制作的角度可分为助教型课件、助学型课件、实验型课件、积件型课件等。

- 助教型课件：助教型课件是为了解决某一课程的教学重点与教学难点而开发的，知识点可以不连续，主要用于课堂演示教学，我们平时所说的课件也多指的是此类课件。如图1-9所示，助教型课件注重对学习者的启发，帮助学习者理解，促进学习者记忆，激发学习者兴趣，有利于学习者由被动学习转变为主动学习。

图1-9 助教型课件

- 助学型课件：助学型课件也称自主学习型课件，其在设计上体现出更多的交互性，教师可以在教学时展示课件，引导学生进行交互操作，也可以分享给学习者，让他们自主进行学习。如图1-10所示，助学型课件具有完整的知识结构，反映一定的教学过程和教学策略，提供相应的交互性练习供学习者进行学习评价。

图1-10 助学型课件

- 实验型课件：实验型课件利用计算机仿真技术，提供可更改参数的指标项，供学习者进行模拟实验或操作时使用。如图1-11所示，学习者使用实验型课件，当输入不同的参数时，能随时、真实地模拟对象的状态和特征，从而实现实验探究效果。

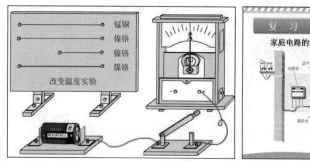
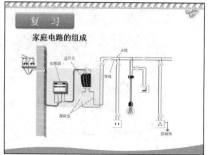

图1-11 实验型课件

- 积件型课件：教学积件是教师按照自己的思路，像组装积木一样把选出来的内容组装成自己教学中使用的课件，积件与课件的关系是继承与发展的关系。课件适用于某一具体的教学情境，但经过适当加工后，就可纳入积件的微教学单元库，为其他教师重组使用；而积件以某教师组合成为适当情境的内容后，就构成了一个"临时"课件。如图1-12所示，具有图片、视频、音频等学习资源的数字资源平台也是"积件"资源库，制作课件时，可将这些积件下载下来并组成新的教学课件。课件与积件可以相互转化、组合、包容，两者在教学的应用中起互相促进的作用。

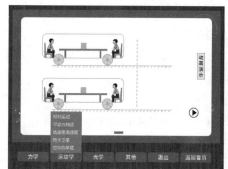

图1-12 积件型课件

1.2 多媒体CAI课件的设计

在制作多媒体CAI课件时，需要计算机和扫描仪、手机等辅助设备，另外，针对教学内容和需求，还需要选择适合的软件来设计制作课件。课件制作应当遵循多媒体CAI课件设计的基本原则，同时对整个制作环节要有一个清晰的了解，否则会在具体操作时遇到各种问题，进而影响工作效率。

多媒体CAI课件
制作流程与原则

1.2.1 多媒体CAI课件制作软硬件准备

在制作多媒体CAI课件之前，必须先选择合适的设备，主要包括硬件设备和软件设备。

1. 硬件设备

多媒体课件通常都会包含音频、视频及动画等多媒体素材，因此对计算机的主频、内存、硬盘等要求较高，原则上尽可能选择高的配置。多媒体CAI课件制作的硬件设备主要包括多媒体计算机、扫描仪、数码相机、数码摄像机、手机、U盘和移动硬盘等。

- 多媒体计算机：多媒体计算机是多媒体CAI课件制作系统中最基础的设备。通常，一台多媒体计算机性能的优劣，将直接影响课件制作的效率。例如，当课件中包含多个音频、视频时，课件的容量就会相对较大，这就需要配置较大的硬盘；Flash动画软件制作的课件容量虽然相对较小，但对CPU和内存的要求较高。另外，如果还需要制作3D动画和处理大量的图形，则应尽可能扩大内存，并且要选购性能好的显卡。如果对自己的计算机性能不太清楚，可通过测试软件来了解计算机的性能。
- 扫描仪：扫描仪(如图1-13所示)是课件制作过程中最普遍使用的设备之一，它可以扫描图像和文字，并将其转换为计算机可以显示、编辑、存储和输出的数字格式。制作课件时，可以利用扫描仪获取照片、课文的插图、报刊图片、手绘图画、邮票、实物图像、课文中的文字等，然后输入。
- 数码相机：数码相机(如图1-14所示)是获取多媒体CAI课件图像素材的重要途径之一。数码相机与传统相机相比最突出的优点是方便、快捷。例如，在制作多媒体CAI课件过程中，当需要一些实景图时，可使用数码相机直接拍照，通过无线或有线的连接方式将拍摄的照片传输到计算机中，缩短了收集素材所需要的时间，而且图片效果好。

图1-13　扫描仪　　　　　　　　　　图1-14　数码相机

- 数码摄像机：虽然近年来数字产品飞速发展，但数码摄像机(如图1-15所示)仍是采集视频的常用设备之一，特别是在制作多媒体CAI课件需要高清晰度的视频素材时，数码摄像机是拍摄工具的最佳选择。它的视频采集和输入过程与数码相机类似，也很便捷，而且视频信号的失真更小。
- 手机：随着信息科技的快速更新，手机已经是人们日常生活中不可或缺的通信工具，当然它的功能不仅仅是通信，使用手机拍摄照片及录制视频、音频更加便捷，而且手机上有很多编辑图片、视频、音频的App，拍摄录制的素材可直接用手机软件编辑处理加工好后，再传输到计算机中，直接作为课件素材使用。
- U盘和移动硬盘：在制作课件过程中，无论是保存课件素材，还是课件本身，用U盘或移动硬盘比较方便。U盘和移动硬盘(如图1-16所示)都是一种移动存储产品，一般通过USB接口与计算机连接，实现即插即用，具有容量大、传输速度快、使用方便、存储数据可靠性高等特点。

图 1-15　数码摄像机　　　　　　　　　图 1-16　U 盘和移动硬盘

2. 软件设备

多媒体 CAI 课件的开发目前一般都是用 Windows 系列的操作系统。在 Windows 操作系统中利用各类图像、音频、视频编辑软件对获取的素材进行加工后，再制作成课件，因此在实际中常同时使用数种工具软件来制作课件。

- 图像素材处理软件：图像是课件制作中最常用的素材。在课件制作过程中，通常要先收集需要的图像素材，然后对图像进行调整与美化，如裁剪及调整图像的尺寸、色彩、效果等，再导入课件制作软件中。表 1-1 所示为课件制作中常用的图像加工软件。

表 1-1　课件制作中常用的图像加工软件

软件名称	软件主要功能
美图秀秀	快速编辑美化图像
HyperSnap	抓取计算机屏幕图像
Icon Catcher	获取文件中的图标
Fireworks	图像处理软件，内置强大的图像优化功能
Photoshop	专业的图像处理软件，能够转换多种图像格式
Lightroom	图像处理软件，方便对图片进行后期调整与美化
CorelDraw	专业的矢量图形设计和图文排版软件

- 声音处理软件：一个没有任何声音效果的课件是缺乏吸引力的。在课件中，人物的对话及各种自然音效、背景音乐等已经成为必不可少的一部分。课件制作软件本身具有的声音处理功能相当有限，因此常需要借助外部的声音处理程序。课件制作中最常用的声音处理软件有录音机(Windows 自带)、Cool Edit(如图 1-17 所示)等。

图 1-17　Cool Edit 声音处理软件

- 影像处理软件：在制作课件时，常需要加入一些动态图标、动画片段、视频图像等，使课件更加生动有趣，内容更具说服力。例如，语文课件中常需要一些情景动画片段；物理、化学课件中常需要模拟实验的动画效果；数学课件中有时也需要加入平面或立体图形的移动、拼切、旋转等动态效果。一般来说，影像方面的软件包括视频捕捉软件、动画制作软件、影像合成软件。表1-2列出了课件制作中常用的影像软件，供大家参考。

表1-2 课件制作中常用的影像软件

软件名称	软件主要功能
格式工厂	音视频剪辑与格式转换
HyperCam	计算机视频的捕捉
Movie Maker	电视、VCD等外部视频的捕捉
Adobe Animate	二维矢量动画的编辑与制作
Director	二维动画的编辑与制作
3D Studio MAX	三维动画的编辑与制作
Adobe After Effects	MG动画的制作
Premiere	多个影像及声音片段的编辑与合成

- 课件制作软件：若要将文字、图片、音视频、动画等素材集成在一起，制作成多媒体CAI课件，则必须依赖于课件制作软件。当前比较流行的课件制作软件有PowerPoint、Flash、希沃白板、几何画板等，每种软件都各有特色。其中，PowerPoint是最容易上手的软件，Flash适合制作动画型课件，希沃白板适合制作交互型课件，而几何画板则在中学数学、物理等学科中使用较多。设计者可以根据自己的实际情况选择一种或多种软件进行学习。除了可以使用计算机上的软件编辑素材、制作课件，现在手机上也有很多App可以编辑修改图像、音视频素材，如美图秀秀手机版可以美化图片、剪映手机版可以剪辑视频等，操作方便，使用效果也很好。总之，在制作多媒体CAI课件时，应以课件制作软件为主，与其他的图像、声音、影像软件相配合，以取长补短、相得益彰。

1.2.2 多媒体CAI课件制作流程

"凡事预则立，不预则废"，是说在做任何事情之前，都需要规划和设计，了解做这件事的整个流程，正如建楼房先要有设计图纸一样，制作多媒体CAI课件也不例外。多媒体CAI课件制作的一般流程如下。

需求分析 → 脚本设计 → 素材准备 → 制作课件 → 调试完善

1. 需求分析

课件设计者首先要了解课件的使用对象和运行环境，然后确定课件的学科内容及所要达到的目的。总的来说，需求分析包括以下几方面。

- 明确教学目标：制作课件前应明确课件要达到的教学目标，希望课件可以解决的问题及达到的要求，并且要考虑采用何种方式才能达到最优效果，以及教学的重点和难点等。
- 确定教学模式：针对不同类型教学模式的课件，应有不同的设计方案和表达方式。在制作课件前要进行明确的界定，这对课件的整体风格和表现形式起决定性作用。
- 选择教学内容：教学内容是课件的主题元素，在选择时应根据教师的教学需要决定。但不是所有的教学内容都适合使用多媒体CAI课件来表现，要有重点地选择。
- 分析使用对象：不同年龄阶段的学习者对课件的认知能力也会有所不同，设计者应有所区分，如低年级的学生可以多使用动画效果和图片，而高年级的学生可以增加抽象思维方面的内容。

2. 脚本设计

脚本设计是将要制作的课件的内容和步骤用文字表述出来，这是成功制作出实用、有创意的课件的关键，可根据需求选择适当的媒体，在适当的时间出现，并且确定出现的方式。脚本要依据教学设计、教学评价、课件制作脚本等方面内容进行设计。

- 教学设计：衡量一个课件的好坏，重点在于是否符合教学需求，而这关键在于教学设计。如图1-18所示，教学设计是根据学科内容特点，对学生特征进行分析，以确定教学目标，并为达到该教学目标而制定的教学策略的过程。

图1-18 教学设计的制定过程

- 教学评价：交互型多媒体CAI课件对教学评价特别重要，可根据教学目标和教学内容设计一定的练习题，对学生进行考核，从而掌握学生对知识理解的程度，同时也起到强化学习效果与纠正错误的作用。表1-3所示是多媒体CAI课件诊断评价的常见问答形式。

表1-3 多媒体CAI课件诊断评价的常见问答形式

组成部分	内容形式	作用
提问部分	提问部分必须意义完整、问题明确，能促进学习者进行思考。提问可用是非题、选择题等	提问是否为学习者所理解将直接影响回答的结果
应答部分	应答部分的设计应采用一题一答的形式，易于实现。在学习者应答问题时，应适当给予提示，让他们有较多的成功机会，对应答题结果的判断应与评分相结合	将学习者可能做出的反应情况全部罗列出来，根据这些可能性，计算机将做出不同的反应
反馈部分	对于正确答案，给予鼓励性反馈，对于有缺点的、错误的答案，应给予指正，并根据不同的情况分别做出"指出错误""要求重答""给出答案""辅导提示"等不同形式的反馈	对于学习者的回答，应给予相应的反馈

- 课件制作脚本：脚本就是课件的蓝图，整个课件的制作将如实按照脚本来完成。脚本设计需根据教材的重难点、学生学习的实际写出详细步骤，特别要写出运用的材料、材料出现的时间及方式。表1-4所示是课件"制作动作渐变动画"的脚本。

表1-4 课件"制作动作渐变动画"的脚本

编号	界面	动画	解说	素材	用时
1		视频播放 文字及图案 翻转动画	播放一段翻页动画视频，思考并谈一谈观看后的直接感受	广告视频	1分钟
2		文字浮入动画 图片擦除动画	演示一组静态的图片，感受从静态的图片到形成动画的过程，提出问题"视频中静态的图通过翻页而形成了动态的效果，那么形成这种效果需要什么特定的前提呢？"	一组静态图片和两个GIF动态图片	15秒
3		图片淡出动画	用ACDSee软件中的"自动播放"功能设置，探究播放时间对动画产生的影响	软件截图操作视频	1分15秒
4		图片淡出动画 文字缩放动画	观看比较时间对动画产生的影响	3个不同播放时间的GIF动画	15秒
5		文字浮入动画	不同延迟时间对动画产生是有影响的，一般是0.1秒比较合适	图表	20秒
6		图片淡出动画 文字缩放动画	探究播放顺序对动画产生的影响	3个不同播放顺序的GIF动画	20秒
7		文字浮入动画	播放顺序对动画产生也是有影响的	图表	20秒

(续表)

编号	界面	动画	解说	素材	用时
8		文字擦除动画	梳理知识，归纳总结。动画产生的原理是"把若干静态图像按照一定的顺序、适当的播放时间有机地组合起来，就形成了动画"	文字	30 秒

3. 素材准备

脚本设计好并确定了所需要的媒体后，开始准备制作所需的文字、声音、动画、视频等。比如，制作生物课件"花的构造"时，需要白菜花、桃花等各类花开的视频，以及关于花的构造的分解动画，课后练习中可让学生判断完全花、不完全花的图片，以及前翻页、后翻页、返回等按钮。如图 1-19 所示，素材准备可以从以下几方面着手。

图1-19　素材准备

4. 制作课件

准备好制作材料后，就要按脚本来选择合适的制作软件，组织材料，图文排版，添加动画效果，设置交互功能。制作出的课件，既要实用，符合脚本设计的要求，又要易操作、交互性强。当然，课件还要求界面友好、美观，给人以美的享受，引起学生的注意，激发学生的学习兴趣。

5. 调试完善

经过评价测试，综合各方面的意见，修正课件中的错误，使之更完善。一个优秀课件往往要经过多次评价测试来修改完善。如图 1-20 所示，常见的课件调试方法有 4 种。

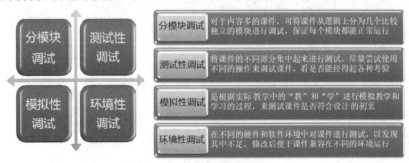

图1-20　常见的课件调试方法

1.2.3 多媒体CAI课件设计原则

在设计多媒体 CAI 课件时，为了让学生能够快速地适应学习环境、熟悉操作，通过多种媒体信息刺激感官和大脑，快速进入积极主动的学习状态，获得良好的学习效果，设计友好的多媒体 CAI 课件界面就显得非常重要。在进行多媒体 CAI 课件界面的设计时应遵循以下基本原则。

1. 教育性

应用多媒体课件的目的是优化课堂教学结构，提高课堂教学效率。这就要求课件的制作既要有利于教师的教，又要有利于学生的学。现在大多数课堂教学都使用课件上课，因此课件所呈现的内容要精挑细选，能突出重点，解决难点的关键内容要着重显示，需要评价检测教学效果的内容，尽可能简化操作，强调交互性，总之课件制作使用是为教学而服务的。

2. 科学性

科学性无疑是课件评价的重要指标之一，尤其是演示模拟实验，要符合科学性。课件中显示的文字、符号、公式、图表及概念、规律的表达要力求准确无误，语言配置也要准确。但在科学性的评判上宜粗不宜细，要做具体分析。如果片面强调科学性，就会束手束脚，不利于多媒体课件的应用和发展。科学性的基本要求是指不出现知识性的错误。

3. 交互性

课件的操作要尽量做到简便、灵活、可靠，便于教师和学生的控制。在课件的操作界面上要设置寓意明确的菜单、按钮和图标，最好支持鼠标操作，应尽量避免复杂的键盘操作，同时还应避免层次太多的交互操作。对于一些需要师生互动操作的课件，最好能添加操作说明，方便他人使用。

为便于教学，要尽量设置好各部分内容之间的转移控制，可以方便地前进、后退和跳转；对于以学生课堂练习为主的课件，要对学生的输入做即时应答，并允许学生自由选择训练次数、难度；对于演示课件，最好可以根据现场教学情况改变演示进程。

4. 简约性

课件展示画面应符合学生的视觉心理。画面的布置要突出重点，同一画面对象不宜过多，与课程内容无关的图片或动画应尽量减少，避免干扰学生的注意力。

在制作课件时，要注意动与静的色彩对比、前景与背景的色彩对比、线条的粗细及字符的大小等，以保证学生都能充分感知对象；要避免多余的动作，减少文字显示的数量，尽量用评议声音表达，过多的文字阅读不但容易使人疲劳，而且干扰学生的感知。

5. 艺术性

一个课件的展示不但要取得良好的教学效果，而且要使人赏心悦目，使人获得美感。而美的形式能激发学生的学习兴趣，优质的课件应是内容与美的形式的统一。因此课件展示的对象要做到结构对称，色彩柔和，搭配合理，有审美性。

1.2.4 多媒体CAI课件应用环境

如果一个好的课件没有一个良好的应用环境，课件的优势就不能很好地发挥出来。当前，学校中的多功能教室、交互式电子白板教室、多媒体网络教室、录播教室、互动课堂智慧教室等是多媒体 CAI 课件运行的主要环境，各具特点。

1. 多功能教室

当前大多数学校都配备有多功能教室，如图 1-21 所示。多功能教室是演示型多媒体 CAI 课件运行的最好环境，教室内有投影仪、大投影屏幕、实物视频展示台、多媒体计算机、音响、中央控制台等设备。

多功能教室的优点是：适合演示多媒体 CAI 课件，同时能结合常规教学手段进行教学，对学生数量没有太大的限制，加之它还具有其他功能，因而目前在学校中应用较多。

图1-21　多功能教室

2. 交互式电子白板教室

交互式电子白板教室(如图 1-22 所示)通常是将电子白板连接到计算机，并利用投影机将计算机上的内容投影到电子白板屏幕上，在专门的应用程序的支持下，可以构造一个大屏幕、交互式的教学环境。

交互式电子白板教室的优点是：通过特定的定位笔或手触控，代替鼠标在白板上进行操作。教学中可以对电子白板课件内容进行编辑、注释、保存等操作。

图1-22　交互式电子白板教室

3. 多媒体网络教室

多媒体网络教室(如图 1-23 所示)主要包括若干台学生计算机、教师计算机、服务器、网络交换设备等，当然也可以配置投影仪等设备。在多媒体网络教室内，通过电子教室控制软件，可以使用一台教师机对学生机实现屏幕的锁定、教师屏幕信息的广播、远程控制、文件传输、电子举手、语音对话等丰富的交互式功能。

多媒体网络教室的优点是：适合网络环境下各学科教学，能进行个别化学习；可同时兼顾计算机教学、语音教学和 CAI 教学，设备利用率高，成本低。

图1-23　多媒体网络教室

4. 录播教室

录播教室(如图 1-24 所示)是在学校的教室内安装摄像机，通过摄像机多方位地对教学过程采集信号并录制到计算机硬盘中，学生或老师可以从不同的摄像机视角观看录像文件。同时，也可以对网上的信息源进行整理上传，达到充分利用网络学习资源的目的。

图1-24　录播教室

录播教室的优点是：利用录播中控系统远程控制全自动录播；利用图像定位智能拍摄教师的全景、近景、板书等；课件录制系统可自动生成带时间点的文件索引及缩略图，以提供知识点的查找与定位，方便学生进行学习；便于在线点播、课堂直播等。

5. 互动课堂智慧教室

互动课堂智慧教室(如图 1-25 所示)是一种新型的教育形式和现代化教学手段，是基于物联网技术集智慧教学、智慧管理于一体的新型现代化智慧教室系统，是推进未来教室建设的有效组成部分。

图1-25　互动课堂智慧教室

互动课堂智慧教室的优点是：利用便携式终端电子书包，提供丰富的教育信息化功能，如数字化教育资源、学习过程记录等，使其真正成为学生学习和生活的信息助手。

1.3　多媒体CAI课件的美化与优化

课件制作完成后，还需要进行修饰，使其更加美观雅致，这就是对课件进行美化；此外还需要对课件进行调试和修正，以使课件性能达到最佳，这就是课件的优化。

多媒体CAI课件的美化

1.3.1　美化多媒体CAI课件

多媒体CAI课件的屏幕设计主要包括屏幕对象的布局(即构图)、色彩的运用、文字用语的选择和声音元素的运用等。计算机屏幕所具有的空间是有限的，如何才能使有限的空间发挥最大的作用，且不产生局促感和杂乱感是相当重要的。从美学角度来看，多媒体CAI课件的设计应考虑以下方面的问题。

1. 合理布局对象

通常在多媒体CAI课件中会有文字、图像、动画、视频等多种媒体对象，制作时要合理地安排屏幕对象的位置以使布局协调、美观。在进行屏幕对象布局设计时应注意以下几点。

- 主次分明，突出主体：屏幕上的内容通常由教学内容、背景、陪衬、按钮、空白区等组成，应依据屏幕对象的重要程度进行安排。例如，依据人们的视觉心理，中心位置是首先注意到的地方，所以屏幕中心是需要强调的教学内容区；按钮可放在屏幕的左、右、下三边缘处；陪衬可放在屏幕的一角，来烘托整个画面。如图1-26所示，课件界面主要采用立体方框形状的图形，将要呈现的内容展示在方框内，很好地突出了教学内容。

图1-26 课件突出主体

- 动静结合，兼顾整体：动感的画面可以使人产生较为强烈的视觉刺激，尤其在拥有大量文字和静态图片的CAI课件中，应注意动的因素，将课件中需要强调的内容设置为动画效果，以激活整个画面，从而激发学习者的兴趣。制作课件时，要遵循动中有静、静中有动，但不杂乱的原则。如图1-27所示，课件动态演示出了骑自行车时，在不同参照物下的动画效果。

图1-27 课件动静结合

- 简洁明了，合理布局：力求以最小的数据显示最多的信息，去除累赘的文字和图片，如图1-28所示。若实在有大量的文字需要显示，可采用一些布局合理、美观的构图，并结合文本滚动条、翻页或超文本的形式达到画面的简明性。

图1-28 课件简洁明了

2. 灵活运用色彩

在CAI课件中，借助色彩可以逼真地反映客观世界，增强屏幕的吸引力，激发学习者的兴趣。色彩要为创造的情景、表现的对象服务，不同的主题、内容，应采用不同的色彩来表现。恰当地运用色彩可以使学习者在学习过程中得到美的感受，在美的陶冶中增加情趣，有利于学习者更好地感知和理解学习内容。在合理运用色彩时，应注意以下几点。

- 避免色彩太复杂：在进行多媒体CAI课件的界面设计时，一幅画面中不要使用太多的色彩。因为过多的色彩会增加学习者的反应时间，容易出错及引起视觉疲劳。如图1-29所示，色彩太多太杂；如图1-30所示，则色彩处理恰当。

图1-29　色彩太多太杂　　　　　　　　　图1-30　色彩处理恰当

- 注重色彩的协调性：屏幕上同时出现的色彩，特别是在空间位置上邻近的色彩一定要协调，尽量避免将对比强烈的色彩放在一起，如红/绿、红/蓝、绿/蓝、橙/紫等，因为注视得太久，会产生视觉闪烁。如图1-31所示，色彩不协调；如图1-32所示，则色彩协调较好。

图1-31　色彩不协调　　　　　　　　　图1-32　色彩协调较好

- 强调色彩的对比性：从色彩效果来看，红色、黄色和橘色有突出显示和突出画面的效果，而紫色、蓝色和绿色则有往后退缩的效果。对于有明亮颜色的物体，视觉上会有扩大形状的效果；而颜色暗的物体，视觉上会有缩小形状的效果。因此在界面色彩的使用中要注意活动中的对象与非活动中的对象色彩应不同，活动中的色彩应鲜明，非活动中的色彩应暗淡，即以暖色、饱和、鲜明的色彩作为活动中的前景，以冷色、暗色、浅色作为活动中的背景。如图1-33所示，课件文字与背景颜色搭配不合理，文字不突出；如图1-34所示，则整体色彩搭配合理。需要强调的是，在计算机屏幕上显示和在投影仪上显示有很大区别，在实际使用之前，需要在投影仪上看一看效果，文字颜色与底色要有一定的反差，否则文字会不清楚。

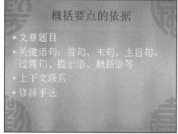 

图1-33　文字不突出　　　　　　　　　图1-34　整体色彩搭配合理

- 搭配色彩的统一性：色彩统一，指的是整个课件界面的基本色调统一。色彩的基调对于烘托主题思想，表现环境氛围，构成一定的情景有重要作用。图1-35上图所示的3张图表现出3种氛围，而图1-35下图所示的3张图经过图像处理后，色调一致，形成统一的风格。

图1-35　统一色调

3. 文字简洁精确

多媒体CAI课件中包括了大量的文字信息，是学生获取知识的重要来源。在多媒体CAI课件中使用文字最基本、重要的原则就是简洁、精确、有感染力。

- 文字简洁，突出重点：文字内容应尽量简明扼要，以提纲形式为主。使用文字表述诸如概念、原理、事实、方法等学习内容时，要充分考虑屏幕的容量，合理地取舍要表达的内容，语言精练，用词贴切，以最少的文字表述尽可能多的信息，如图1-36所示。

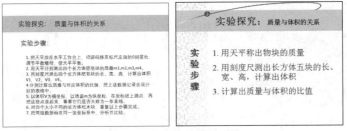

图1-36　文字简洁效果对比

- 字体设置，疏密有间：文字内容中的字体不宜过多，字号不能太小，可适当增加行距及段落间距，让屏幕画面层次分明；字体的设置要适合课件主题，常用的字体有宋体、黑体和隶书，另外，有一些艺术字体也可根据需要选择使用。对于文字内容中关键性的标题、结论、总结等，要采用不同的字体、字号、字形和颜色加以区别，如图1-37所示。

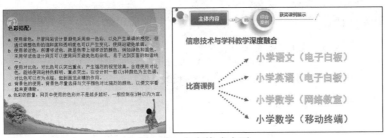

图1-37　文字格式合适

- 文字背景，搭配合理：文字和背景的颜色搭配原则是醒目、易读、不易产生视觉疲劳，如图1-38所示。文字和背景的色相区分度应较大，明暗度适宜。浅色背景要配以深色文字，相反深色背景应适当地配以浅色文字来烘托(如白/蓝、白/黑、黄/黑等)。

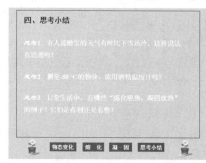 

图1-38　文字和背景搭配效果对比

4. 动画生动直观

动画是指连续运动变化的图形、图像、活页和连环图画等，也包括画面的缩放、旋转、切换、淡入淡出等特殊效果。如图1-39所示，在课件中出现合适的动画，有助于学习者理解教学内容。动画在使用中还可以通过加快或减慢播放速度、重播等方式，让效果更明显。

 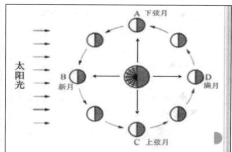

图1-39　动画的应用

1.3.2　优化多媒体CAI课件

课件的优化包括教学流程和屏幕布局的优化等。通过优化可提高课件运行的稳定性，加快运行速度，保持课件的兼容性，尽量减少不必要的程序、代码或素材。进行课件制作时，应尽量使用版本较高的成熟工具制作课件；设计操作方式时，尽量使用约定俗成的操作方式，简化操作，方便使用。

1. 教学流程的优化

如图1-40所示，安排合理的教学框架，选择与课件风格相似的导航体系，跳转嵌套层次一般不超过3层，以方便教师的操作使用。若跳转嵌套层次过多，则会影响教师对当前位置和下一步操作方向的记忆。

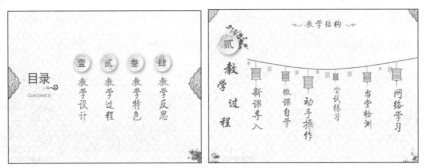

图1-40 教学流程的优化

2. 屏幕局部的优化

屏幕局部的优化包括排版布局、文字素材、图像素材、图文混排和交互选择的优化等。

1) 排版布局的优化

在多媒体 CAI 课件制作中，优化排版布局可便于课件的阅读，能突出课件呈现的重点，通过改变文字格式，添加图形图像，美化课件版面，便于学习者观看。图 1-41 左图所示为常规课件排版布局，图 1-41 右图所示为优化后的排版布局。

图1-41 排版布局的优化

2) 文字素材的优化

在多媒体 CAI 课件制作中，文字素材优化的关键是让后排的学生能看到，特点是字大、行少、排列自然。如图 1-42 所示，优化过程中，可以通过改变文字大小、颜色及增加边框或色块来便于学习者阅读。

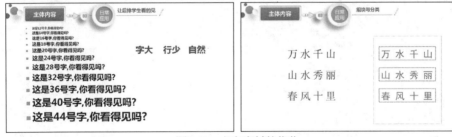

图1-42 文字素材的优化

3) 图像素材的优化

在多媒体 CAI 课件制作中，选择图片素材的不同区域，可以得到优化后的特殊效果。图 1-43 左图所示是对一张图片进行部分内容选择，从而得到宽屏的效果；图 1-43 右图所示是将同一张图片对不同区域进行选择，在课件优化应用中可产生不同的场景效果。

图1-43　图像素材的优化

4）图文混排的优化

在多媒体CAI课件制作中，可以通过边框、线条或色块排版图片和文字，使画面简洁直观，如图1-44所示。若要将文字置于图上并进行组合，可以在颜色深的图片上方插入一个半透明的自选图形，在图形上再添加文字，从而使优化后的图片和文字交融呈现，如图1-45所示。

　　图1-44　图文对称排版　　　　　　　　图1-45　使图形搭配排版

5）交互选择的优化

课堂教学的精髓是师生的相互交流、影响，这就要求课件具有较强的交互性。在制作课件时尽量考虑课堂教学中可能出现的情况，按照课堂教学中师生交流的具体情况进行交互设计。如图1-46所示，制作好课件的交互链接，在教学中根据实际情况，单击左图中的"自主做题"按钮，链接到对应的右图所展示的幻灯片。

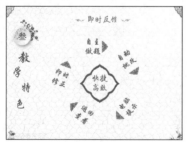 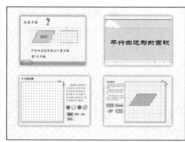

图1-46　交互选择的优化

多媒体课件应突出其辅助教学的作用，强调在课堂教学中教师的主导作用和学生的主体作用。而有的教师将课堂教学的各个环节都设计在课件中，在实际授课中想方设法地将学生引入自己预先设定的流程上，无视学生在课堂中的反应，只是按照课件的顺序，依次解说课件中的知识点，完成课堂教学，由原来的"人灌"变成现在的"电灌"，这显然不符合素质教育的要求，也无法达到理想的教学效果。

1.4 多媒体CAI课件的评价与问题

课件评价的标准可以从不同的角度进行考虑，但最根本的目的和标准是看课件是否有利于提高学生的学习效果，优秀的教学课件必须在科学理论的指导下进行精心的设计与创意，以保证软件的教育性和科学性。

多媒体CAI课件的评价与问题

1.4.1 多媒体CAI课件的评价标准

课件开发的目的就是应用于教学，改善教学效果，提高教学效率。目前多媒体 CAI 课件的评价方式有多种，比较权威的是全国多媒体课件评价参考标准。

1. 多媒体CAI课件的自评方式

为了减少课件的错误，多媒体 CAI 课件制作者可以对照多媒体课件自评量规进行自查，发现问题，从而减少错误。多媒体课件自评表如表 1-5 所示。

表1-5 多媒体课件自评表

指标参数	关注要点
课件内容	教学目标、对象明确，教学策略得当； 内容丰富、科学，表述准确，术语规范； 选材适当，表现方式合理； 语言简洁、生动，文字规范； 素材选用恰当，结构合理
科学性	内容正确，逻辑严谨，层次清楚； 模拟仿真形象，举例合情合理，准确真实； 场景设置、素材选择、名词术语、操作示范符合有关规定
技术性	界面设计合理，风格统一，有必要的交互； 运行流畅，操作简便、快捷，媒体播放可控； 导航方便合理，路径可选； 新技术运用有效； 有清晰的文字介绍和帮助文档
创新与实用	立意新颖，具有想象力和个性表现力； 能够运用于实际教学中，有推广价值
教学设计	教学目标明确，学习者特征明确； 媒体选择合理，能够解决重点，突破难点问题； 内容结构安排合理； 教学内容容量适当，节奏安排合理； 教学策略有效，能够调动学生积极思考

2. 全国多媒体课件评价参考标准

在教育部举行的全国教育软件评比中，采用的优秀教育软件评审规范主要内容可供我们在设计开发多媒体课件时参考。全国多媒体课件评价参考标准如表 1-6 所示。

表1-6 全国多媒体课件评价参考标准

评价指标	权重	评价具体内容
教育性	0.3	选题恰当、知识点表达准确 注意启发、促进思维、培养能力 场景设置、素材选取与相关知识点结合 模拟仿真、举例形象
技术性	0.3	画面清晰、动画连续、色彩逼真 交互设计合理、智能性好 声音清晰、音量适当、快慢适度 图像清晰、色彩搭配得当
艺术性	0.2	创意新颖、构思巧妙、节奏合理 媒体多样、选用适当、设置和谐 图形、文字布局合理，声音悦耳
使用性	0.2	界面友好、操作简单、交互流畅 容错能力强、运行稳定 对硬件设备要求适当

1.4.2 多媒体CAI课件常见问题

多媒体 CAI 课件评价的根本目的是减少课件的错误，进一步完善课件功能，以利于发挥课件在教学中的作用。然而课件在制作过程中常存在以下一些问题。

1. 课件文字内容过满过多

在多媒体 CAI 课件制作中，制作者常将自己要说的话全部放在课件中，从而导致课件内容文字过多。图 1-47 左图所示课件的根本问题是文字太多，一般只放标题与重点内容即可，并注重文字排版，否则上课就变成念课件，这样的教学效果很不理想，修改后的课件效果如图 1-47 右图所示。

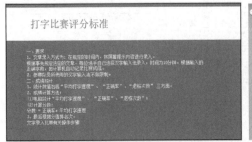 

图1-47 课件中文字内容过多对比图

解决方案：可以将一页内容变成两页或多页显示，且统一整个课件中的文字大小、行距，中文和英语的排列模式与标点符号要规范。

2. 课件文字的颜色杂乱

文字颜色的使用也是有讲究的，虽然设置不同的颜色会起到突出重点内容的效果，但设置过多的颜色，特别是色彩相近的颜色(最典型的是蓝底红字)，会让学习者感到视觉疲劳，如图 1-48 左图所示。

解决方案：如图 1-48 右图所示，字体上建议以黑体、宋体、仿宋、楷体等系统自带字体为主，特殊字体可用于标题，一页课件中字体与文字的颜色变化不要超过 3 种。

图1-48　课件中文字颜色杂乱对比图

3. 课件文字和背景不配

在多媒体 CAI 课件制作中，制作者经常出现因课件背景的使用，导致设置的文字与背景不相配的错误。图 1-49 左图所示的"普罗米修斯"文字设置就不太突出，图 1-49 右图所示的为修改后的文字效果，是使用特殊字体设置方式突出文字，特别是在文字与图片的相交处设置阴影，就会有显著的区别标记，便于观看。

图1-49　课件中文字使用不当的对比图

图 1-50 左图所示背景图案过于复杂，不知是准备让学习者观看图片还是文字，课件的内容主体不突出，特别是在文字较多的情况下，也将文字放在一页之中。而图 1-50 右图所示是选择图案简单的背景，并将课文分成多页，根据教学的需要，逐段显示内容。

图1-50　课件中背景使用不当对比图

4. 课件中干扰信息较多

教学中不应有过多的干扰因素影响教学目标的达成，然而在多媒体CAI课件制作中，有些课件制作者为了使自己的课件比较美观，常添加一些卡通元素。如图1-51所示，图中的图片内容与课件无任何关系，反而干扰教学内容。

图1-51　课件中干扰信息出现较多

5. 课件素材未处理干净

在多媒体CAI课件制作中，需要插入一些图片或视频而借用某些素材时，应对素材中不需要的Logo信息进行清除。图1-52左图中的CCTV1与"直播"都是干扰信息，需要清除；图1-52右图中的小喇叭设置是回答正确后给出掌声，而在教学时，这些突然出现的声音常与教学情景不相适应。

图1-52　课件素材未处理干净

解决方案：可以使用专门的软件去除图标，或者使用马赛克将干扰信息清除或遮挡，对于课件中对教学作用不大的干扰声音应删除。

6. 课件中文字编号乱用

课件制作者在制作课件时，对于课件中一些常规的编号应用存在错用、乱用现象。如图1-53左图所示，图中该用(一)的地方用了"(1)"，该用"1."的地方用了"1、"等情况；图1-53右图所示为修改后的内容。

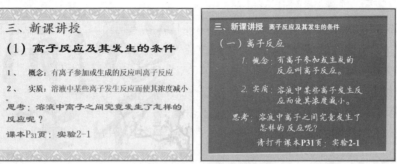

图1-53　课件编号乱用对比图

解决方案：需按国家统一编号要求进行修改，即第一层为"一、二、三、"，第二层为"(一)(二)(三)"，第三层为"1.2.3."，第四层为"(1)(2)(3)"，第五层为"①②③"。

7. 课件兼容性差

多媒体CAI课件的兼容性非常重要，很多制作者将在家中制作的课件带到学校或更换使用环境后，发现课件因不兼容而不能正常使用。课件不兼容的问题有很多，如课件的版本不一致或对系统中的字体、软件不支持等。图1-54左图所示为课件无法播放插入的动画与视频资源；图1-54右图所示为因所播放的设备中缺少字体而显示不正常。

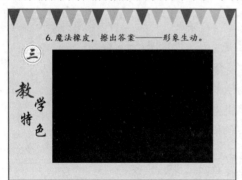
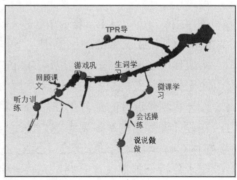

图1-54　课件兼容性差

解决方案：将课件资源打包，特别是将音频、视频、动画资源与课件放在同一目录中，制作课件时如不确定所播放的环境，可以多发布几个不同的版本。例如，PowerPoint课件可保存为低版本的兼容2003版的ppt与高版本的pptx，保存时将字库嵌入文件中等来保障课件的兼容性。

1.5 小结和习题

1.5.1 本章小结

本章主要介绍了制作多媒体 CAI 课件所必须具备的基础知识，具体包括以下主要内容。
- **多媒体CAI课件的特点与类型**：详细介绍了多媒体CAI课件的基本概念、特点和分类。
- **多媒体CAI课件的设计**：介绍了多媒体CAI课件制作的软硬件设备、课件的设计原则，并详细介绍了规范的制作流程，同时介绍了课件使用时的环境。
- **多媒体CAI课件的美化与优化**：介绍了多媒体CAI课件美化、优化的具体原则和方法。
- **多媒体CAI课件的评价与问题**：介绍了多媒体CAI课件的评价标准与常见问题。

1.5.2 强化练习

一、选择题

1. 关于多媒体 CAI 课件，下列说法中正确的是(　　)。
    A. 显示的内容丰富，涉及面广，知识量大
    B. 可以根据现实情况模拟各种现象与场景，直观形象
    C. 使用的媒体信息单一
    D. 不利于教师合理安排课堂时间
2. 按照教学内容与教学方式对多媒体 CAI 课件进行分类，下列不属于此分类方法的是(　　)。
    A. 顺序型　　　　B. 演示型　　　　C. 娱乐型　　　　D. 练习型
3. 关于多媒体 CAI 课件的制作原则，下列说法中错误的是(　　)。
    A. 多媒体CAI课件中知识点出现的顺序要合乎逻辑
    B. 应充分利用人机交互的功能，发挥学生的创造性
    C. 设计和制作课件时最好只在一台计算机上进行，以免出现问题
    D. 在设计课件结构时，要考虑方便用户的操作
4. 多媒体 CAI 课件制作的一般过程是(　　)。
    A. 需求分析→脚本设计→调试完善→制作课件→素材准备
    B. 素材准备→脚本设计→制作课件→调试完善→需求分析
    C. 需求分析→脚本设计→素材准备→制作课件→调试完善
    D. 素材准备→脚本设计→需求分析→制作课件→调试完善
5. 对多媒体 CAI 课件的美化主要包括对象的布局、(　　)、文字与用语和声音元素等。
    A. 内容安排　　　B. 屏幕大小　　　C. 色彩运用　　　D. 动画和视频运用

二、判断题

1. 利用多媒体 CAI 课件进行教学可以取代传统模式的教学。（ ）
2. 学习是一种建构的过程。（ ）
3. 网络化已经成为多媒体 CAI 课件的发展趋势。（ ）
4. 在多媒体 CAI 课件的制作过程中，设计制作脚本的编写建立在编写文字脚本的基础上。（ ）
5. 制作多媒体 CAI 课件时，视频、动画和声音素材运用得越多，课件的感染力就越强，运用于教学中的效果就越好。（ ）

三、问答题

1. 概述一下你对制作多媒体 CAI 课件的认识。
2. 制作多媒体 CAI 课件的一般流程是什么？
3. 赏析一个多媒体 CAI 课件，试评价其特色、优点和不足之处。

第 2 章　多媒体CAI课件素材获取与处理

多媒体 CAI 课件是由文本、图像、图形、声音、动画、视频等组成的有机整体，这些就是通常所说的课件素材。如果说课件是工厂中的产品，那么素材就是制造这些产品的原料。素材质量的优劣直接影响课件的使用和观感，因此素材的获取与处理是课件制作的关键，也是难点所在。课件素材的获取重在平时的收集与积累，制作课件时可从中整理出与教学内容相关的素材，通过加工处理，使其符合教学设计，适用于课件制作。

■ 本章内容
- 文本素材获取与加工
- 图像素材获取与加工
- 声音素材获取与加工
- 视频素材获取与加工

2.1 文本素材获取与加工

文本是多媒体教学课件中最主要的素材之一，也是现实生活中使用最多的一种信息存储和传递方式，如各种标题、概念、计算公式、命题、说明等内容，都需要用文本来进行描述和表达，下面就对文本素材的获取与处理方法做详细介绍。

2.1.1 文本素材的获取

计算机中获取文本素材的方法有多种，可以用键盘输入进行获取，也可以从网上获取，还可以用手写笔、麦克风或扫描识别技术进行获取。

插入特殊符号

实例1　扫描获取文字

制作课件时，通常需要获取图片或纸质文件上的文字，而传统的扫描仪很不方便，现在有很多扫描文字识别软件可以很方便地拍照识别文字，在没有安装扫描识别软件的情况下，也可以通过手机QQ扫描轻松获取文字。课件"骆驼祥子"对应人教版八年级《语文》下册中的内容。本实例主要介绍如何通过拍照获取书籍上的文字，并复制到课件中，课件效果如图2-1所示。

图2-1　课件"骆驼祥子"效果图

若要获取书本首页中的文字，可以打开手机QQ软件，通过拍照直接扫描文字，然后将识别出的文字通过网络分享到计算机中，再复制粘贴到课件中即可。

01 打开QQ扫描　打开手机QQ软件，按图2-2所示操作，打开QQ扫描识别文字的界面。

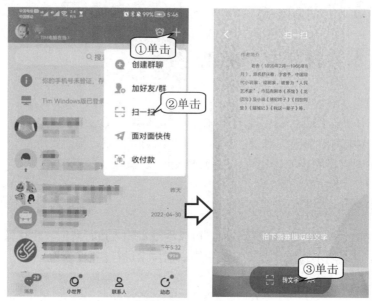

图2-2 打开QQ扫描

02 扫描识别文字并分享 拍照扫描,按图 2-3 所示操作,选择要获取的部分文字,通过 QQ 软件转发到计算机端。

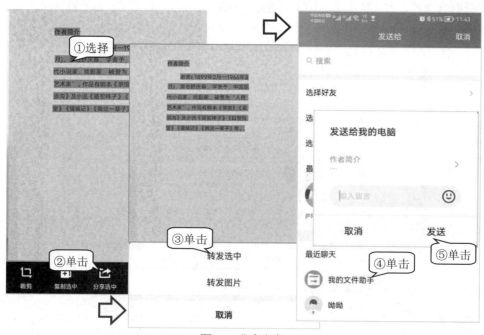

图2-3 分享文字

03 粘贴文字 打开计算机端 QQ 软件,按图 2-4 所示操作,复制分享的文字并粘贴到课件中,再对文本格式进行设置。

第 2 章 多媒体 CAI 课件素材获取与处理 | 33

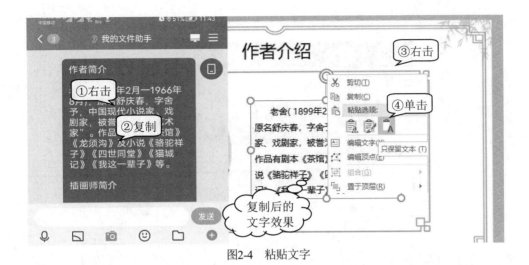

图2-4 粘贴文字

实例 2 从文库获取文本

网上有许多资源共享平台提供了丰富的教学设计和课件资源，可以为课件的设计和制作提供参考。本实例介绍如何在"百度文库"中下载文档。

跟我学

01 搜索文库文档　输入"百度文库"网址，进入百度文库首页，按图 2-5 所示操作，搜索所需要的资源。

图2-5 搜索文库文档

02 选择课件　如图 2-6 所示，打开搜索文档，查看搜索结果，选择需要的课件。

图2-6 选择课件

03 下载文档 按图 2-7 所示操作，下载需要的资源。

图2-7 下载文档

实例3 转换获取的文本

从网上下载的 PDF 格式文档，可以借助于文本格式转换软件，将其转换为 Word 可编辑的 DOC 文件，即可直接对内容进行编辑。

跟我学

01 安装软件 搜索、下载 Solid PDF tools 软件安装程序，根据提示安装软件。

02 选择文件 打开 Solid PDF tools 软件，按图 2-8 所示操作，选择转换的原文件。

图2-8 选择文件

03 转换格式 按图 2-9 所示操作，将文件转换成 Word 文档，并选择路径进行保存。

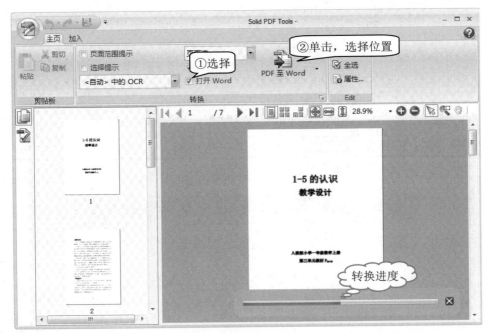

图2-9 转换格式

1. 语音输入文本

输入汉字文本时，不仅可以使用键盘，还可以下载、安装语音输入软件，在说话的同时，即可生成文字。

- 下载安装软件：输入"讯飞"网址，下载并安装讯飞语音输入法Windows计算机版。
- 体验语音输入：打开Word软件，将输入法切换到"讯飞输入法"，按图2-10所示操作，即可完成语音输入。

2. 输入特殊符号

有些学科有专用的符号，如语文中的拼音、数学中的公式、音乐中的音符等。这些符号的输入方法有多种，如果方法得当，可大大提高效率。

- 汉字拼音：使用软键盘输入拼音时，需不停地切换输入法，效率较低，可使用在线拼音转换工具。如图2-11所示，输入中文，单击"查拼音"按钮，即可将输入的汉字一次性转换成拼音。
- 数学公式：数、理、化学科中经常会用到各类公式，在PowerPoint中，可以使用"插入"→"公式π"命令输入。如图2-12所示，可以在公式"工具"栏中选择已有的常用公式，也可以选择"符号"编辑公式。

图2-10　语音输入文本

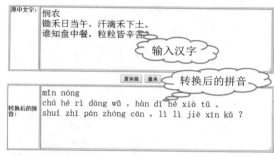
图2-11　汉字转换拼音

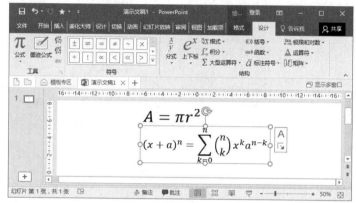
图2-12　输入数学公式

- 音乐符号：使用"搜狗输入法"自带的特殊符号，可以输入音乐学科中的音符。在输入法的小工具条上右击，选择"表情&符号"→"符号大全"命令，如图2-13所示，翻页选择需要的音符。

图2-13　输入音乐符号

2.1.2　文本素材的加工

当获取了大量的文本素材后，还需要对这些文本进行处理，使其格式满足课件制作的需求。制作课件时，精心设计文字，能增强课件的艺术效果，赋予课件美感，帮助观众记忆。文本加工包括设置字体格式、段落属性、批量修改

添加特殊公式

设置和设计特殊效果等。

实例4 设置字体格式

本实例介绍"走一步,再走一步"课件封面中文字的设置方法,效果如图 2-14 所示,包括课题和版本信息,通过设置字体格式使文字与背景、图片自然融合,课件主题突出、醒目。

图2-14 课件"走一步,再走一步"封面效果

PowerPoint 软件自带强大的文字处理功能,不仅可以设置字体、字号、颜色,还可以为文本添加艺术效果,完成拱形样式、倒映等效果制作。

■ 设置拱形文字

设置拱形文字时,需先设置字体、字号和颜色,再使用"文本效果"中的"跟随路径"功能,使文字产生拱形效果,弯曲的弧度和文字下方的图片自然融合。

01 打开课件 打开课件"走一步,再走一步(初).pptx",切换到第 1 张幻灯片。

02 设置文字格式 选择"七年级上册第 14 课"文字,按图 2-15 所示操作,设置文字的字体、字号和颜色。

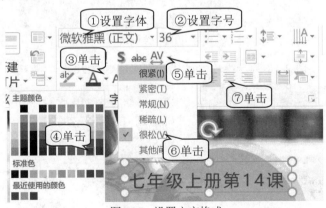

图2-15 设置文字格式

03 添加路径效果 按图 2-16 所示操作,添加"拱形"路径效果,再通过文本框控制点,调节拱形的弧度、角度和位置。

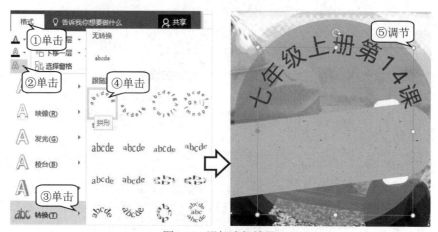

图2-16 添加路径效果

■ 制作艺术标题

制作课件时，标题文字通常需要制作成一些特殊效果，以增强课件的美感，使课件课题更具吸引力。

01 设置格式 选择"走一步，再走一步"文字，设置文字的字体为"汉仪雪峰体简"、字号为72号、颜色分别为"棕色"和"蓝色"。

02 旋转角度 按图2-17所示操作，旋转文本框角度，使其与背景滑板图片保持平行。

图2-17 旋转角度

03 设置映像 按图2-18所示操作，设置标题文字映像效果。

图2-18 设置映像效果

实例 5　批量修改文本

在制作课件时,往往会对课件中的文字进行重复修改和设置。如图 2-19(a)所示,将课件"走一步,再走一步"中表示时间的词句用红色显示,并将第二段的逗号改为省略号,效果如图 2-19(b)所示。

在 PowerPoint 软件中,重复定义文本格式,可以使用"格式刷"工具进行设置;将逗号改为省略号可以使用"替换"功能,方便快捷。

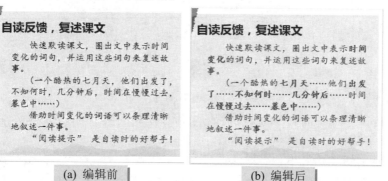

图2-19　文档修改前后对比图

跟我学

01 打开课件　打开课件"走一步,再走一步(初).pptx",切换到第 2 张幻灯片。

02 设置格式　选中正文第 1 行"时间变化"文字,设置颜色为"红色",字体加粗。

03 刷格式　按图 2-20 所示操作,定义好格式后,依次将需要设置相同格式的文字刷成定义的格式后,按 Esc 键取消格式。

图2-20　使用"格式刷"工具复制格式

04 替换符号　选中第 2 自然段,选择"开始"→"替换"命令,按图 2-21 所示操作,将第 2 自然段中的逗号替换为省略号。

图2-21 替换标点符号

 在查找和替换内容时,注意符号的中英文格式;如果对幻灯片中全部的查找对象进行替换,可以单击"全部替换"按钮。

实例6 在线编辑特效文字

在PowerPoint软件中能制作的文字特效是有限的,现在网上可以在线制作个性化效果的文字,可用于课件标题或是需要特别强调的文字部分。图2-22所示就是在线制作的文字效果。

打开"字笑"在线编辑网站,输入文字,选择艺术效果及字体,查看生成的艺术字效果,完成设置后下载使用。

图2-22 文字效果

跟我学

01 打开网站 打开"字笑"网站,注册并登录,如图2-23所示。

图2-23 打开网站

02 设置文字特效 按图2-24所示操作,输入文字,选择合适的文字特效。

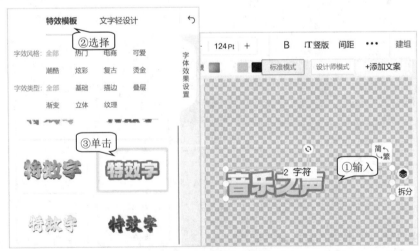

图2-24 设置文字特效

03 选择字体　按图 2-25 所示操作，选择适合的字体。

图2-25　选择字体

04 导出图片　制作好特效文字后，可以直接导出为 PNG 格式的图片，然后保存到计算机中，制作课件时作为标题使用。

实例 7　制作特效文字

课件"Unit 3 Shopping for Food"对应外研社小学《英语》第五册教材中的内容，课件封面标题文字效果如图 2-26 所示。

图2-26　课件"Unit 3 Shopping for Food"效果

制作课件时，为了做出具有特殊艺术质感的文字效果，有时需要借助专门的图像处理软件，如 Photoshop。

跟我学

01 输入文字　运行 Photoshop 软件，打开文件"Unit 3 Shopping for Food（初）.psd"，按图 2-27 所示操作，输入文字。

图2-27 输入文字

02 栅格化文字 按图2-28所示操作,将文字图层栅格化。

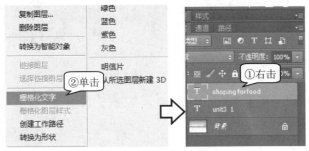

图2-28 栅格化文字

03 设置图层样式 按图2-29所示操作,设置"Shopping for Food"图层的样式。

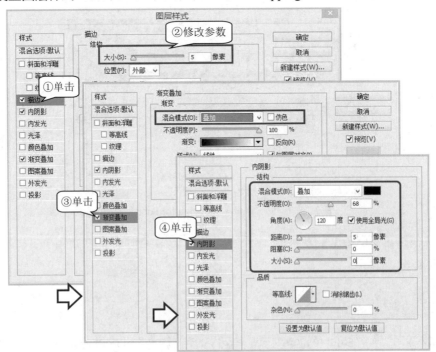

图2-29 设置图层样式

04 栅格化图层样式 按图 2-30 所示操作,将该图层再次栅格化。

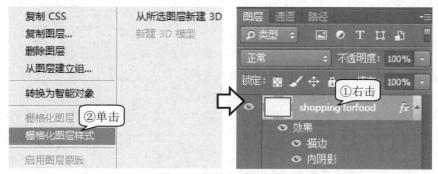

图2-30 栅格化图层样式

05 设置描边效果 按图 2-31 所示操作,设置描边效果。

图2-31 设置描边效果

06 设置投影效果 按步骤 04 的方法,再次栅格化图层后,再按图 2-32 所示操作,设置投影效果。

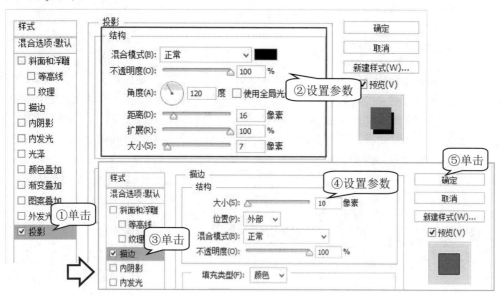

图2-32 设置投影效果

 知识库

1. 安装字体

系统自带的字体很少，在制作课件时，适度变换字体可以让课件版式更活泼。网上有很多字体素材，下载并安装后可以方便地对文本进行美化。

- 下载字体：输入字体网址，进入"站长素材"网站，浏览并下载所需的字体素材文件，如图2-33所示。

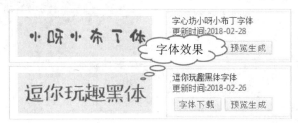

图2-33　下载字体

- 安装字体：可在Windows 7/10/11系统中，按图2-34所示操作，安装字体。

图2-34　安装字体

2. 调整文本框

在PowerPoint中，可对插入的文本框进行调整大小、位置、角度等操作。如图2-35所示，拖动文本框4条边上的4个圆形控制点，可调整文本框的宽度和高度；拖动四角的4个圆形控制点，可同时调整宽度和高度；拖动文本框中上方的圆形控制点，可旋转文本框，使文本框倾斜放置。如果要移动文本框，可将鼠标指针移到文本框的边框上，当鼠标指针变成"十"字箭头时，按鼠标左键拖动，即可移动文本框。

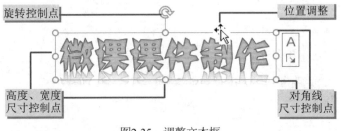

图2-35　调整文本框

创新园

01 在 PowerPoint 软件中,打开"骆驼祥子(初).pptx"文件,添加文字,完成课件封面的制作,效果如图 2-36 所示。

图2-36 "骆驼祥子"课件封面

02 在 PowerPoint 软件中,打开"二次函数之最值问题(初).pptx"文件,使用数学函数工具,完成题目的求解过程,效果如图 2-37 所示。

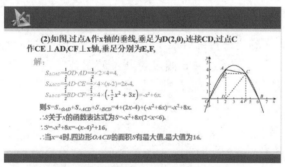

图2-37 "二次函数之最值问题"课件内容

2.2 图像素材获取与加工

图像是制作多媒体 CAI 课件必不可少的素材,如背景、人物、界面、按钮等,是学习者非常容易接受的信息,一幅图可以胜过千言万语,能形象、生动、直观地表现出大量的信息,帮助学习者理解知识,比枯燥的文字更具吸引力。

2.2.1 图像素材的获取

课件制作中需要的图像可以从多种渠道获得,如网上下载、计算机屏幕上直接截取、手机扫描生成图片、数码相机拍摄等,不能直接采集到的图片,还可以通过软件制作得到需要的图像素材。

制作Smartart图表

实例8 网上搜索图片

因特网上有很多资源网站,是一个资源宝库,可用于课件制作,既可以从专门的图像网站中下载图像,也可以从与课件制作内容相关的网站中查找。本实例中从网上搜索下载的图片效果如图2-38所示。

图2-38 网上下载图片效果

首先打开"百度图片"网站,然后搜索相关图片,并保存下来,用于课件中。

跟我学

01 搜索图片 在浏览器地址栏中输入"百度图片"网址,进入"百度图片"网站主页,按图2-39所示操作,搜索"中国速度"相关的图片。

图2-39 搜索图片

搜索图片时,可以选择大尺寸或特大尺寸的图片,这样搜索到的图片清晰度会更高一些,做课件的效果也会更好一些。

02 保存图片　在搜索到的图片上右击，按图2-40所示操作，保存图片。

图2-40　保存图片

实例9　截取图片

有些软件(如现成的课件、教学光盘)在运行时，屏幕上会出现一些让人感兴趣的画面，可使用专用的截图软件将其截取下来，其中最常用的截图软件是 Snagit，它可以截取整个屏幕、窗口，甚至是不规则窗口。本实例从视频中获取到的图片效果如图2-41所示。

图2-41　屏幕截取的图片效果

捕获图片时，需要先打开课件，当运行到所需要的图片时，停止运行，再按捕获键获取图片。

跟我学

01 运行软件　搜索、下载、安装并打开 Snagit 软件。
02 配置参数　按图2-42所示操作，配置图像捕获的参数。

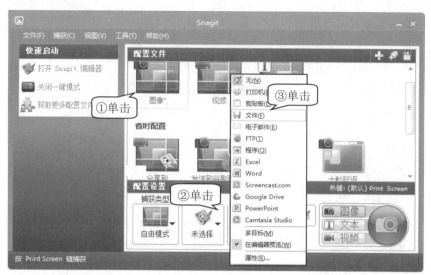

图2-42 配置参数

03 截取、编辑图像 打开视频,当出现需要的画面时,按 Print Screen 键在所需的画面上拖动出一个矩形框,松开鼠标,出现如图 2-43 所示的 Snagit 编辑器。

图2-43 截取、编辑图像

04 保存图片 单击 按钮,打开"另存为"对话框,选择保存位置并输入文件名,单击 保存(S) 按钮,保存截取的图像文件。

实例10 扫描图像

当读者看书或阅读报纸杂志时,经常会遇到一些课件中需要用到的图片,可以通过手机安装的"扫描王"App,将图像扫描下来发送到计算机中作为课件素材。本实例用"扫描王"App 扫描的图像效果如图 2-44 所示。

图2-44 扫描后的图片效果

打开手机"扫描王"App,扫描书本上的图片,自动生成图片后,可调整图片效果,并分享到计算机中,供制作课件所用。

跟我学

01 打开扫描 App 在手机上下载、安装"扫描王"App 后,注册并登录该手机软件。

02 扫描图片 按图 2-45 所示操作,选择并扫描图片。

图2-45 扫描图片

03 生成图片 按图 2-46 所示操作,扫描后,裁剪需要的部分,调整图片效果,最终生成图片。

图2-46 生成图片

04 分享图片 按图2-47所示操作,将生成的图片分享到计算机上。

图2-47 分享图片

05 接收图片　在计算机上打开 QQ 软件，按图 2-48 所示操作，将接收到的图片保存到计算机指定文件夹中。

图2-48　接收图片

实例 11　制作思维导图

思维导图可以很清晰地展现知识的体系，便于帮助学生梳理、归纳知识点。图 2-49 所示为信息技术学科围绕"省钱购物网上行"主题制作的知识体系导图。

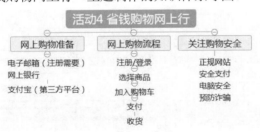

图2-49　思维导图效果

思维导图的制作软件有很多，如 MindMaster 软件、百度脑图等。制作时，需先选择一种结构样式，再通过添加支点、文字构建知识结构，然后根据需要适度美化和修饰。

跟我学

01 登录百度脑图　输入"百度脑图"网址，进入"百度脑图"主页，使用 QQ 账号登录软件。

02 新建文件　单击左上角的"百度脑图"图标，按图 2-50 所示操作，新建一个文件。

03 添加结构　按图 2-51 所示操作，输入标题文字，添加下一级结构，完成整个思维导图的结构。

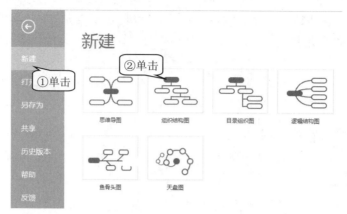

图2-50 新建文件

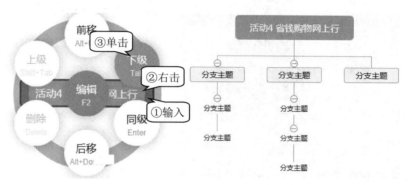

图2-51 添加结构

04 设置格式 按图 2-52 所示操作,设置思维导图的外观为"紧凑黄",根据需要设置字体、字号和颜色。

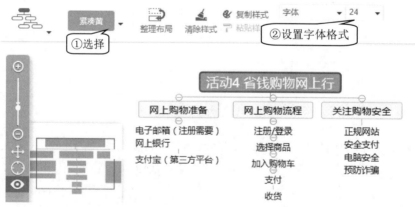

图2-52 设置格式

05 导出文件 单击左上角的"百度脑图"图标,按图 2-53 所示操作,选择文件夹将思维导图保存为 PNG 格式的图片。

可以通过截图将思维导图直接复制、粘贴到课件中,也可以保存为.Xmind 文件,这样使用思维导图软件时可以离线打开和编辑。

图2-53　导出文件

知识库

1. 使用Print Screen键截图

无论是台式机还是笔记本电脑，在键盘上都有一个Print Screen按键，其实它就是屏幕抓图的"快门键"。按下它以后，系统会自动将当前全屏画面保存到剪贴板中，只要打开任意一个图形处理软件并粘贴后就可以看到，还可以另存或编辑。

- 抓取全屏：按Print Screen键后，打开PowerPoint软件，再按Ctrl+V键即可。
- 抓取当前窗口：按住Alt键再按下Print Screen键，就可只将当前的活动窗口截取下来。
- 抓取菜单：先利用鼠标将菜单调出来，再按Print Screen键，然后打开图像编辑软件将截取的图片粘贴进去，删除不需要的部分，保留需要的部分。

2. 搜索清晰的图片

网上的一些图片由于分辨率低或有的贴有水印，插入课件或微课中会影响整体效果。"百度识图"工具能根据已有的图片，找到该图片的大图或无水印的原图。

- 上传图像文件：输入"百度图片"网址，进入"百度识图"页面，按图2-54所示操作，上传本地图像文件。

图2-54　上传图像文件

- 识别搜索图像：按图2-55所示操作，选择"尺寸从大到小"的排序方法，浏览并下载图片。

图2-55 识别搜索图像

2.2.2 图像素材的加工

图像素材可以从网上下载或扫描图片获取，还可以使用相机、手机拍摄照片，但很多图像不是拿来就能用的，需要进行适当的调整，如调整大小、变换格式、调整清晰度等。使用 Photoshop、美图看看等软件可以完成此类任务。

图片处理

实例 12 改变图像尺寸

如果使用的图像素材非常大，会使课件存储空间变大，也不便于网上传输和在线浏览。如图 2-56 所示，本实例将"向日葵"照片调整尺寸后，文件大小从原来的 18.3MB 缩小为 388KB。

图2-56 调整照片大小前后对比图

改变图像大小有两种方法：一是设置图像的尺寸；二是使用压缩的图像格式。使用"美图看看"软件可以方便地对照片大小和尺寸进行批量调整。

01 认识界面 下载、安装、运行"美图看看"软件，用该软件直接打开需要调整大小的图片，软件界面如图 2-57 所示。

02 编辑图片 　选择 [管理] 命令，进入 "美图看看" 软件管理界面，按图 2-58 所示操作，选择 "批量修改尺寸" 命令。

图2-57　"美图看看"软件界面　　　　图2-58　"美图看看"软件管理界面

03 调整图片大小 　在 "编辑图片" 对话框中，按图 2-59 所示操作，调整图片的大小并自动更名保存。

图2-59　调整图片大小

 "美图看看" 软件不仅可以批量修改图像的大小，还可以批量转换图像的格式。批量转换图像格式的方法与批量修改大小的方法相同。

实例 13　调整图像亮度与对比度

在拍摄或扫描素材图片时，过亮或过暗都会看不清图像上的细节内容。制作课件前要先调整亮度和对比度，从而美化课件的呈现效果。图 2-60(a)所示为素材图片 "军训"，图 2-60(b)所示为经过亮度和对比度调整后的图片。

(a) 调整前图像　　　　　　　　(b) 调整后图像

图2-60　亮度和对比度不同的图像对比

调整图片亮度和对比度的软件有很多，常用的有 Photoshop、美图秀秀等。使用"美图秀秀"软件的"光效"工具，可以对偏暗的照片进行调整。

跟我学

01　选择文件　运行"美图秀秀"软件，找到并打开素材文件"军训.jpg"。

02　调整图片　按图 2-61 所示操作，在"光效"窗口中，调整亮度、对比度、高光及暗部的参数值。

图2-61　调整图片

03　保存图片　按图 2-62 所示操作，调整好亮度和对比度后，保存并生成新文件"军训_副本.jpg"。

图2-62　保存图片

实例14　旋转图像

在拍摄或扫描照片时，有时会出现倾斜、倒置等现象，直接将这些素材引入课件，可能会影响课件效果。因此，在进行课件制作前，要对其进行处理，以满足课件制作的需要。图2-63(a)所示是一幅有待处理的图像，图2-63(b)所示是一幅处理完成的图像。

(a) 旋转前图像　　　(b) 旋转后图像

图2-63　图像旋转前后效果图

旋转图像的方法有很多，例如，可以选择"图像"→"图像旋转"命令，对图像进行水平、垂直翻转及任意角度旋转等操作。

跟我学

01 旋转图像 运行 Photoshop 软件，打开图片"俄罗斯.jpg"，在工具箱中单击"裁剪"工具，按图 2-64 所示操作，将鼠标移到裁剪框外部，变成弯箭头时，拖动旋转图像。

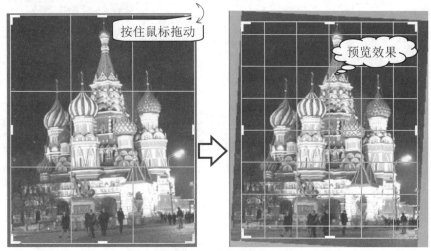

图2-64　旋转图像

02 裁剪图像 按图 2-65 所示操作，完成图像的裁剪。

图2-65　裁剪图像

03 保存图像 选择"文件"→"存储为"命令，按图 2-66 所示操作，保存裁剪后的图像文件。

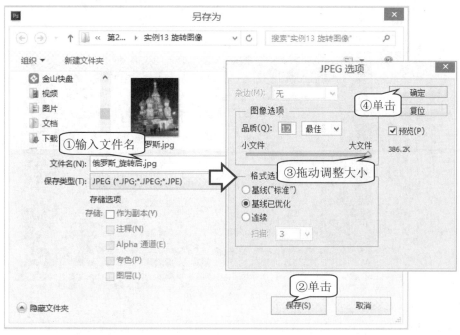

图2-66 保存图像

实例15 透视裁剪

如图 2-67(a)所示,在拍摄或扫描照片时,由于角度倾斜导致图片出现梯形形状,直接将这些素材引入课件,会影响课件效果。本实例介绍如何对图片进行梯形校正,达到如图 2-67(b)所示的效果。

(a) 修改前图像　　　　　　　　　(b) 修改后图像

图2-67 透视裁剪图像前后效果图

摄影中将这种"近大远小"的现象称为"透视变形",这种变形可以进行校正。运用 Photoshop 软件"裁切"工具中的"透视"功能,能方便地处理类似的照片缺陷。

跟我学

01 设置裁剪框 运行 Photoshop 软件,打开要处理的照片文件,按图 2-68 所示操作,绘制裁剪框。

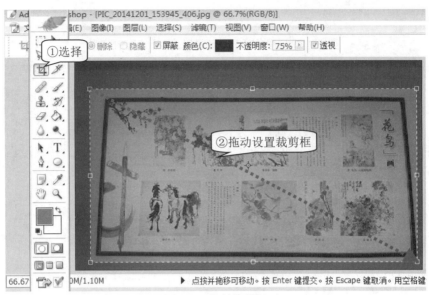

图2-68 绘制裁剪框

02 透视裁切 按图2-69所示操作，拖动裁剪框的4个点，调整裁剪框，矫正透视失真后的效果如图2-67(b)所示。调整结束后，保存图片。

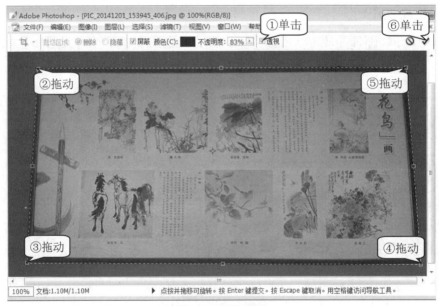

图2-69 透视裁切

实例16 改变图像清晰度

在拍摄图片时，有时会聚焦不准，使图片产生模糊的感觉，在视觉上会不舒服，需要对这些图片进行锐化，将其变得清晰一些。图2-70(a)所示是未经处理的图像，图2-70(b)所示是经过锐化处理的图像。

(a) 调整前图像　　　　　　　(b) 调整后图像

图2-70　照片清晰度调整前后对比图

使用 Photoshop 软件中的"锐化"工具调整参数，可以调整图像的清晰度，一般锐化程度不能太大，否则会影响照片的整体效果。

跟我学

01 锐化图片　运行 Photoshop 软件，打开图片"碳的化学性质.jpg"，选择"滤镜"→"锐化"→"USM 锐化"命令，按图 2-71 所示操作，将图像锐化，调整后单击 确定 按钮。

02 渐隐图片　选择"编辑"→"渐隐 USM 锐化"命令，按图 2-72 所示操作，对图像锐化进行渐隐操作，保存调整后的文件。

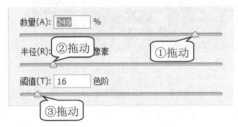 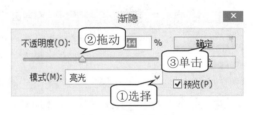

图2-71　锐化图片　　　　　　图2-72　渐隐图片

实例 17　添加主体图案

在某些情况下，为了突出图片中的主体或删除图像的背景，可以利用 Photoshop 软件将主体抠出或将图像背景删除，再将其插入课件中。图 2-73(a)所示是未经过处理的图像，图 2-73(b)所示是添加了主体的图像。

(a) 编辑前图像　　　　　　　(b) 编辑后图像

图2-73　抠图应用实例效果图

在 Photoshop 软件中，先使用"魔棒"工具选择运动员对象并复制，再粘贴到背景文件中，合成新的文件。

跟我学

01 打开图片 运行 Photoshop 软件，打开图片"足球2.jpg"。

02 选中背景 按图 2-74 所示操作，选择"魔棒"工具，多次调整容差值，选中背景部分。

图2-74 选中背景

03 选中主体 选择"选择"→"反向"命令，选中主体人物图案，选择"复制"命令。

04 添加主体 打开"运动与健康(初).psd"文件，选择"粘贴"命令，拖动调整主体图案在图中的位置，得到如图 2-75 所示的效果。

图2-75 添加主体图案

05 保存图片 选择"文件"→"存储"命令，保存文件。

实例18 调整图像颜色

有些从网上或通过其他方式得到的图片，在使用时颜色不符合课件的整体风格，这时就需要利用其他软件如美图秀秀、Photoshop 等进行调整，使其符合需求。图 2-76(a)所示是从网上下载的图像，图 2-76(b)所示是经过通道调整后的图像。

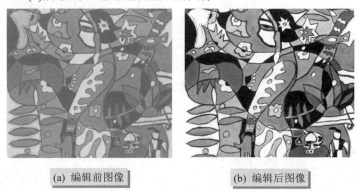

(a) 编辑前图像　　　　　　　(b) 编辑后图像

图2-76　图像颜色调整前后效果图

"美图秀秀"软件中的"特效"功能，可调整图像色调。打开需调整的图像，先选择特效并调整参数，即可预览效果，调整后保存文件。

跟我学

01 **调整色彩**　运行"美图秀秀"软件，打开图片"颜色调整.jpg"，按图 2-77 所示操作，选择合适的色调。

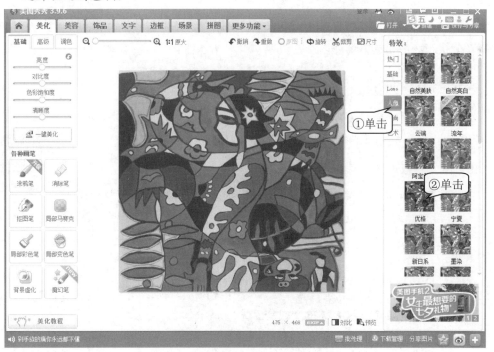

图2-77　调整图像色彩

02 **保存图片**　选择"保存与分享"命令，保存文件为"颜色调整(终).jpg"。

创新园

01 在网上搜索、下载图片，运用所学的图像处理技术对图片进行加工、处理，在 PowerPoint 软件中，完成"二次函数应用(图形中的最值问题)"课件封面制作，效果如图 2-78 所示。

02 在 PowerPoint 软件中，使用"图形"工具，完成"骆驼祥子"课件"教材分析"页内容制作，效果如图 2-79 所示。

图2-78 课件"二次函数应用(图形中的最值问题)"封面

图2-79 课件"骆驼祥子"内容

2.3　声音素材获取与加工

在多媒体 CAI 课件中合理地加入一些声音，可以更好地表达教学内容，有利于学习者的大脑保持兴奋状态，使视觉思维得以维持。

2.3.1　声音素材的获取

声音素材可以从多种渠道获得，如从网上下载、用话筒录制，或者将录音磁带、CD、VCD、DVD 中的声音转换成课件中可以使用的素材等。

声音的优化处理

实例 19　网上获取声音

因特网是声音素材的宝库，在其上可以搜索到很多有用的声音素材，用于课件制作。获取声音素材时，既可以直接从音乐网站中下载，也可以通过搜索引擎查找相关音乐。

跟我学

01 **搜索音乐**　在浏览器地址栏中输入"搜狗音乐"网址，进入"搜狗音乐"网站，按图 2-80 所示操作，搜索音乐"让世界充满爱伴奏"。

图2-80　搜索音乐

02 下载音乐　按图 2-81 所示操作，单击需要下载的音乐，选择路径，保存音乐文件。

图2-81　下载音乐

实例 20　识别下载音乐

大街上、商场里、电视剧中，经常会听到旋律很好的背景音乐，却因为不知道音乐的任何有效信息而无法下载，从而错过。使用微信"摇一摇"功能，可以识别、下载不知道名称、作者和歌词的音乐。

跟我学

01 进入"摇一摇"　在手机中运行"微信"软件，按图 2-82 所示操作，进入"摇一摇"界面。

图2-82　进入"摇一摇"

02 识别音乐　按图 2-83 所示操作，听到音乐后，摇一摇手机，即可识别出听到的歌曲信息并播放。

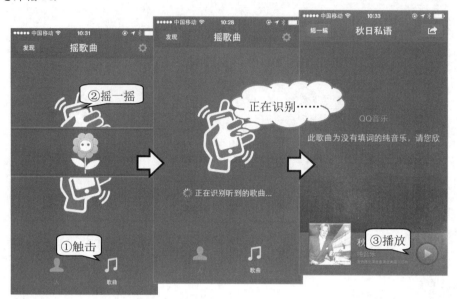

图2-83　识别音乐

03 后续处理　识别歌曲后，可以通过不同的方式分享、收藏歌曲，也可以通过提供的歌曲名称，在计算机中搜索、下载歌曲。

实例 21　内录声音

因为没有音乐的任何有效信息，所以从网络获取音乐文件的可能性不大，而外录音乐杂音太大，效果差，此时可以采用内录音乐的方式，将音乐播放一遍，用 Windows 自带的"录音机"程序录制声音，保存后，再重新插入课件中，即可解决问题。

跟我学

01 打开录音设备　按图 2-84 所示操作，右击任务栏托盘区"音量控制"图标，打开"录音设备"设置对话框。

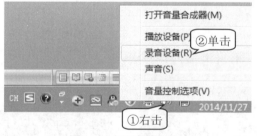

图2-84　打开录音设备

02 显示禁用设备　按图 2-85 所示操作，在空白处右击，选择"显示禁用的设备"选项，此时会显示"立体声混音"设备。

图2-85 显示禁用设备

03 启用混音设备 按图 2-86 所示操作，启用立体声混音，单击 确定 按钮完成设置。

图2-86 启用混音设备

04 录制音乐 运行"录音机"软件，播放要内录的音乐文件，按图 2-87 所示操作，录制结束后，单击"停止录制"按钮，保存文件。

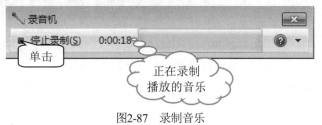

图2-87 录制音乐

由于"录制"与"播放"之间有时间差，导致录制的音乐前后留白会增多，可以使用音频处理软件截取、删除，最后将完善后的音乐文件重新插入 PPT。

实例22　外录声音

话筒是多媒体计算机的输入设备之一，用 Windows 自带的"录音机"程序，可以采集声音素材，操作方法也比较简单，但功能有限。这里不再采用该程序，改用功能更强大的音频处理软件 GoldWave。

跟我学

01 连接音频线　将话筒和计算机的声卡正确地连接好，效果如图 2-88 所示。

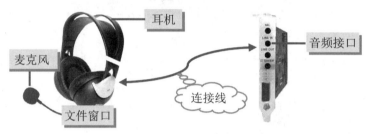

图 2-88　连接音频线

02 运行软件　单击"开始"按钮，选择"程序"→GoldWave→GoldWave 命令，运行 GoldWave 软件，界面如图 2-89 所示。

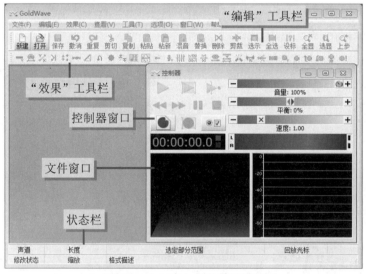

图 2-89　GoldWave 软件使用界面

03 新建文件　单击"编辑"工具栏中的"新建"按钮，按图 2-90 所示操作，新建一个声音文件。

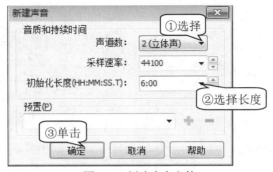

图2-90 新建声音文件

04 开始录音 按图2-91所示操作,对着话筒进行录音。

图2-91 开始录音

05 停止录音 录音完成后,单击"停止"按钮 ■,停止录音并保存文件。

实例23 录制课件旁白

解说词能帮助学生理解教学内容,配上解说词的课件将更具实用性,学生在自己探究时,可以根据解说词增加对教材内容的理解。课件"长江之歌"对应七年级《音乐》十四册第二单元教材中的内容,需要添加解说词的幻灯片效果如图2-92所示。

在插入解说词时,要先打开所需幻灯片,然后从"幻灯片放映"菜单项中选择"录制幻灯片演示"命令,再根据课件内容录制解说词。

图2-92 课件"长江之歌"页面效果

跟我学

01 打开文件 运行 PowerPoint 软件,打开课件"长江之歌(初).pptx",切换到第15张幻灯片。

02 准备录制 按图2-93所示操作,打开"录制幻灯片演示"对话框。

03 录制旁白 按图2-94所示操作,开始录制旁白。旁白录制完成后,按 Esc 键退出,在幻灯片上会出现 🔊 图标,幻灯片放映时会自动播放。

图2-93　准备录制

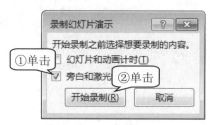
图2-94　录制旁白

04 保存旁白　保存文件时会自动保存旁白。

2.3.2　声音素材的加工

从网上下载或录制的声音，一般都要经过编辑才能使用，如转换声音文件的格式，截取声音片段，或者合并多个声音片段等。

实例24　转换声音文件格式

课件中插入声音

不同的课件制作软件，所支持的声音文件格式不同。另外，还有一些格式的声音文件所占的容量非常大，如WAV格式的声音文件，需要适当进行压缩。下面介绍不同格式的声音文件之间的相互转换方式。

跟我学

01 打开文件　打开GoldWave软件，选择"文件"→"打开"命令，打开"海燕.wav"声音文件。

02 格式转换　选择"文件"→"另存为"命令，打开"保存声音为"对话框，保存文件为"海燕.mp3"。

03 比较大小　完成转换后，打开保存文件所在的文件夹，选择经过格式转换的文件，比较文件的大小。

实例25　截取声音片段

有时，课件中所使用的声音仅是某个声音文件中的一小段。例如，语文的课文朗读，只需要朗读课文中的某一段，就可以从一整篇朗读中将某一片段截取下来。

跟我学

01 打开文件　运行音频处理软件GoldWave，选择"文件"→"打开"命令，打开"海燕.wav"声音文件。

02 放大波形　连续5次单击"编辑"工具栏中的"放大"按钮，将声音的波形图放大。

03 选择声音片段　按图2-95所示操作，选择声音片段的起始与结束标记部位。

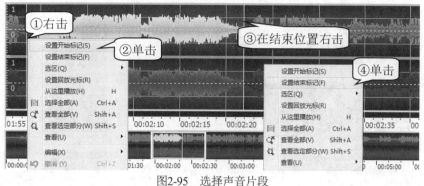

图2-95　选择声音片段

04 复制声音片段　单击"编辑"工具栏中的"复制"按钮，复制所选中的区域。

05 粘贴声音片段　单击"编辑"工具栏中的"粘贴"按钮，自动粘贴为一个新声音文件，效果如图2-96所示。

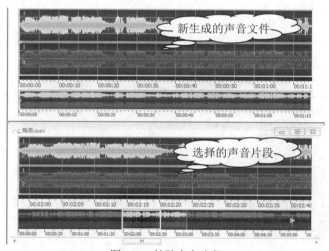

图2-96　粘贴声音片段

06 保存文件　选择"文件"→"保存"命令，保存文件，命名为"海燕_片段.mp3"。

实例26　混合声音

在制作课件时，特别是制作音乐课件，经常需要将两种声音合并在一起，形成一种混音效果，这样可以增加课堂教学效果。

跟我学

01 复制声音　运行GoldWave软件，打开声音文件"蜗牛与黄鹂鸟(配音).wav"，按图2-97所示操作，复制整个"蜗牛与黄鹂鸟(配音)"的波形图到内存。

02 试听音乐　打开"蜗牛与黄鹂鸟(伴奏).wav"文件，单击"播放"按钮，试听音乐。

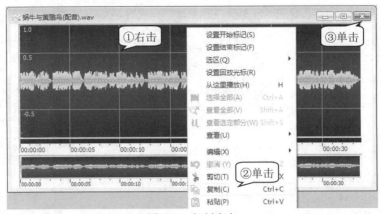

图2-97 复制声音

03 插入混音1 当音乐播放到需要插入配音点时,单击"停止"按钮■,按图2-98所示操作,插入混音。

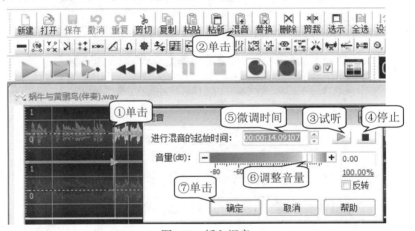

图2-98 插入混音

04 插入混音2 参照步骤03,在"蜗牛与黄鹂鸟(伴奏)"音乐的第1分02秒处(00:01:02)再插入一个混音。

05 保存文件 选择"文件"→"另存为"命令,将声音文件另存为"蜗牛与黄鹂鸟.wav"文件。

创新园

01 在网上搜索、下载励志主题的背景音乐,在PowerPoint软件中,为课件"走一步,再走一步"封面添加背景音乐,课件播放时自动播放,时间控制在1分钟以内,效果如图2-99所示。

02 在网上搜索"牡丹亭""西厢记""长生殿""桃花扇"昆曲,使用声音编辑工具优化音质,打开课件"苏州园林(初).pptx"文件,当触发相应的播放按钮时,课件播放对应的曲目,效果如图2-100所示。

图2-99 "走一步,再走一步"课件封面

图2-100 课件"苏州园林"内容

2.4 视频素材获取与加工

在制作课件时,有时为了表现一段场景的真实性或生动性,可以配上一段精彩的视频。这些视频让我们的教学内容更容易被学生接受和理解。

2.4.1 视频素材的获取

课件中插入视频

课件中视频的来源可以是自己用摄像机拍摄的,也可以是从网上下载的,还可以直接从其他视频中截取视频片段。

实例27　网上获取视频

网上有许多视频网站很受欢迎,如可供娱乐的动漫、影视,用于知识学习的各种微课程,传授生活技能的短视频等。制作课件时,可以搜索下载适合教学内容的视频放在课件中,让课件更具有魅力和实用价值。

跟我学

01　搜索视频　打开360浏览器,输入"安徽基础教育平台"网址,打开"皖教云"资源中心,选择"专项资源"中的"体卫艺资源",按图2-101所示操作,搜索近视防控视频。

图2-101　搜索视频

02 **下载视频** 按图 2-102 所示操作，开始录制视频。单击"结束录制"按钮，保存要下载的视频。

图2-102　下载视频

03 **查找下载视频** 按图 2-103 所示操作，查找 360 浏览器下载视频存储位置。默认情况下，下载的视频是存储在"D:\360 安全浏览器下载"目录中，打开此目录，找到保存的视频文件。

图2-103　查找下载视频目录

实例 28　录制屏幕

在制作微课课件时，通过录制屏幕的方式获取视频是常用的方法，如演示微课课件时，配上讲解的旁白，就是一个简单的微课视频。

跟我学

01 配置录屏参数　下载、安装、运行"屏幕录像专家"软件，按图2-104所示操作，配置参数。

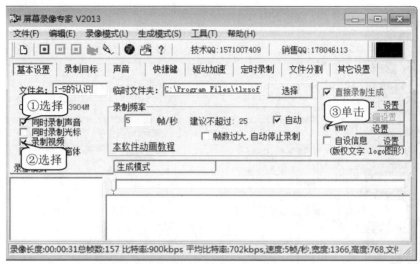

图2-104　配置录屏参数

02 开始录屏　按图 2-105 所示操作，单击"开始录制"按钮后，可以边操作边讲解，结束后双击任务栏右下角的 按钮，结束录制。

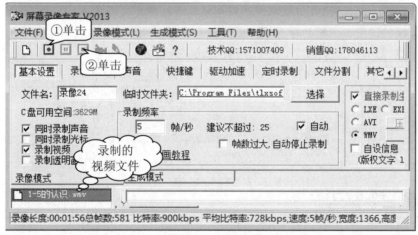

图2-105　录制视频

03 编辑视频　右击录制的视频文件，可以对视频进行另存为、格式转换、截取等操作。

实例29　将课件生成视频

小学一年级数学"1~5 的认识"微课课件，包含了片头、导入、教学内容、课后练习和反馈，并且设置了动画，使用 PowerPoint 软件的"导出"功能，可以将课件直接生成视频文件。

跟我学

01 创建视频 打开"1～5 的认识.pptx"文件，选择"文件"→"导出"命令，按图 2-106 所示操作，选择"创建视频"命令。

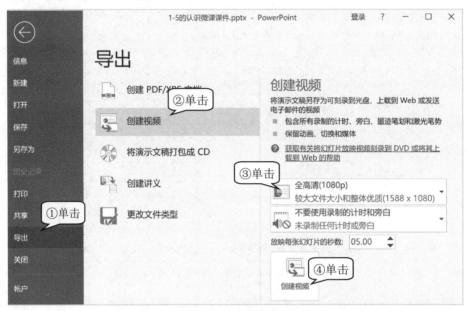

图2-106　创建视频

02 保存视频 选择 MP4 视频格式，将视频保存在指定文件夹中。

03 创建视频进度 视频的保存根据文件大小不同，保存时长也不同，文件越大，时长越长。"1～5 的认识.pptx"课件视频创建进度如图 2-107 所示。

图2-107　创建视频进度

2.4.2　视频素材的加工

从网上下载的视频或自己录制的视频，有些需要做适当的加工和处理，才能应用到课件中。对视频的处理包括视频合成、分离和添加特殊效果等。

实例 30　裁剪视频

如果从网上下载了一段精彩的电影或其他视频，但只想使用其中一段，就需要对视频进行裁剪，使用"格式工厂"软件可以实现。

> **跟我学**

01 运行软件　运行"格式工厂"软件,选择"视频"→"快速剪辑"命令。
02 打开视频　选择"添加文件"命令,打开要裁剪的视频文件"氯气的实验室制法 高中化学.mp4"。
03 选择范围　选择"剪辑"命令,按图 2-108 所示操作,设置视频裁剪的范围。

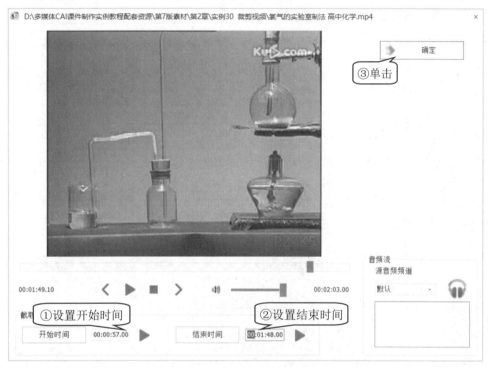

图2-108　选择裁剪范围

04 确定裁剪　按图 2-109 所示操作,确定裁剪任务。

图2-109　确定裁剪

05 完成裁剪　按图 2-110 所示操作,完成裁剪。

图2-110 完成裁剪

实例31 合成视频

前面在欣赏视频时，如果看到的只是多个独立的视频，观看起来感觉很不方便。这就需要采用合适的软件，将它们合成在一起，制作成完整的视频文件，然后将其导入 PowerPoint、Flash 等课件制作软件中使用。

跟我学

01 选择文件 在"格式工厂"软件中，选择"视频合并"命令。

02 添加文件 按图2-111 所示操作，添加需要合并的视频文件。

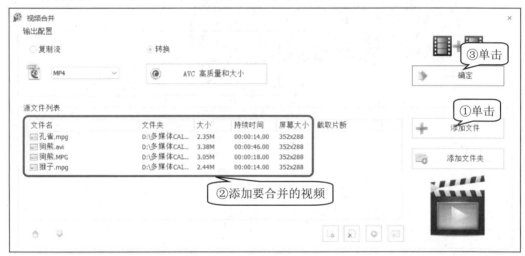

图2-111 添加文件

03 合并文件 单击"开始"命令，合并已经选择的视频片段。

实例32 应用视频滤镜

在加工视频时，有时需要增加一些特殊效果来加强视频的视觉感受，表达特定的含义，"会声会影"软件具备模拟制作各种特殊效果的功能。本实例是地理课堂教学画面，将其增加"肖像画"滤镜，产生朦胧的效果，如图 2-112 所示。

"会声会影"软件中提供了丰富的滤镜效果，将要添加滤镜效果的视频导入，选择滤镜后还可

图2-112 视频滤镜

以根据需要对滤镜的参数进行调整。

跟我学

01 **导入素材** 运行"会声会影 X5"软件，将"视频片段 1.mpg"导入素材库中，并将素材拖到视频轨中。

02 **选择滤镜** 单击"滤镜"按钮 FX，按图 2-113 所示操作，完成滤镜选择。

图2-113 选择滤镜

03 **添加滤镜** 将"肖像画"滤镜拖放至视频轨的素材上，完成滤镜的添加。

04 **设置滤镜属性** 单击 选项 按钮，展开选项面板，单击"自定义滤镜"按钮，弹出"肖像画"对话框，按图 2-114 所示操作，完成滤镜属性设置，保存文件。

图2-114 设置滤镜属性

实例33 添加转场效果

在拼接素材时，为使两段素材播放时衔接自然流畅，可以在两段素材之间添加转场效果。在"会声会影"软件中，转场可以自动添加，也可以手动选择，本例为自动添加转场。转场瞬间效果如图 2-115 所示。

"会声会影"软件中提供了多种视频转场效果，将视频素材导入素材库，通过参数设置添加自动转场效果。

图2-115 转场瞬间效果

跟我学

01 导入素材　运行"会声会影"软件,将"视频片段1.mpg"和"视频片段2.mpg"导入素材库中。

02 参数设置　选择"设置"→"参数选择"命令,弹出"参数选择"对话框,按图2-116所示操作,完成参数设置。

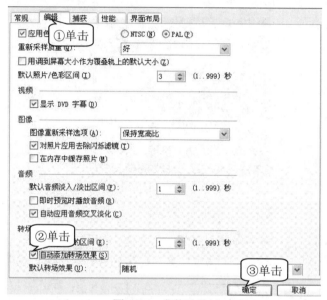

图2-116　参数设置

03 插入素材　返回会声会影编辑器,单击"故事板视图"按钮 ，将素材库中的"视频片段1.mpg"和"视频片段2.mpg"素材拖入故事板中,保存文件。

 自动添加的转场效果可以是随机的,也可以是自动设置的某种转场效果,在"默认转场效果"下拉列表中选择自己所需的转场效果即可。

实例34　添加视频字幕

视频编辑过程中必不可少的是字幕添加,制作精美的字幕可以有效地引起学生的注意,迅速进入教学情境中。本实例利用"会声会影"软件制作一段唐诗,文字逐个出现,字幕添加前后效果如图2-117所示。

图2-117　添加字幕效果

 跟我学

01 导入图片　运行"会声会影"软件,导入素材图片"背景.jpg",在时间轴视图下,将图片拖入视频轨中。

02 设置参数　展开选项面板,在"重新采样选项"下拉列表中选择"调到项目大小"选项,单击"照片区间"选项，设置区间为10秒。

03 输入字幕　单击"标题"按钮，在预览窗口的适当位置双击并输入字幕。

04 编辑标题　在预览窗口中的空白位置单击,进入标题的编辑模式,按图 2-118 所示操作,完成标题编辑。

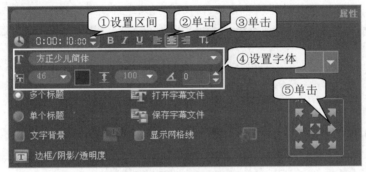

图2-118　编辑标题

05 设置标题动画　选中标题轨中的素材,展开"选项"面板,切换至"属性"选项卡,按图 2-119 所示操作,完成标题动画设置。

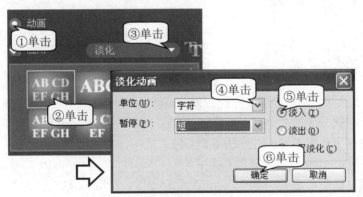

图2-119　设置标题动画

创新园

01 登录"站长素材"网站,使用"相对参照物"关键词搜索,使用视频下载工具下载如图 2-120 所示的 Flash 动画素材。

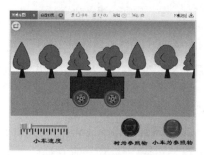

图2-120　下载Flash动画

02 打开微课课件"1~5的认识.pptx",边放映边讲解,并使用屏幕录制软件尝试将课件录制成微课,使用视频编辑软件对录制的微课视频进行编辑、美化,效果如图2-121所示。

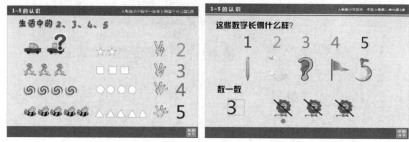

图2-121　微课"1~5的认识"视频片段

2.5　小结和习题

2.5.1　本章小结

本章介绍了获取与制作多媒体课件素材的方法,具体包括以下主要内容。

- **文本素材获取与加工**:介绍了获取文本素材的几种方式,包括QQ扫描生成文本、从网上文库中下载文本等,并介绍了文本格式之间的相互转换、在线制作艺术效果文字,以及在Photoshop软件中处理艺术字。
- **图像素材获取与加工**:介绍了从网上保存图像、利用Snagit软件截取屏幕图像、扫描书籍图像等方法,并介绍了利用美图看看、Photoshop软件来改变图像大小和格式、调整图像亮度与对比度、旋转图像、将模糊的图像变清晰、消除图像背景阴影和调整图像颜色等方法。
- **声音素材获取与加工**:介绍了从网上下载声音、用麦克风录制声音,并介绍了声音文件的格式转换、截取声音片段和混合声音等。
- **视频素材获取与加工**:介绍了从网上下载视频,利用录屏工具录制视频的方法,同时还介绍了利用工具软件合成和截取视频片段等操作。

2.5.2 强化练习

一、选择题

1. 下列扩展名中，不是数字音频文件格式的是(　　)。
   A. MP3 　　　　　B. DOC 　　　　　C. MID 　　　　　D. WMA
2. Windows 7 自带的"录音机"程序，录制声音的格式是(　　)。
   A. MP3 　　　　　B. WAV 　　　　　C. MID 　　　　　D. WMA
3. 张强在制作一份多媒体作品时，想把拍摄的照片放到作品中，下列设备中，能帮他采集图片的是(　　)。

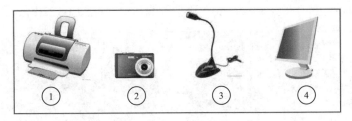

   A. ①打印机　　　B. ②数码相机　　C. ③话筒　　　　D. ④显示器
4. 周老师想在课件中添加录音，他准备安装一款软件，先录音，再对声音进行编辑处理，下列软件中可选的是(　　)。
   A. Photoshop 　　B. Word 　　　　C. GoldWave 　　D. PowerPoint
5. 陈强将一张图像进行局部放大后，发现该图像的品质未发生变化，由此可判断该图像是(　　)。

   A. 位图　　　　　B. 矢量图　　　　C. 三维图　　　　D. 数码照片
6. 物理教师在用 Flash 制作课件时，要将左图中的开关变成右图样式，需使用的工具是(　　)。

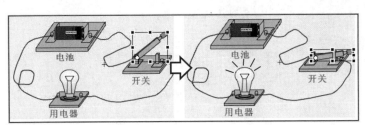

   A. 填充变形　　　B. 套索　　　　　C. 矩形工具　　　D. 任意变形

二、判断题

1. 用截图软件无法截取正在播放的网络视频上的精彩画面。　　　　　　　　（　）
2. 使用"美图看看"软件浏览图像时，不能对图像进行任何操作。　　　　　　（　）
3. 使用 Photoshop 软件可以对图像进行透视剪切，修复照片梯形缺陷。　　　（　）
4. 在因特网上可以随意下载音乐素材，不涉及任何版权问题。　　　　　　　（　）
5. 使用 PowerPoint 软件可以将课件直接导出为视频文件。　　　　　　　　（　）

三、问答题

1. 获取课件中所需的图像素材有多种方法，请列举其中的 3 种。
2. 在 Photoshop 中如何将图 1-122(a)中破损的照片修复成图 1-122(b)所示的样式？

(a) 修复前　　　　　　　　　　(b) 修复后

图1-122　修复照片

第 3 章　PowerPoint演示型课件制作实例

在多媒体 CAI 课件的各种制作软件中，PowerPoint 以其简单易学、功能实用而著称，因而成为教师制作课件的首选工具。PowerPoint 内置丰富的动画及过渡和声音效果，并有强大的超链接功能，教师能够根据教学内容快速直观地制作出各种类型的课件，如：以演示文字、图片、影音、表格等对象为主的演示型课件；能动态展示教学内容的动画型课件；能与使用者自由交互的交互型课件；供随堂使用的选择、填空、判断、连线、填图等练习型课件等。

■ 本章内容
- PowerPoint 课件入门
- 添加课件内容
- 美化课件效果
- 设置课件动画效果
- 控制课件交互
- 制作课件实例

3.1 PowerPoint课件入门

PowerPoint 简单易学且功能强大，所以很多一线教师都把它作为制作多媒体课件的首选软件。它所提供的许多便捷、高效的工具可以帮助教师在短时间内创建专业、美观、实用的课件。本节将具体介绍有关 PowerPoint 制作课件的基础知识。

PowerPoint课件入门

3.1.1 PowerPoint工作界面

运行 PowerPoint 2019 软件后，进入如图 3-1 所示的使用界面。可以看出，界面由标题栏、快速访问工具栏、选项卡栏、浮动工具栏、大纲窗格、幻灯片编辑区、状态栏等主要部分组成，下面介绍其中较特殊的几个部分。

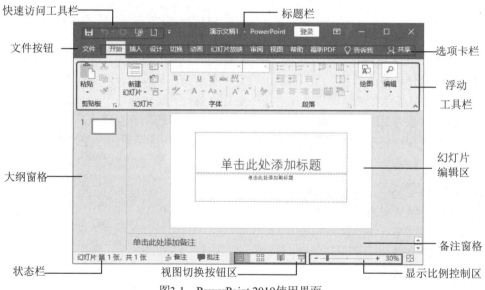

图3-1　PowerPoint 2019使用界面

1. 标题栏

标题栏位于窗口的顶端，其最左端显示当前的程序图标，接着是快速访问工具栏，中间显示当前演示文稿的名称(演示文稿 1)和当前程序。

2. 快速访问工具栏

快速访问工具栏可自定义，它包含一组独立于当前显示的功能区上选项卡中的命令，可以向快速访问工具栏中添加代表命令的按钮。

3. 选项卡栏

选项卡栏由"文件""开始""插入"等多个选项卡组成，每个选项卡中包含多个组，每个组中又包含相关的操作命令。当鼠标指针指向某个选项卡名称时，该选项就会凸起，单击并展开选项卡，可显示各个组和组中的相关命令图标。

4. 浮动工具栏

浮动工具栏能帮助用户快速找到完成某一任务所需的命令。命令被组织在逻辑组中，逻辑组集中在选项卡下。

5. 幻灯片编辑区

幻灯片编辑区是演示文稿窗口中最大的工作区域，在幻灯片编辑区中可以编辑各种媒体信息，此区域的显示大小可以通过显示比例控制按钮进行设置。

6. 备注窗格

备注窗格用于输入一些备注文字内容，此内容只供制作者参考，幻灯片在放映时不会被显示出来。

7. 状态栏

状态栏显示有关执行过程中的选定命令或操作的信息。当选定命令时，状态栏左边便会出现对该命令的简单描述。

8. 视图切换按钮区

在"状态栏"的右边有 3 个视图切换按钮和"幻灯片放映视图"按钮，如图 3-2 所示，单击这些按钮可以快速地切换视图方式和放映演示文稿。

9. 显示比例控制区

在"状态栏"的最右端是显示比例控制区，如图 3-3 所示，此区域有"缩放级别"按钮、"缩小"按钮、"放大"按钮、"适应窗口"按钮和"调整比例"滑块。其中，单击"缩放级别"按钮，可打开"缩放比例"对话框；单击"适应窗口"按钮，可使幻灯片适应当前窗口的大小。

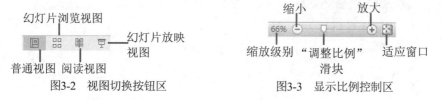

图3-2　视图切换按钮区　　　　图3-3　显示比例控制区

3.1.2　PowerPoint视图模式

PowerPoint 提供了普通视图、幻灯片浏览视图、阅读视图、幻灯片放映视图、备注视图、大纲视图 6 种视图模式，如图 3-4 所示。在不同的视图中，可用相应的方式查看和操作演示文稿。打开"视图"选项卡,在"演示文稿视图"组中单击相应的视图按钮,或者单击主界面右下角的快捷按钮,即可将当前操作界面切换至对应的视图模式。

图3-4 视图切换按钮

1. 普通视图

PowerPoint 默认显示普通视图,在该视图中可以同时显示幻灯片编辑区、"幻灯片/大纲"窗格及备注窗格。在此视图模式下,用户可以调整演示文稿的结构及编辑单张幻灯片中的内容,如图 3-5 所示。

2. 幻灯片浏览视图

幻灯片浏览视图如图 3-6 所示。在此视图中,按编号由小到大的顺序显示课件中全部幻灯片的缩略图,可清楚地看到课件内容连续变化的过程。

在幻灯片浏览视图中,不能像普通视图那样编辑单张幻灯片上的内容,但可以方便地完成对整张幻灯片的各种操作,如删除、复制、移动幻灯片等。

在幻灯片浏览视图中,双击某张幻灯片缩略图,可直接转入普通视图,可在幻灯片窗格中编辑该张幻灯片。

图 3-5 普通视图

图 3-6 幻灯片浏览视图

3. 阅读视图

阅读视图仅显示标题栏、阅读区和状态栏,主要用于浏览幻灯片的内容。在该模式下,演示文稿中的幻灯片将以窗口大小进行放映，如图 3-7 所示。

4. 幻灯片放映视图

幻灯片放映视图就是课件放映时的效果，它不是单个静止的画面，而是像播放真实的幻灯片那样，一幅一幅动态地显示课件中的幻灯片。图 3-8 所示就是课件"制作我的名片"的放映视图，此时在屏幕上右击，可弹出相应的快捷菜单。

图 3-7　幻灯片阅读视图

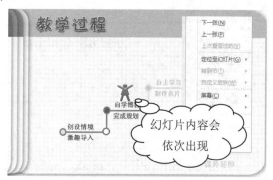

图 3-8　幻灯片放映视图

在视图切换区单击"幻灯片放映视图"按钮或按 F5 键，可放映幻灯片。但需要注意的是，单击"幻灯片放映视图"按钮是从当前幻灯片开始放映，按 F5 键是从第 1 张幻灯片开始放映。

5. 备注视图

备注视图与普通视图相似，只是没有"幻灯片/大纲"窗格，在此视图下，幻灯片编辑区中会完全显示当前幻灯片的备注信息。

6. 大纲视图

大纲视图可以将文档的标题分级显示，使文档结构层次分明，易于编辑；还可以设置文档和显示标题的层级结构，并折叠和展开各种层级的文档。

3.1.3　PowerPoint基本操作

使用 PowerPoint 软件制作的课件是由一系列内容相关的幻灯片组成的，创建简洁、生动、直观的幻灯片是课件制作的目的。掌握 PowerPoint 软件的基本操作方法，是制作 PowerPoint 课件的基础。

1. 课件操作

使用 PowerPoint 制作课件，首先要对该软件有一个初步的了解，从软件的启动、界面的了解，到文档的创建、制作、放映、保存等方法。

- 创建新课件：打开PowerPoint软件，按图3-9所示操作，选择"文件"→"新建"命令，在"可用的模板和主题"栏中单击"空白演示文稿"图标，即可创建一个空白演示文稿，用于制作课件。

- 另存新课件：选择"文件"→"另存为"命令(或按Ctrl+S键)，打开"另存为"对话框，设置保存的位置和文件名，单击"保存"按钮，即可保存课件，如图3-10所示。

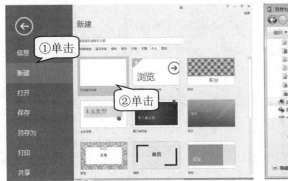

图3-9 新建演示文稿

图3-10 保存演示文稿

- 打开课件：打开PowerPoint软件，选择"文件"→"打开"命令，打开"打开"对话框，在其中选择需要打开的演示文稿，单击 打开(O) 按钮，即可打开选择的课件。
- 放映课件："幻灯片放映"选项卡中的"从头开始"按钮用于从头开始放映幻灯片，按键盘上的F5键也可以实现同样的效果。而用PowerPoint窗口上方自定义访问工具栏区中的"幻灯片放映"按钮，则是从当前幻灯片开始放映。

2. 幻灯片操作

PowerPoint课件由多张幻灯片组成，可通过这些幻灯片来展示教学内容。因此，幻灯片的操作是PowerPoint的最基本操作之一。对幻灯片进行操作时，通常先切换到图3-6所示的"幻灯片浏览视图"中进行操作。

- 新建幻灯片：按图3-11所示操作，选择要插入幻灯片的位置，利用"开始"选项卡中的"新建幻灯片"按钮，在第1、2张幻灯片之间插入一张新幻灯片。

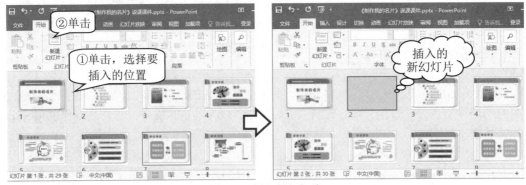

图3-11 插入新幻灯片

- 删除幻灯片：按图3-12所示操作，选择要删除的幻灯片，单击"开始"功能区中的"剪切"按钮(或按Delete键)即可删除。
- 复制幻灯片：按图3-13所示操作，利用"开始"选项卡中的"复制""粘贴"按钮，将第17张幻灯片复制到第18张幻灯片之后。

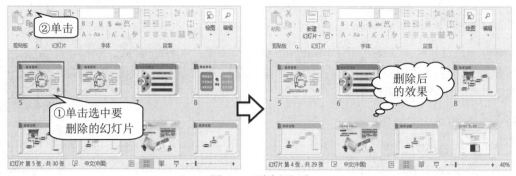

图3-12　删除幻灯片

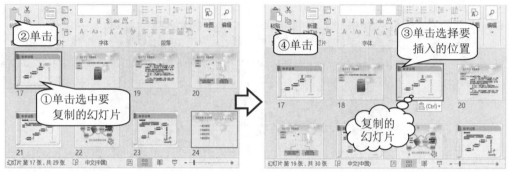

图3-13　复制幻灯片

- 移动幻灯片：按图3-14所示操作，将第22张幻灯片移到第26张幻灯片之后，看到有一个竖线显示在第26、27张幻灯片之间时，释放鼠标左键即可完成幻灯片的移动。

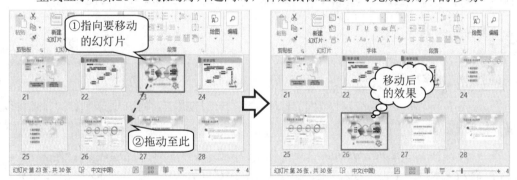

图3-14　移动幻灯片

3.2　添加课件内容

用 PowerPoint 制作课件时，教师可根据教学内容的需要，在幻灯片上添加文字、图形、图片、表格、声音、影片等教学素材，并根据教学实际，使它们依次展示，从而辅助教学。本节将介绍在课件中添加文字、图片、音视频等教学素材的操作方法和技巧。

3.2.1 添加文字

课件中最常用的是文字，在 PowerPoint 中加入文字，可通过插入艺术字和文本框两种方法来完成。艺术字往往用来制作美观的标题文字，文本框则通常用来制作幻灯片上的说明性文字。

添加文字

实例 1　变色龙

本实例内容是中学语文课文"变色龙"，课件运行效果如图 3-15 所示。该课件共 13 张幻灯片，第 1 张设置为封面，其他为课件内容。在制作时，可利用 PowerPoint 提供的主题和背景设置，统一课件的整体风格。

图3-15　课件"变色龙"封面效果

本实例的主要任务是在课件中添加文字内容，限于篇幅，这里主要介绍第 1 张封面幻灯片的制作，课件的标题是由艺术字制作的，其他部分的文字通过插入文本框来完成。

■ 制作艺术字标题

在 PowerPoint 中，幻灯片上比较大的标题文字，一般使用艺术字工具来制作，并且可以通过多样化的设置使艺术字更加美观醒目。

01　打开课件　运行 PowerPoint 软件，打开"变色龙(初)"课件，选择第 1 张幻灯片。

02　插入艺术字　单击"插入"选项卡，按图 3-16 所示操作，在第一张幻灯片上添加"变色龙"艺术字。

图3-16　插入艺术字

在任何时候，单击 PowerPoint 左上角的"撤销"按钮，即可撤销上一步的操作，还原到前面的状态。

03 设置字体格式 在"开始"选项卡中，按图 3-17 所示操作，设置艺术字的字体为"华康海报体 W12"，加粗，字号为 96。

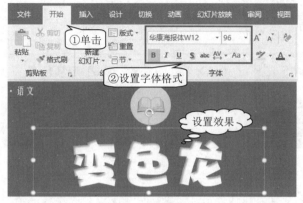

图3-17　设置字体格式

04 修饰艺术字 按图 3-18 所示操作，在"格式"选项卡中设置"文本效果"。发光的颜色可以在"文本效果"→"发光"→"其他发光颜色"选项中进行修改。

图3-18　修饰艺术字

05 调整艺术字 拖动艺术字的边框，将艺术字移到幻灯片上部的中间位置。

■ 制作文本框

文本框是课件制作中最基本、最常用的功能。幻灯片上各种文字大多是用文本框来完成的，这与 Word 中在光标处直接输入文字是不同的。

01 输入文字 按图 3-19 所示操作，选择"插入"选项卡中的"文本框"工具，在标题艺术字下方单击，自动插入一个文本框，在光标处输入文字。

图3-19　输入文字

02 输入符号　在"插入"选项卡中，按图3-20所示操作，插入"·"符号。

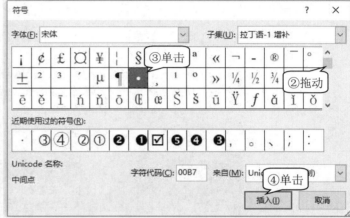

图3-20　输入符号

 用PowerPoint软件制作课件时，经常会用到☑或是✓这样的特殊符号，除了可以使用插入符号的方法，还可以使用快捷键实现。按Alt+9745，可以打出☑；按Alt+8730，可以打出✓。注意要用键盘左侧的小键盘输入数字才会得到符号。

03 设置透明度　继续输入文字"语文"，按图3-21所示操作，设置文字的透明度为30%。

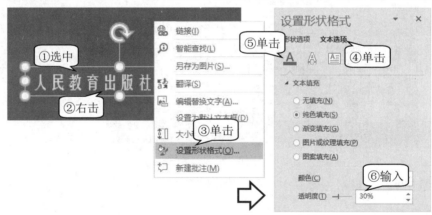

图3-21　设置文字透明度

04 完成其他文字信息　用类似的方法，输入封面上其他的文字信息，设置好字体格式，并移动到合适的位置，最终效果如图3-15所示。

05 保存课件　按Ctrl+S键，保存课件。

1. 应用主题

应用PowerPoint主题可以快速让课件中的幻灯片具有统一的风格，包括文字和背景的颜色、文字格式等。PowerPoint 2019 主题是以前版本中设计模板的延续和升级。在"设计"选项卡的功能区单击某个主题样式后，即可将该主题应用于课件中的所有幻灯片，包括文本和数据。有时，如只想将主题样式应用于某张或某几张幻灯片，可先选中幻灯片，再按图 3-22 所示操作，将主题应用于选定的幻灯片。

一套幻灯片主题，可有多种背景样式选择。在"设计"选项卡的功能区右侧，利用"背景样式"按钮，按图 3-23 所示操作，即可切换不同的背景样式。

图3-22　将主题应用于选定的幻灯片

图3-23　选择主题的不同背景样式

2. 幻灯片版式

幻灯片版式是 PowerPoint 提供的一种快速排版的格式。如图 3-24 所示，PowerPoint 2019 内置的版式有标题幻灯片、标题和内容、空白等。版式提供了一张幻灯片的大致布局样式，即幻灯片上的标题、副标题在什么位置，用什么字体、字号，图片、视频放在什么地方等。设置版式可以帮助用户轻松完成课件的制作。

图3-24　幻灯片版式

3. 输入汉语拼音

制作小学语文课件时，经常需要输入汉语拼音。在 PowerPoint 软件中，可以轻松地输入汉语拼音。在文本框中输入需要的汉语拼音字母后，选中需要添加声调的字母，在"插入"选项卡中选择"符号"命令，按图 3-25 所示操作，插入带声调的拼音。

图3-25　输入汉语拼音

4. 输入数学公式

PowerPoint 与 Word 一样，也有公式编辑器，给数学课件的制作提供了方便。如果是常用的数学公式，可以在"插入"选项卡中选择"公式"命令，按图 3-26 所示操作，在列表中选择需要的公式插入即可。

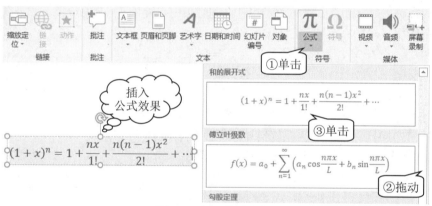

图3-26　插入数学公式

如图 3-27 所示，除了常用的数学公式，也可以根据需要，在"公式工具"选项中，利用"符号""结构"选项组中的命令输入课件需要的公式。

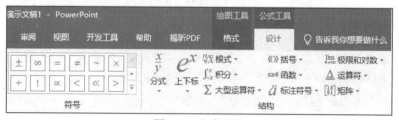

图3-27　公式工具

01 利用"形状样式"和"艺术字样式"两个功能区中的各种样式，尝试调整图 3-28 中的文字效果组合。

图3-28　各种精美的文字效果

02 在制作课件时，经常要输入一些特殊的符号，请在课件中创建一些特殊文字，如图 3-29 所示。

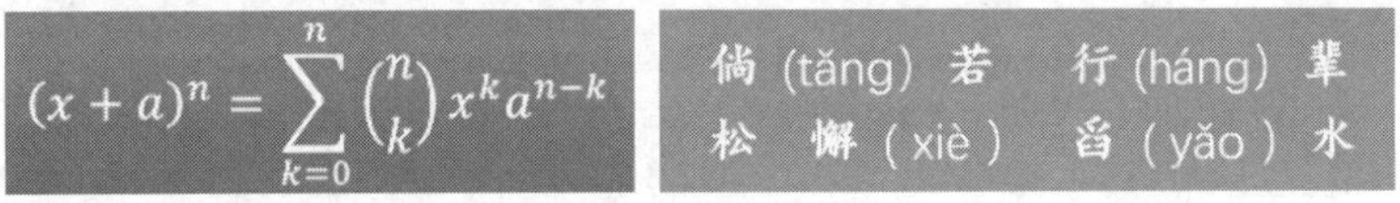

$$(x+a)^n = \sum_{k=0}^{n}\binom{n}{k}x^k a^{n-k}$$

倘（tǎng）若　行（háng）輩
松懈（xiè）　舀（yǎo）水

图3-29　特殊文字

3.2.2　添加图像

有些教学内容用文字很难解释，而利用图像可轻松解决教学难点，达到事半功倍的效果。在 PowerPoint 中，图像的含义比较广，包括图片、形状、图标、3D 模型、SmartArt 图形、图表等。

添加图像

实例 2　春节习俗

本实例制作的是介绍春节习俗的课件，为了帮助学生了解丰富多彩的年俗文化，课件中展示了过年的照片及年俗的文字介绍，让学生感受节日的喜庆和国家的繁荣，课件运行效果如图 3-30 所示。

图3-30　课件"春节习俗"效果图

图 3-30 中，左边的幻灯片将外部图片虚化处理后作为幻灯片的背景，同时为了突出主题，将插入的图片裁剪为圆形装饰画面；右边幻灯片插入了鱼形的 3D 模型，并且在模型下面添加圆形形状用来衬托 3D 模型。

■ 制作背景

打开 PowerPoint 演示文稿，在幻灯片上插入来自外部文件的图片，设置图片的艺术效果为"虚化"，将其作为幻灯片背景。

01 插入图片　打开"春节习俗(初).pptx"课件，选择第 2 张幻灯片，在"插入"选项卡中，选择"图片"命令，插入素材图片"节日.jpg"。

02 设置艺术效果　按图 3-31 所示操作，设置图片虚化效果，并调整大小和位置，作为幻灯片的背景图片。

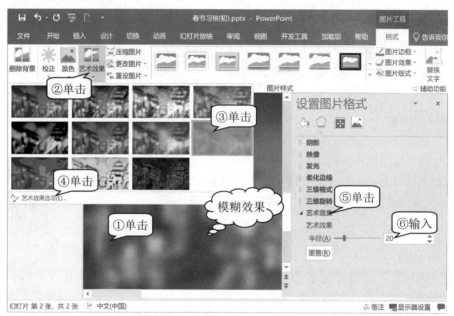

图3-31　设置"虚化"效果

■ 制作文字介绍

幻灯片背景虽然经过了虚化处理，但颜色仍太多太杂，直接录入文字会看不清楚，因此在背景上方添加黑色矩形形状以突显文字，为了与背景更好地整合，还设置了渐变填充。

01 插入形状　在当前幻灯片上，选择"插入"→"形状"命令，插入一个矩形形状。

02 设置填充效果　右击矩形，选择"设置形状格式"命令，设置矩形线条为无线条。按图 3-32 所示操作，设置矩形渐变填充效果。

03 输入文字并设置效果　插入文本框，输入春节习俗的相关介绍，文字设置效果如图 3-33 所示。

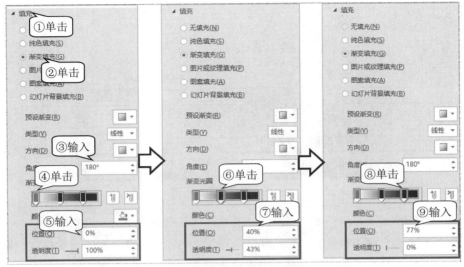

图3-32 设置形状填充效果

图3-33 设置文字效果

■ 插入图片

插入与背景一样的外部图片，并裁剪成圆形，为插入的图片添加黑色边框，调整大小和位置，做成放大镜效果。

01 插入图片 选择"插入"→"图片"命令，插入与背景一样的节日图片，调整图片的大小和背景一样。

02 裁剪图片 选中图片，按图3-34所示操作，将图片裁剪为圆形。

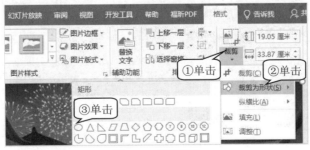

图3-34 裁剪图片

03 设置纵横比 保持图片选中，按图3-35所示操作，设置裁剪圆形的纵横比为1∶1。

图3-35 设置裁剪纵横比

04 调整裁剪框的大小和位置 保持图片选中，选择"格式"→"裁剪"命令，将鼠标指针移到裁剪框的边框线上，将裁剪框移到合适的位置。按图3-36所示操作，调整裁剪框的大小，使框内恰好显示狮子和两个小孩的图像。

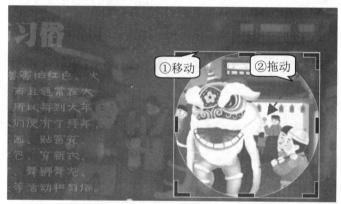

图3-36 调整裁剪框的大小和位置

05 添加边框 按图3-37所示操作，为图像添加黑色的边框线，实现放大镜的效果。

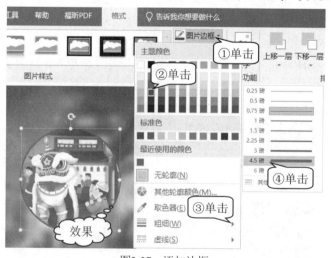

图3-37 添加边框

■ 制作3D模型

3D 模型需要提前在 Windows 10 系统的画图 3D 软件中制作好，也可以从 3D 资源库中搜索下载需要的 3D 模型。

01 **打开画图 3D**　按图 3-38 所示操作，运行"画图 3D"软件。

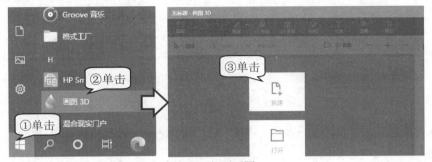

图3-38　打开画图3D

02 **添加 3D 鱼模型**　按图 3-39 所示操作，在 3D 资源库中找到 3D 鱼模型，添加到新建的画布中，并调整其大小。

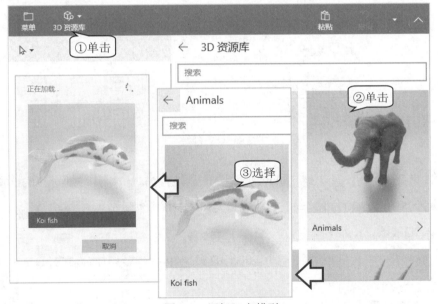

图3-39　添加3D鱼模型

03 **调整角度**　选中鱼模型，通过拖动其 4 个旋转按钮，调整鱼模型的角度，效果如图 3-40 所示。

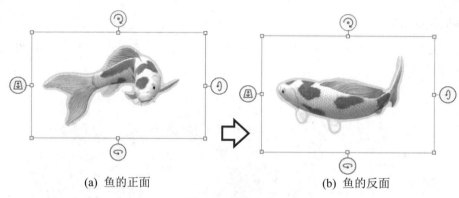

(a) 鱼的正面　　　　　　　　(b) 鱼的反面

图3-40　调整角度

04 保存模型　调整合适的角度后，按图 3-41 所示操作，输入文件名"鱼.glb"，将鱼模型保存在指定的文件夹中。

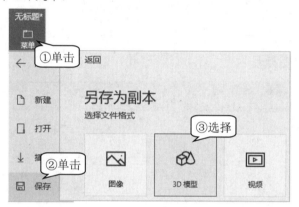

图3-41　保存模型

 3D 模型文件的扩展名是".glb"，如果模型已经编辑好，可直接保存为 3D 模型文件。如果还没完成，则可将此项目保存在画图 3D 中，以便后面继续编辑。

■ 插入3D模型

PowerPoint 课件中可以直接插入制作好的 3D 模型，再给模型添加合适的 3D 动画效果，演示效果非常酷炫。

插入3D模型

01 插入 3D 模型　在第 3 张幻灯片上，选择"插入"→"3D 模型"命令，在打开的"插入 3D 模型"对话框中，找到制作好的鱼模型文件，插入在幻灯片的右侧，调整好大小，效果如图 3-42 所示。

02 调整角度　在幻灯片上选中鱼模型，拖动调整展示角度，效果如图 3-43 所示。

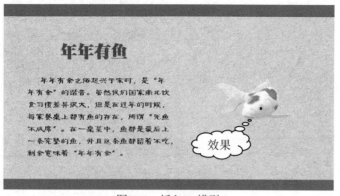
图3-42　插入3D模型

图3-43　调整展示角度

03 添加动画效果　保持鱼模型被选中，在"动画"选项卡中，按图3-44所示操作，为鱼模型添加连续顺时针转盘动画效果。

图3-44　添加动画效果

04 添加圆形形状　绘制一个正圆形，填充颜色为深灰色，轮廓颜色为金黄色，将圆形的叠放次序置于鱼模型的下方，效果如图3-45所示。

图3-45　添加图形形状

05 保存课件　将设置好的课件以"春节习俗(终)"为名保存。

知识库

1. 3D模型旋转按钮

画图3D中通过4个旋转按钮调整3D模型在空间中展示的角度，这4个按钮分别是 *X*-轴旋转、Y-轴旋转、Z-轴旋转、Z-轴位置旋转，如图 3-46 所示。X-轴旋转、Y-轴旋转和 Z-轴旋转按钮指分别围绕立体空间的 3 个方向，即 X、Y、Z 轴旋转；Z-轴位置旋转按钮则是在 Z 轴的前后方向移动。

图3-46　3D模型旋转按钮

2. 3D动画效果

PowerPoint 2019 支持插入 3D 模型素材，而且针对 3D 模型还提供了进入、转盘、摇摆、跳转和退出 5 种新的 3D 动画效果，如图 3-47 所示。

图3-47　3D动画效果

这 5 种 3D 动画效果还可以从方向、强度、分量、旋转轴等方面做进一步调整。例如，摇摆动画效果的调整选项如图 3-48 所示，课件中添加了 3D 模型，让教学演示内容更加生动形象，教学效果也更加精彩。

图3-48　3D动画的效果选项

创新园

01　利用"绘图"功能，在幻灯片中完成数轴的绘制，效果如图 3-49 所示。

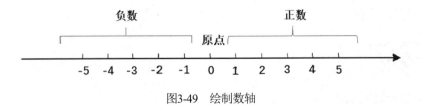

图3-49　绘制数轴

02 利用"图片样式"功能,方便快速地修饰图片,尝试为图片设置三维、阴影等效果,如图 3-50 所示。

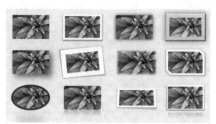

图3-50 修饰图片

3.2.3 添加图表

制作课件时遇上需要展示大量数据,或者需要表达复杂的逻辑关系的情况下,可以用图表来阐释。图表将枯燥的数据重新整理,转换成图形形式直观地呈现,形象地表达了内在的事实或道理。图表根据表达的内容和方式不同,可以分为表格型图表、数据型图表和逻辑型图表。

实例 3 美化修饰小账本

本实例内容是中学信息技术的一个活动"美化修饰小账本",该课件共 15 张幻灯片。本实例拓展练习部分的幻灯片主要介绍添加图表的方法和技巧,效果如图 3-51 所示。

 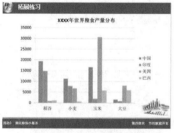 

图3-51 添加图表效果

本实例的主要任务是在课件中添加 3 种图表,限于篇幅,这里主要介绍第 13~15 张幻灯片的制作,其他幻灯片的制作,请参考配套资源中的实例及后续章节的介绍自行完成。

跟我学

■ 插入表格

利用 PowerPoint 软件中的插入表格功能,可方便快捷地在课件中插入表格,然后输入相关数据。

01 插入表格型图表 在"插入"选项卡中,单击"表格"按钮,按图 3-52 所示操作,插入一张 5×5 的表格。

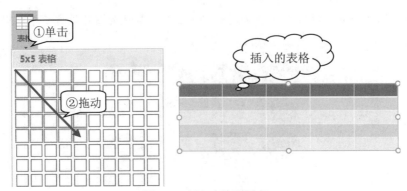

图3-52　插入表格型图表

 在PowerPoint 2019中，还可以选择"插入表格"命令，在打开的对话框中直接输入行数和列数来插入一张新的表格。

02 输入表格内容　在创建好的空表格中，输入内容，效果如图3-53所示。

	中国	印度	美国	巴西
稻谷	19335	14826	924	1210
小麦	11246	7857	6803	589
玉米	16604	1929	30738	5902
大豆	1555	905	8054	5992

图3-53　输入表格内容

■ **美化表格**

在PowerPoint中插入表格后，可设置表格表头及内部行列的样式，不仅可达到美化的效果，也可突出部分内容。

01 选择表格样式　双击表格，打开"设计"选项卡，按图3-54所示操作，选择表格样式。

图3-54　选择表格样式

02 设置表格边框　单击打开"设计"选项卡，按图3-55所示操作，设置表格边框。

03 设置对齐方式　保持表格选中状态，按图3-56所示操作，设置表格中的所有数据垂直和水平居中。

04 保存文件　按Ctrl+S键，保存修改后的文件。

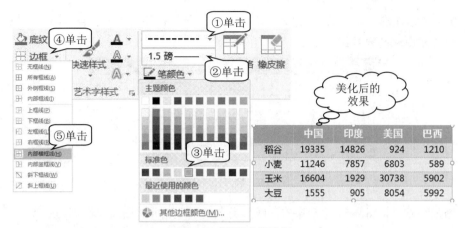

图3-55 设置表格边框

图3-56 设置对齐方式

■ 插入数据型图表

在 PowerPoint 中，直接创建图表会保存图表的源数据，并且会在编辑时调用 Excel 环境进行相关操作，操作界面和操作方式与 Excel 相同。

01 插入数据型图表 单击打开"插入"选项卡，按图 3-57 所示操作，插入柱形图表。

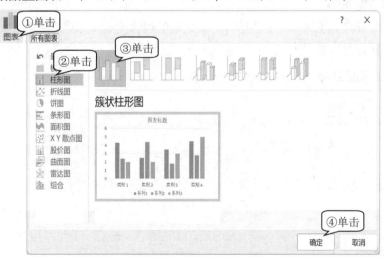

图3-57 插入数据型图表

02 **输入图表内容**　复制第 13 张幻灯片表格中的数据，按图 3-58 所示操作，将数据粘贴到新建图表的源数据表格中。

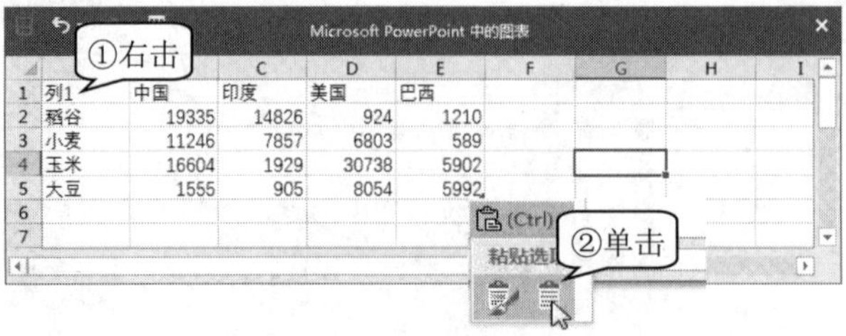

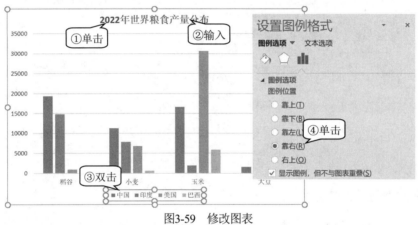

图3-58　输入图表内容

03 **修改图表**　按图 3-59 所示操作，修改图表的标题，并将图表中图例的位置由图表下方改为图表右侧。

图3-59　修改图表

04 **保存文件**　按 Ctrl+S 键，保存修改后的文件。

■ 插入逻辑型图表

在 PowerPoint 中，逻辑型图表能够将对象之间的逻辑关系图形化，使文字背后包含的信息一目了然，让课件更有吸引力。

01 **插入逻辑型图表**　单击打开"插入"选项卡，按图 3-60 所示操作，插入图表。

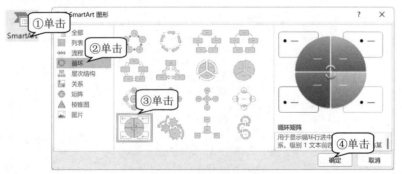

图3-60　插入逻辑型图表

02 输入图表内容 根据源数据表格中的内容，按图 3-61 所示操作，输入图表内容。

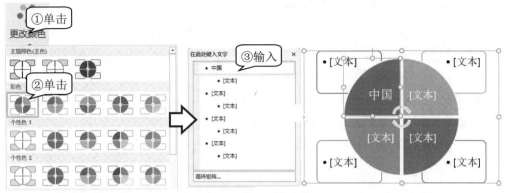

图3-61　输入图表内容

03 保存文件 按 Ctrl+S 键，保存修改后的文件。

1. 数据型图表类型

数据型图表以图形的方式展示数据的规律、关系或趋势。不同的图表类型表达不同的数据含义，因此课件制作者应根据表达目的和数据的内在规律选择合适的图表类型。

- 柱形图：柱形图重点要展示数据的大小，根据横坐标轴的不同，一种与时间序列相关，用于展示某个项目在不同时间上数量或趋势的对比；另一种以项目、类别作为横坐标，重点展示不同项目、类别之间的差别，如图3-62所示。

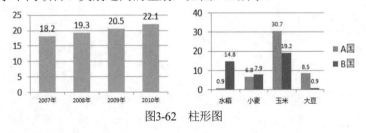

图3-62　柱形图

- 饼图：饼图适用于展示数据系列之间的差异性，或者反映总体构成情况，通常不使用图例，直接在扇区上标记系列名称，如图3-63所示。

图3-63　饼图

- 条形图：将柱形图旋转90°就变成了条形图，它更侧重于展示类别之间的数量对比，与柱形图不同，条形图一般不表示数据随时间的变化情况，如图3-64所示。

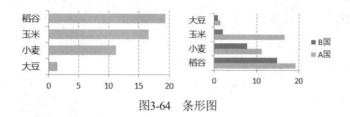

图3-64　条形图

- 折线图：折线图主要用于展示数据随时间的变化情况，折线图从时间上看是连续的，时间属性非常明显，如图3-65所示。

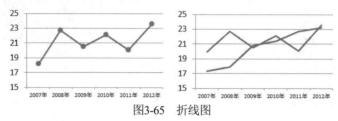

图3-65　折线图

2. SmartArt图形增减形状

SmartArt 中的形状数量除了可以根据文本内容变化，还能人为修改，只需选中 SmartArt 图形，在"SmartArt 工具"的"设计"选项卡中单击最左边的"添加形状"按钮，即可增加形状数量；若要删除某个形状，选中形状后按 Delete 键或 Backspace 键即可，效果如图 3-66 所示。

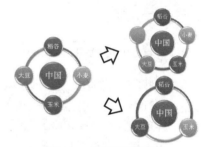

图3-66　增减形状效果

3.2.4　添加声音

制作课件时，除可以使用文字、艺术字、图形和图像等对象，还可以添加声音，让课件有声有色，给学生带来听觉享受，进一步提升课件的表现力。

实例4　三峡

课件"三峡"是人教版八年级《语文》上册第 26 课的内容，本实例是给该课件第 24、25 张幻灯片添加课文朗读声音文件，通过此实例主要介绍添加声音的方法和技巧，如图 3-67 所示。

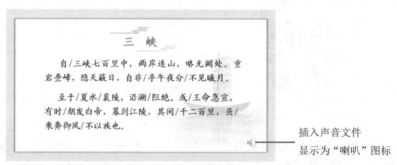

图3-67　为课件添加声音文件

制作此幻灯片，先插入朗读课文的声音文件，设置声音播放的方式，同时为了避免幻灯片在放映时看到"喇叭"图标，可以将声音文件图标移至幻灯片外，或者设置为"放映时隐藏"。插入的声音文件最好提前复制到课件所在的文件夹中，避免在演示课件时，因找不到素材路径而不能播放的情况。

■ **插入音频**

在课件中插入符合主题的音乐或声音有两个途径：一是计算机中已有的音频；二是录制音频。

01 插入声音文件 运行 PowerPoint 软件，打开课件"三峡(初)"，切换至第 24 张幻灯片，按图 3-68 所示操作，插入"《三峡》朗读.mp3"声音。

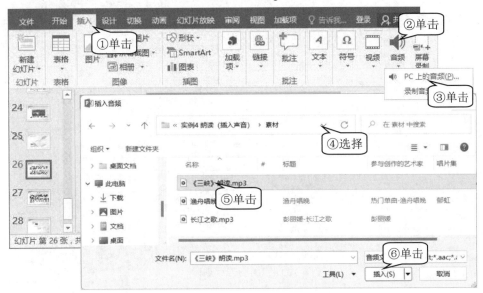

图3-68　插入声音文件

 将课件复制到其他计算机上播放时，其中用到的音频素材也需要一同复制，因此，为便于管理，可以先将音频文件复制到"课件\声音素材"文件夹中。

02 调整图标位置 将插入声音文件的图标拖至幻灯片的右下方，效果如图 3-69 所示。

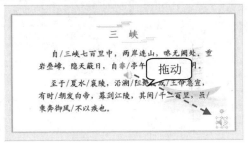

图3-69　调整图标位置

03 设置播放属性　切换至第 24 张幻灯片,按图 3-70 所示操作,设置音频属性为放映时隐藏且自动播放,按 Ctrl+S 键,保存课件。

图3-70　设置音频播放属性

■ **编辑音频**

在课件中插入的音频,其内容往往过长,需要对音频进行裁剪,才能适合该幻灯片的主题内容。

01 剪裁音频1　在第 24 张幻灯片上右击"喇叭"图标,按图 3-71 所示操作,监听播放到"不以疾也"时,即 00:38 时间暂停,剪裁音频。

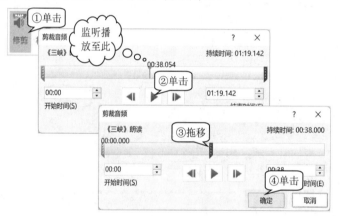

图3-71　剪裁音频1

 在本例中,第 24、25 张幻灯片的声音都截取自"《三峡》朗读.mp3",第 24 张幻灯片声音时段为 00:00 到 00:38,第 25 张幻灯片声音时段为 00:38 开始至结束。

02 剪裁音频2　切换至第 25 张幻灯片,用同样的方法插入音频"《三峡》朗读.mp3"。单击"喇叭"图标,选择"播放"选项卡中的"剪裁音频"命令,按图 3-72 所示操作,剪裁音频。

图3-72　剪裁音频2

■ 控制背景音乐的播放

为提高背景音乐的播放效果，通过音频工具"播放"选项中的命令和"动画"选项中的"触发"命令，进一步控制音乐播放。

01 选中音乐图标　切换至"三峡(初)"课件中的"早发白帝城"幻灯片，单击选中背景音乐"渔舟唱晚.mp3"声音图标。

02 控制音乐播放　单击"音频工具"下的"播放"选项，按图 3-73 所示操作，在"编辑"组设置"渐强" 5 秒、"渐弱" 10 秒，在"音频选项"组设置"音量"为"中"、"开始"为"自动"。

图3-73　控制音乐播放

将"开始"设置为"自动"，幻灯片在播放时，"背景音乐"会自动播放。为较好地控制背景音乐的播放，常常用"触发器"来控制。

03 触发器控制播放　单击"动画"选项，选择"高级动画"组中的"触发"命令，按图 3-74 所示操作，设置触发器为"Picture2"播放图标。

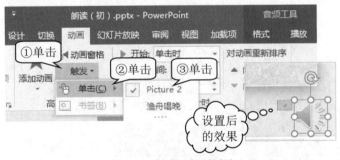

图3-74　触发器控制播放

04 保存课件　测试并控制音乐的播放效果无误后，单击"快速访问"工具栏中的"保存"图标或按键盘上的 Ctrl+S 键，保存课件。

创新园

01 打开"春江花月夜"课件，插入"春江花月夜.mp3"，并添加 3 个按钮图形，实现对音乐播放的控制，效果如图 3-75 所示。

02 打开"为对象添加声效"课件，为课件中的 ✔ 对象添加"放大/缩小"动画效果、"鼓掌"声音效果。

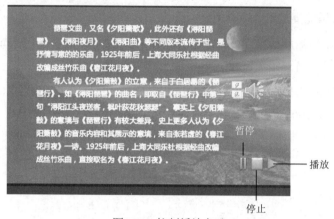

图3-75　控制播放音乐

3.2.5　添加视频

在课件制作中添加视频，可以丰富课件的内容，给学生带来身临其境的享受，进一步表达主题。

实例5　欣赏三峡风光

课件"三峡"是人教版八年级《语文》上册第 26 课的内容，本实例是该课件中的"欣赏三峡风光"幻灯片，通过此实例主要介绍添加视频的方法和技巧，如图 3-76 所示。

图3-76　幻灯片"欣赏三峡风光"效果

制作此幻灯片，需先插入用于装饰的电视机图片，再插入视频文件"三峡.mp4"，叠加到电视机图片上，调整播放窗口与电视机屏幕大小相同，添加"播放"按钮。

■ 插入视频

在课件中插入符合主题的视频有两个途径：一是 PC 上的视频；二是联机视频。下面以 PC 上的视频为例介绍。

01 插入显示器图片　打开"三峡(初)"课件,切换至第 13 张幻灯片,选择"插入"选项,插入图片"方框.png"。

02 插入文件视频　选择"媒体"组,按图 3-77 所示操作,插入视频文件"三峡.mp4"。

将课件复制到其他计算机上播放时,其中用到的视频素材也需要一同复制,因此,为便于管理,可以先将视频文件复制到"课件\视频素材"文件夹中。

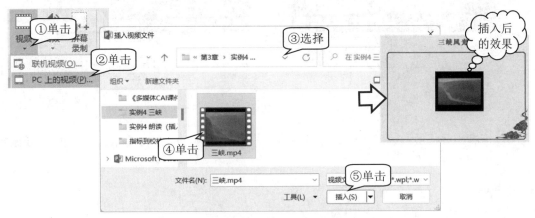

图3-77　插入文件视频

03 裁剪视频　按图 3-78 所示操作,裁剪掉视频的黑色边框,同时调整视频窗口的大小和位置,使视频窗口恰当地叠加在方框上。

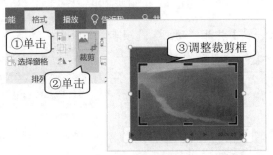

图3-78　裁剪视频

04 添加播放按钮　选择"插入"选项卡中的"图片"命令,插入"播放.png"图片,调整图片到显示器右下角,并插入文本框,输入文字"播放",调整位置,最终效果如图 3-76 所示。

■ **编辑和控制视频播放**

与音频一样,在课件中插入的视频,因内容过长需要剪裁,以取得适合的内容;为提高视频播放效果,还需进一步设置控制视频播放。

01 剪裁视频　选中视频窗口,选择"播放"选项卡中的"剪裁视频"命令,按图 3-79 所示操作,播放到"神女峰"时,剪裁视频。

图3-79 剪裁视频

02 控制视频播放 按图 3-80 所示操作,在"视频选项"组中设置音量为"中",且播完返回开头。

图3-80 控制视频播放

03 触发器控制播放 单击打开"动画"选项卡,选择"高级动画"组中的"触发"命令,按图 3-81 所示操作,设置触发器的"播放"按钮。

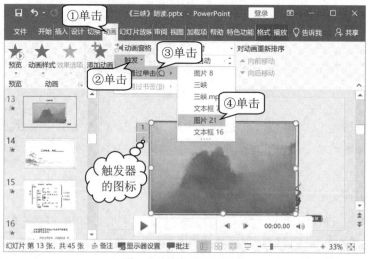

图3-81 触发器控制播放

04 设置叠放次序 按图 3-82 所示操作,设置视频的叠放次序在图片之下。

图3-82　设置叠放次序

05 保存课件　单击"快速访问"工具栏中的"保存"图标 或按键盘上的 Ctrl+S 键，保存课件。

1. 获取视频素材方法

获取视频素材的方法主要包括网络下载、自己拍摄、截取 DVD 等。

- 网络下载：很多视频门户网站都提供了大量的视频素材，如优酷、腾讯等，可使用专门的视频网站客户端下载视频，也可以通过录屏的方式获取视频，或者利用浏览器的缓存轻松获取网络视频。
- 自己拍摄：利用数码摄像设备或智能手机可以轻松拍摄一些自己需要的视频素材。
- 截取DVD：如果只截取VCD或DVD中的某一段画面，可以使用QQ影音等软件。只要是可以播放的视频文件，不管什么格式，打开播放后，首先选择录取区域，再选择开始点、结束点，最后将录像指定为MPG或MPV格式文件即可。

2. 视频格式的转换

使用视频时应清楚视频素材的格式，如果视频素材不能直接插入 PowerPoint，就需要进行视频格式的转换。这里推荐一款很好用的数字视频格式转换工具——格式工厂，它支持几乎所有的视频格式文件的相互转换，使用起来也非常简单。

3.2.6　添加动画

在课件制作中，时常添加动画，可丰富课件的内容，激发学生的学习兴趣，增加幻灯片的布局形式，增强课件的表现力。

实例6　听力练习

课件 "Unit 9 Have you ever been to an amusement park？" 是八年级《英语》(下)的内容，本实例是该课件的第 15、16 张幻灯片，如图 3-83 所示，通过此实例介绍添加动画的方法和技巧。

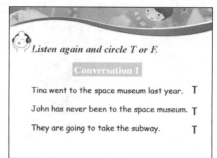

图3-83 幻灯片"听力练习"和"动脑筋"效果图

在幻灯片中插入 Flash 动画和 GIF 动画,调整动画的大小和位置,完成制作。

■ 添加Flash动画

在网上下载的课件素材有很多是 Flash 动画和流媒体文件,文件格式为 SWF 和 FLV,在课件中插入该类素材,可为课件增添效果。

01 切换幻灯片 打开课件"Unit 9 Have you ever been to an amusement park?(初)",切换至"听力练习"幻灯片。

02 添加开发工具 单击"文件"菜单,在弹出的对话框中选择左侧的"选项"命令,按图 3-84 所示操作,添加开发工具。

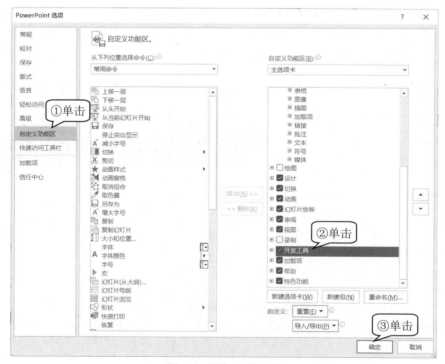

图3-84 添加开发工具

03 添加 Flash 动画　单击打开"开发工具"选项卡，按图 3-85 所示操作，添加 Flash 动画，并调整动画播放窗口大小和位置。

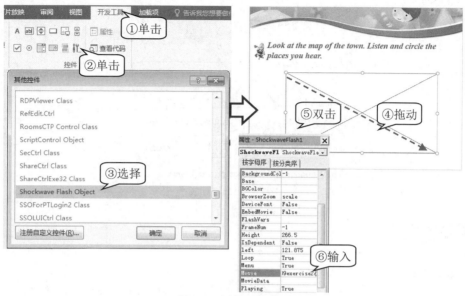

图3-85　添加Flash动画

 将课件复制到其他计算机上时，其中用到的 Flash 动画素材也需要一同复制，因此，为便于管理，可以先将动画文件复制到"课件\视频素材"文件夹中。

■ 添加GIF动画

为了美化课件或引起注意，时常会在幻灯片中添加 GIF 动画，添加方法与添加图片的方法相同。

01 添加 GIF 动画　切换到"听力练习"幻灯片，运用添加图片的方法，按图 3-86 所示操作，添加动画文件"听力卡通.gif"。

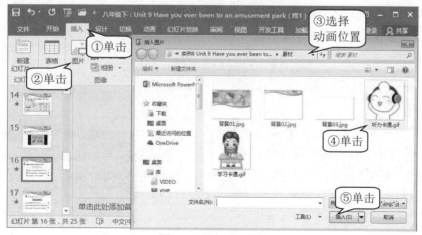

图3-86　添加GIF动画

02 调整动画　调整动画大小，并拖动动画至适当的位置，效果如图 3-87 所示。单击"快速访问"工具栏中的"保存"图标 ![保存]，保存课件。

图3-87　调整动画

知识库

1. GIF图片

GIF 图片是常用的一种图像文件格式，扩展名是".gif"，它支持图像的部分透明，使图像在装饰文档或网页时更加和谐。另外，GIF 图片的一个文件可存储多张图像，很容易实现动画效果，使图像更加精致有吸引力。Photoshop、Flash、Ulead GIF Animator 等软件都可以轻松完成 GIF 动画的制作。

2. 视频播放策略

如何让 PowerPoint 课件播放不同格式的视频？如 MOV、MP4、SWF 和 FLV 4 种格式的视频文件，它们的播放策略如下。

- 在Windows系统中安装QuickTime Player或"狸窝全能视频转换器"软件，再安装"K-Lite Codec Pack"解码器包，解决MOV和MP4格式文件的播放。
- 在Windows系统中安装Adobe Flash Player 10或以上版本(网上下载)，解决SWF和FLV格式文件的播放；低于Adobe Flash Player 10版本播放课件时，会弹出版本过低信息提示对话框。

创新园

01 新建"咏鹅"课件，并在课件中插入"咏鹅.swf"动画，效果如图 3-88 所示。

02 打开"咏鹅"课件，在 Flash 动画"属性"面板中设置 EmBedMovie 属性，并将 Flash 动画嵌入课件中。

图3-88　"咏鹅"课件

3.3 美化课件效果

美化课件是课件制作的一个重要环节，课件的美化主要包括设计课件的版式、美化课件的元素、巧用幻灯片母版等方面。美化后的课件更美观，并可形成独特的风格，从而提高课件制作质量。

美化课件效果

3.3.1 设计课件的版式

课件的版式包括整个演示文稿的页面设置和每张幻灯片版面设计与内容的布局，应该在添加课件内容前初步确定，以免后期不满意造成大量重复的调整。

实例7　苏州园林

课件"苏州园林"是人教版八年级《语文》上册第三单元第 11 课的内容，本实例是该课件的其中一张幻灯片，目标是设计好该幻灯片中苏州园林的图片、文字介绍及导航按钮的布局，从而让课件呈现的效果更美观、更有层次，如图 3-89 所示。

图3-89　幻灯片"苏州园林"版式布局图

制作此幻灯片，需先调整设置页面，再添加图片并调整其大小和位置，通过插入图片和文本框，组合制作导航。

跟我学

■ 调整页面设置

制作课件之前，要先进行页面设置，通过页面设置可以设计出横版、竖版、宽屏等效果。

01 新建幻灯片　运行 PowerPoint 软件，打开课件"苏州园林"，定位到第 4、5 张幻灯片中间，单击"开始"选项卡中的"新建幻灯片"按钮，新建一张空白幻灯片。

02 调整页面设置　选中幻灯片，单击"设计"选项卡中的"幻灯片大小"按钮，按图 3-90

所示操作，调整幻灯片的"宽度"为"33.86 厘米"，"高度"为"19.05 厘米"，"方向"为"横向"。

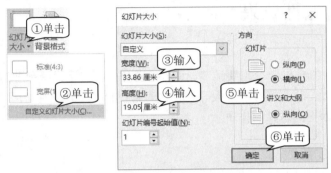

图3-90　对幻灯片进行页面设置

幻灯片的页面设置会改变整个课件演示文稿的页面属性，需要在课件制作之前规划考虑，否则会影响其他幻灯片的版面效果。

■ 添加课件内容

课件内容包括设置背景、插入图片、调整图片、添加文字、设置文字属性等，将内容添加到合理位置，可以看到初步的布局效果。

01 设置背景　在幻灯片空白处右击，选择快捷菜单中的"设置背景格式"命令，在弹出的对话框中，按图 3-91 所示操作，设置幻灯片背景。

图3-91　设置幻灯片背景

02 插入图片　单击"插入"选项卡中的"图片"按钮，按图 3-92 所示操作，插入幻灯片中的所有图片。

03 调整图片　分别选中每个图片，调整大小和位置，效果如图 3-93 所示。

在调整图片位置时，可以按住 Ctrl 键和方向键，精确定位图片的位置；也可以右击图片，直接设置图片的大小和位置。

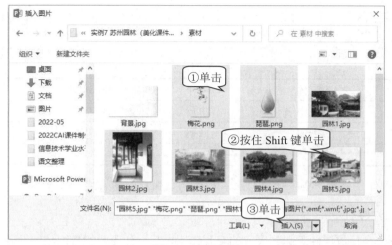

图3-92　插入图片

图3-93　调整图片

04 添加文字　单击"插入"选项卡中的"文本框"按钮,插入幻灯片中的标题和文字内容,效果如图3-94所示。

图3-94　添加文字

05 设置文字属性 分别选中文本框,按表3-1所示的参数,设置"标题文字1""标题文字2"和"正文文字"的属性。

表3-1 文字属性信息表

项目	字体	字号	字符间距	行距
标题文字1	华文中宋	28磅	加宽3磅	单倍行距
标题文字2	Arial	11磅	普通	单倍行距
正文文字	楷体	12磅	普通	1.5倍行距

06 保存课件 单击"快速访问"工具栏中的"保存"图标 ■,保存课件。

■ 制作课件导航

课件的导航在播放课件时起到很好的交互作用,其设计既要醒目简洁,又要与课件的主题风格保持一致。

01 插入并设置图片 单击"插入"选项卡中的"图片"按钮,插入图片"装饰1",按图 3-95 所示操作,调整图片大小,并将图片移到合适的位置。

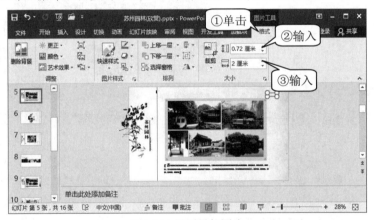

图3-95 设置导航图片

02 插入并设置文字 单击"插入"选项卡中的"文本框"按钮,插入"首页"文字,并移动文字到"导航图片"上,调整好文字大小、字体、间距等属性,效果如图 3-96 所示。

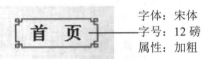

图3-96 设置导航字体

03 组合导航 同时选中导航的图片和文本框对象,单击"格式"选项卡中的"组合"按钮,组合导航的背景与文字。

04 复制导航 选中组合过的"首页导航",按图3-97所示操作,完成"上页"导航制作,并调整到合适位置。

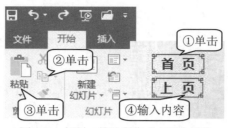

图3-97 复制、粘贴制作"上页"导航

05 制作其他导航 使用相同的方法制作其他导航,效果如图 3-98 所示,保存课件。

图3-98 导航效果图

 为了方便对齐、定位,可以选中多个对象,再选择"格式"选项卡中的"排列"→"对齐"命令进行对齐。

3.3.2 美化课件的元素

根据教学内容和课件整体风格的要求,合理添加和修饰课件中的元素,可以增强课件的艺术效果,起到画龙点睛的作用。

实例8 苏州园林(1)

课件"苏州园林"是人教版八年级《语文》上册第三单元第 11 课的内容,本实例是该课件的其中一张幻灯片,接下来通过讲解此实例介绍课件幻灯片中各类元素的美化,如图 3-99 所示。

图3-99 美化课件元素效果

制作该幻灯片,主要从绘制装饰图形、添加装饰图片和改变字体属性来讲解美化课件的方法和技巧。

跟我学

■ 绘制装饰图形

通过插入矩形、线条并配合合理的颜色设置,可以让课件幻灯片的版式、布局更加清晰,更有层次感。

01 绘制矩形边框 按图3-100所示操作,拖动鼠标,在幻灯片中绘制矩形图形。

图3-100 绘制矩形边框

02 设置矩形图形属性 按图3-101所示操作,设置矩形图形的"形状填充"为"红色",再用相同的方法,设置"形状轮廓"为"无轮廓",移动矩形图形到适当的位置。

图3-101 设置矩形图形属性

 运用图形装饰幻灯片时,根据需要可以改变图形的透明度,还可以调整图形与主体内容之间的叠放层次,达到最佳的视觉效果。

03 制作其他图形、线条 用相同的方法，绘制其他矩形的图形和线条，设置属性，调整位置，效果如图3-102所示。

使用"形状"命令中的"直线"工具装饰幻灯片时，还可以更改线条形状的"粗细""虚线"等属性。

图3-102 制作好的图形、线条元素效果

04 制作图片衬图 按步骤01的方法绘制矩形，在"格式"选项卡中设置图形的"宽度"为"21.65厘米"、"高度"为"12.72厘米"，"形状填充"颜色为"灰色"、"形状轮廓"为"无轮廓"，并按图3-103所示操作，将图形置于底层。

图3-103 制作图片衬图

■ **添加装饰图片**

装饰图片可以有效地填补幻灯片的空缺，让整个版面看起来更丰富，但装饰图片不宜过多、过于花哨，位置和大小要适中。

01 插入装饰图片 单击"插入"选项卡中的"图片"按钮，按住 **Ctrl** 键，逐个单击选中"装饰2""装饰3"图片并插入。

02 调整图片位置 将插入的装饰图片调整大小后移到适当的位置。

03 复制、旋转图片 选中插入的"装饰3"图片，单击"开始"选项卡中的"复制""粘贴"按钮。选中复制后的图片，按图3-104所示操作，垂直旋转图片，并将图片移到"衬图"的右上角位置。

图3-104 复制、旋转装饰图片

04 制作其他图片 用相同的方法，完成其他装饰图片的制作，并保存课件，效果如图 3-105 所示。

图3-105 图片衬图装饰图片的效果

■ 改变字体属性

幻灯片标题和正文中的文字，可以通过突出显示，更改字体颜色、字形等方式，突出重点，让文本富有变化。

01 设置正文字体属性 选择正文中的"【苏"文本，在"字体"选项卡中，将文本的字号设为"20磅"，字体为"方正硬笔行书简体""红色""加粗"；用相同的方法，设置"】"的文本格式。

02 设置标题字体属性 选择标题中"园"文本，在"字体"选项卡中，将文本的字体设置为"方正卡通简体""红色""加粗"。

03 设置导航字体属性 用相同的方法设置"首页"导航文字颜色为"红色"，使用"格式刷"工具批量设置其他导航文本属性。

04 调整保存 将幻灯片中所有对象的位置进行微调，效果如图 3-99 所示，将文件另存为"苏州园林(终).pptx"。

3.3.3 巧用母版统一外观

幻灯片的母版决定着幻灯片的外观，它既可以用于设置幻灯片的标题、正文文字等样式(包括字体、字号、字体颜色、阴影等效果)，也可以用于设置幻灯片的背景、页眉页脚等。

实例9 苏州园林(2)

课件"苏州园林"是人教版八年级《语文》上册第三单元第 11 课的内容，如图 3-106 所示，本实例通过幻灯片母版的使用方法和技巧，快速实现课件整体风格的一致性。

图3-106 课件"苏州园林"浏览对比图

幻灯片母版可以为所有幻灯片设置默认的版式。如图 3-106 所示，可以分别为它们设置不同的幻灯片母版，灵活运用母版可以提高课件制作效率，形成统一的风格。

跟我学

■ 设置自定义母版

确定了幻灯片模板的共有元素，便可以将原先制作好的幻灯片中的共有元素复制到母版幻灯片中，提高制作的效率。

01 确定母版元素 如图 3-107 所示，观察"苏绣""苏州园林"两张幻灯片，有 5 处元素是可以公用的。

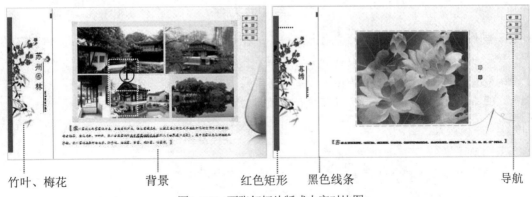

图3-107 两张幻灯片版式内容对比图

02 选择、复制共有元素 选择"苏州园林"幻灯片，按图 3-108 所示操作，选择、复制共有元素。

图3-108　选择、复制共有元素

03　打开母版　在"视图"选项卡中，单击"幻灯片母版"按钮，按图3-109所示操作，插入版式，删除该版式中的所有"占位符"。

图3-109　打开母版

04　制作母版背景　在幻灯片空白处右击，选择快捷菜单中的"设置背景格式"命令，在弹出的对话框中设置幻灯片背景为本实例素材文件夹中的"背景.jpg"图片。

05　粘贴母版内容　在幻灯片空白处右击，选择"粘贴"命令，将"苏州园林"幻灯片中复制的元素粘贴到幻灯片母版中，调整位置，效果如图3-110所示。

图3-110　粘贴幻灯片母版内容

06 **添加其他内容** 可以根据需要添加母版中的其他内容,制作完后,单击"幻灯片母版"选项卡中的"关闭母版视图"按钮,返回普通视图。

■ **使用自定义母版**

制作好母版后,在制作其他风格、版式一致的幻灯片时,就可以调用母版。

01 **幻灯片使用母版** 选中现有的幻灯片,按图3-111所示操作,选择使用设计好的自定义幻灯片母版。

图3-111 幻灯片使用自定义母版

02 **美化幻灯片** 调整幻灯片上各元素的位置,效果如图3-112所示。

图3-112 美化幻灯片

03 **保存文档** 根据需要设计其他幻灯片母版,保存课件文档。

3.3.4 套用模板快速美化

PowerPoint软件提供的模板,以及从第三方网站下载的优秀模板,整体风格鲜明、版式设计美观,套用合适的模板,是快速制作课件的捷径。

实例10 秋天

本实例是苏教版《语文》学科四年级"秋天"课件中的幻灯片,如图3-113所示,接下来通过此实例介绍使用联机模板制作课件的方法。

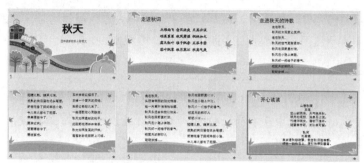

图3-113　课件"秋天"幻灯片及其模板

此课件使用了"秋季趣味教育演示文稿"模板。制作此幻灯片时，先联机搜索找到该模板的新建文件，然后利用模板提供的排版方案制作幻灯片。模板包含配色方案、字体格式等，可以直接使用，也可以修改后使用，非常方便快捷。

■ 联机搜索模板

将计算机接入网络，利用联机搜索，可在网站上获取可以应用的大量免费模板，根据课件内容，选择合适的模板。

01 搜索联机模板　运行 PowerPoint 软件，按图 3-114 所示操作，搜索"教育"类联机模板。

图3-114　搜索联机模板

02 选择模板　按图 3-115 所示操作，选择"秋季趣味教育演示文稿"模板，应用模板创建文件。

图3-115　选择模板

03 **了解模板** 详细了解模板结构，并根据课件制作需要规划幻灯片使用，模板效果如图 3-116 所示。

图 3-116　了解模板

■ **应用模板**

根据课件制作的需要，选择、编辑合适的幻灯片版式，添加教学内容，设置内容格式，完成制作。

01 **制作课件封面** 按图 3-117 所示操作，输入标题和副标题，制作课件封面。

图3-117　制作课件封面

 模板不同于母版，母版在幻灯片编辑状态下不可以修改，而模板可以根据使用需要编辑，如修改字体、字号、颜色等，也可以进行删除等操作。

02 **制作第 2 张幻灯片** 选择合适的版式，制作第 2 张幻灯片，效果如图 3-118 所示。

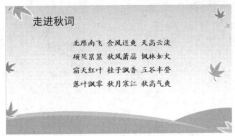

图3-118　制作第2张幻灯片

03 **制作其他幻灯片** 选择合适的版式，制作其他幻灯片，效果如图 3-119 所示。

图3-119 制作其他幻灯片

04 保存课件 单击"保存"按钮 ![save], 以"秋天"为名保存文件。

1. 幻灯片母版

幻灯片母版用来存储课件的主题和幻灯片版式信息,包括背景、颜色、字体、效果、占位符的大小和位置。应用幻灯片母版可以统一课件的样式和外观,每个课件至少包含一个幻灯片母版。

2. 使用幻灯片母版的注意事项

制作课件时,最好在开始构建各张幻灯片之前创建幻灯片母版,而不要在构建了幻灯片之后再创建母版。因为先创建幻灯片母版后,添加到课件中的所有幻灯片都会基于该幻灯片母版和相关联的版式,如果在构建了各张幻灯片之后再创建幻灯片母版,则幻灯片上的某些项目可能不符合幻灯片母版的设计风格。

此外,需要更改统一的样式和外观时,务必在幻灯片母版上进行。当个别幻灯片的样式需要更改时,可以通过使用背景和文本格式设置等功能,在该幻灯片上覆盖幻灯片母版的某些自定义内容。

01 打开"浮力.ppt"课件,为该课件制作专门的导航页,效果如图3-120所示。

02 打开"八年级数学.ppt"课件,为该课件制作幻灯片母版,效果如图3-121所示。

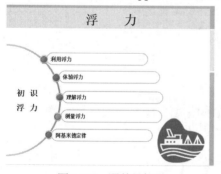

图3-120 课件导航页

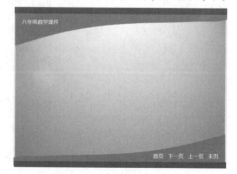

图3-121 数学课件母版

3.4 设置课件动画效果

动画是课件中经常使用的技术之一,利用动画技术可以吸引学生的注意力,突出教学内容中的重难点,极大地调动学生的学习热情,改善教学效果。

在 PowerPoint 中,动画可大致分为两种类型:一种是在一张幻灯片播放过程中使用的动画,称为"片内动画",通过"自定义动画"功能来实现;另一种是在一张幻灯片播放完,切换到另外一张幻灯片时的动画,称为"片间动画",通过"幻灯片切换"功能来实现。

路径动画

3.4.1 设置自定义动画

自定义动画可以为幻灯片上的文字、图片、图形等对象分别设置各种动画效果,在制作课件过程中非常具有实用价值。

实例 11　光合作用

本实例是"七年级生物复习"课件的一部分,如图 3-122 所示,主要介绍第 8 张幻灯片"光合作用"(右图)的动画实现方法,本张幻灯片上的所有对象已经制作完毕。

图3-122　课件"七年级生物复习"效果图

动画的播放效果顺序依次是:出现太阳→射出光线→出现叶绿体→二氧化碳→水→有机物→氧气,在相关对象出现时,文字标签也相应出现。另外,本张幻灯片中大多数对象是由多个形状制作而成的,为了方便设置动画,应事先将这些对象分别组合,限于篇幅,组合的工作已经事先完成。

跟我学

■ 制作太阳和光线动画

太阳和光线的动画效果是:先出现太阳由小变大的动画,接着出现太阳光线射向绿色树叶的动画,然后出现"光能"文字标签。

01 **打开"动画"窗格** 打开"七年级生物复习(初).pptx"课件,切换到第 8 张(光合作用)幻灯片,在"动画"选项卡中,单击"高级动画组"中的 动画窗格 按钮,打开"动画窗格"。

02 **添加动画效果** 先选中太阳,按图 3-123 所示操作,为太阳添加"进入"动画。

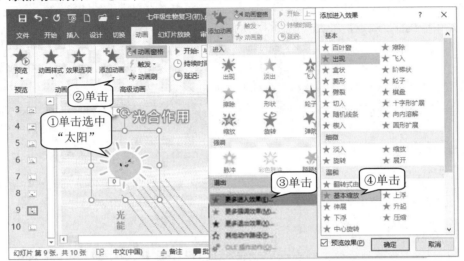

图3-123 设置"进入"动画效果

03 **设置动画速度** 按图 3-124 所示操作,设置"太阳"动画的持续时间和延迟。

图3-124 设置动画速度

04 **设置光线动画** 按图 3-125 所示操作,单击选中太阳光线,为光线设置"擦除"进入效果,将光线擦除方向改为"自顶部"或"自左侧";再设置光线动画的"开始"方式,使其在太阳动画播放完后就自动开始播放。

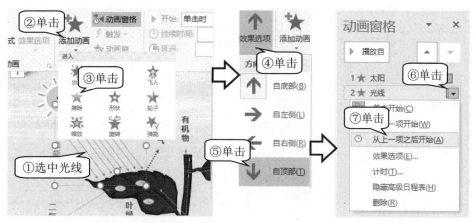

　　(a) 设置"擦除"效果　　　(b) 调整动画方向　　(c) 设置动画开始时间

图3-125　设置光线的自定义动画效果

05 设置动画伴音　按图 3-126 所示操作，给光线线条设置"风铃"声音效果。

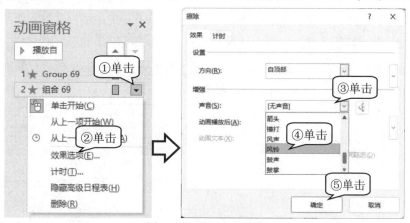

图3-126　设置声音效果

06 设置文字动画　在幻灯片中选择"光能"文字标签，参照图 3-125(a)、(b)所示的方法，为其设置"下降"进入动画效果，并按图 3-125(c)所示操作，设置动画开始时间为"从上一项之后开始"，即光线动画播放完后，自动出现"光能"文字。

■ 制作叶绿体和二氧化碳动画

叶绿体和二氧化碳的动画效果是：先出现叶绿体的动画和标注文字，接着出现左、右两个二氧化碳的文字标注，最后分别出现左、右二氧化碳吸入的线条。

01 按表格设置动画1　按照表 3-2 中序号的顺序，依次为叶绿体和二氧化碳设置自定义动画。如果"对象"栏中包含多个对象，则表示要同时选中多个对象，再设置动画。

 同时选中多个对象的操作方法是：按住 **Ctrl** 键不放，依次单击需要选中的多个对象，即可同时选中多个对象。

表3-2 叶绿体和二氧化碳的动画设置

序号	对象	动画效果	属性	速度	开始	声音
1	所有叶绿体	轮子	8轮幅图案	中速	从上一项开始	
2	第一个叶绿体动画				单击开始	
3	叶绿体文字	下降		快速	从上一项之后开始	
4	左边二氧化碳文字	下降		快速	单击开始	
5	右边二氧化碳文字	下降		快速	从上一项开始	
6	左边二氧化碳线条	擦除	自左侧	中速	从上一项之后开始	推动
7	右边两个二氧化碳线条	擦除	自右侧	中速	从上一项开始	

02 播放检查 单击右下角"视图"栏中的"放映"按钮 ，观看放映效果，对不符合次序或效果不满意的地方进行修改。

■ 制作水和有机物动画

水和有机物的动画效果是：先出现"水"文字标签，再出现由植物茎部向树叶的动画，接着是有机物由树叶向枝干的动画，最后出现"有机物"文字标签。

01 为线条编号 为了表述方便，按照图3-127所示为各个线条编号(有机物的组合线条表示已经将树叶上的3个线条先组合起来)。

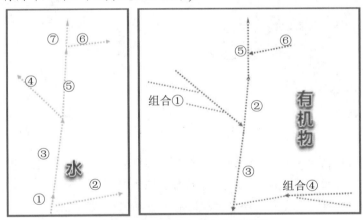

图3-127 水和有机物线条的编号

02 按表格设置动画2 请按照表3-3所示对水和有机物的线条设置自定义动画。

表3-3 水和有机物的动画设置

序号	对象	动画效果	方向	速度	开始	声音
1	水的文字标注	下降		快速	单击开始	
2	水线条①	擦除	自底部	快速	从上一项之后开始	微风
3	水线条②	擦除	自左侧	快速	从上一项之后开始	
4	水线条③	擦除	自底部	快速	从上一项开始	微风
5	水线条④	擦除	自底部	快速	从上一项之后开始	微风
6	水线条⑤	擦除	自底部	快速	从上一项开始	
7	水线条⑥	擦除	自左侧	快速	从上一项之后开始	微风
8	水线条⑦	擦除	自底部	快速	从上一项开始	
9	有机物组合线条①	擦除	自左侧	快速	单击开始	微风
10	有机物线条②	擦除	自底部	快速	从上一项之后开始	微风
11	有机物线条③	擦除	自顶部	快速	从上一项开始	
12	有机物组合线条④	擦除	自右侧	快速	从上一项开始	
13	有机物线条⑤	擦除	自底部	快速	从上一项之后开始	微风
14	有机物线条⑥	擦除	自右侧	快速	从上一项开始	
15	有机物的文字标注	下降		快速	从上一项之后开始	

03 播放检查 单击右下角"视图"栏中的"放映"按钮，观看放映效果，对不符合次序或效果不满意的地方进行修改。

■ **制作氧气动画**

氧气的动画效果是：先出现左边、右边3个氧气线条，然后出现左、右两个氧气的文字标注文本框。

01 按表格设置动画3 按表3-4所示为氧气设置相关的自定义动画。

表3-4 氧气的动画设置

序号	对象	动画效果	属性	速度	开始	声音
1	左边氧气线条	擦除	自底部	中速	单击开始	风铃
2	右边两个氧气线条	擦除	自底部	中速	从上一项开始	
3	左边氧气文字标注	下降		快速	从上一项之后开始	
4	右边两个氧气文字标注	下降		快速	从上一项开始	

02 播放检查 单击右下角"视图"栏上的"放映"按钮，观看放映效果，对不符合次序或效果不满意的地方进行修改。

03 保存课件 将设置好的课件以"七年级生物复习(终)"为名保存。

1. 调整动画顺序

设置好的动画,有时会因为教学的需要而调整播放的先后顺序,此时可通过"重新排序"按钮进行调整。按图3-128所示操作,即可将选中的动画顺序提前一位。

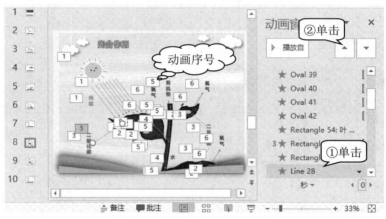

图3-128　调整自定义动画的顺序

2. 自定义动画参数

在"动画"窗格中,每个自定义动画有4个参数,即序号、开始方式、动画效果和对象名称,如图3-129(a)所示,这些信息对设置自定义动画会有所帮助。

- 序号:表示动画播放的顺序,在幻灯片上设置了动画的对象也会出现相应的序号。如果动画列表中某个自定义动画前没有序号,则表示和前一动画是一组的。
- 开始方式:指动画如何开始播放的,具体说明参见表3-5。

表3-5　开始方式的说明

图标	汉字名称1	汉字名称2	序号列显示情况	动画播放开始方式
	单击开始	单击	递增序号	单击开始播放当前动画
空白	从上一项开始	之前	空白,无序号	与上一动画同时播放
	从上一项之后开始	之后	空白,无序号	上一动画播放完后播放当前动画

- 对象名称:指出是何对象应用了此动画。
- 动画效果:指设置了哪种自定义动画,这些动画分为进入、强调、退出、动作路径4大类,通过颜色来区分,如图3-129(b)所示。

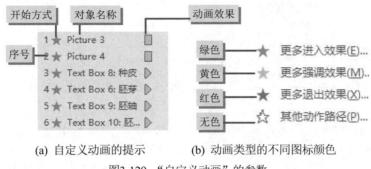

(a) 自定义动画的提示　　　　　(b) 动画类型的不同图标颜色

图3-129　"自定义动画"的参数

3. 不同对象的"效果"选项

图 3-130 所示是设置动画的声音效果，值得注意的是，不同的对象、动画效果，其"效果选项"对话框中的内容会有所不同。

例如，在图3-130(a)"弹跳"动画的"效果"对话框中，可设置"声音""动画播放后"等相关参数，如果是对文本框设置了弹跳效果，还可设置文本框中的文字是整体、按词、按字或按字母出现；而在图3-130(b)"放大/缩小"动画的"效果"对话框中，除了能完成前面的设置，还可设置放大/缩小的尺寸、动画的起止平稳度及播放后自动翻转等效果。

(a) "弹跳"动画的"效果"选项对话框　　　　(b) "放大/缩小"动画的"效果"选项对话框

图3-130　不同的效果对话框

4. 删除动画效果

如果设置的动画效果不合适，可将其删除。在右边的"动画"窗格中，先选中动画，然后单击上方的"删除"按钮，即可将选中的动画效果删除。

5. 批量设置动画

PowerPoint 可以同时对多个对象设置动画效果。设置时，先同时选中几个对象，再添加动画效果，设置后，这些对象的动画将同时播放。在"动画"选项中有一个类似于"格式刷"功能的"动画刷"工具，其使用方法与"格式刷"工具相同，可以快速复制动画效果，大大提高课件制作的效率，节省课件制作的时间。

 创新园

01 打开"时钟(初)"课件，对课件中的时钟进行动画设置，使其正常转动，效果如图3-131所示。

02 打开"卷轴动画效果(初)"课件，通过设置动画，让课件中的画轴实现展开、收回的效果，如图3-132所示。

图3-131　时钟动画

图3-132　卷轴动画

3.4.2　设置幻灯片切换

在制作课件时，除了可以对幻灯片内部的各个对象设置动画效果，也可以通过幻灯片切换功能来设置一张幻灯片切换到另一张幻灯片的动画效果，与制作电影、电视镜头的转场效果一样。

实例12　锦绣安徽

本实例的教学内容是介绍安徽风景的电子相册，是用于初中信息技术七年级下册"家庭相册初了解"课堂教学导入环节的部分，其中部分幻灯片的效果如图3-133所示。本实例介绍如何设置幻灯片之间的切换效果，利用幻灯片切换中的"页面卷曲"功能快速制作翻书动画。

图3-133　课件"锦绣安徽"效果图

 跟我学

■ **添加形状**

通过添加矩形形状，设置好颜色和透明度，制作出翻开的书本效果。

01 **打开课件**　运行 PowerPoint 软件，打开课件"锦绣安徽(初).pptx"。
02 **显示参考线**　在"视图"选项卡中，选择"参考线"命令，在幻灯片上显示参考线。
03 **绘制矩形**　选择"插入"→"形状"→"矩形"命令，绘制一个矩形，效果如图 3-134 所示。

图3-134　绘制矩形效果

04 **设置填充效果**　右击矩形，选择"设置形状格式"命令，设置矩形线条为无线条。按图 3-135 所示操作，设置矩形为渐变填充，渐变光圈第 1 个光圈为白色，第 2 个光圈为灰色。

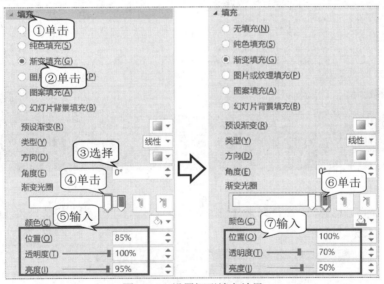

图3-135　设置矩形填充效果

05 **复制矩形**　复制一个矩形，选择"格式"→"旋转"→"水平翻转"命令，调整位置至幻灯片的右半边，设置第 2 个矩形的黑色光圈的透明度为 90%。
06 **组合形状**　按住 Shift 键，单击选中 2 个矩形，按图 3-136 所示操作，将两个矩形组合。复制组合后的矩形形状，粘贴到其他幻灯片上，完成翻开书页效果的制作。
07 **设置幻灯片切换效果**　切换到第 4 张幻灯片，按图 3-137 所示操作，设置幻灯片的切换效果为"页面卷曲"。

图3-136 组合形状

图3-137 设置幻灯片之间的切换效果

08 **设置封面切换效果** 切换到第 1 张幻灯片,按图 3-138 所示操作,设置封面幻灯片的切换效果为"涟漪"。

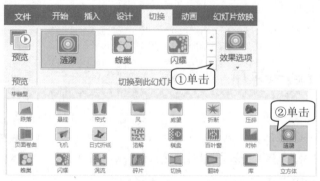

图3-138 设置"涟漪"切换效果

设置不同切换效果时要注意次序，先整体后局部，即先用"全部应用"功能设置全部幻灯片的切换效果，再单独设置一些不同的幻灯片之间的切换效果。

09 保存课件 将设置好的课件以"锦绣安徽(终)"为名保存。

1. 设置幻灯片之间的切换效果

与动画效果一样，不同的切换效果，其对应的属性列表中的选项也不一样，在选择好切换效果后，可以更改切换效果的属性，从而得到不同的切换风格。

2. 制作自动演示课件

有时，需要制作整个课件能够从头至尾自动演示，并且反复循环的效果，这种课件的制作要注意以下两方面的设置。

- 设置自动换片时间：对于片间动画，要使其能自动换片，可在幻灯片"切换"选项卡中的"换片方式"选项区，按图3-139所示操作，就能使课件每隔10秒自动切换幻灯片。

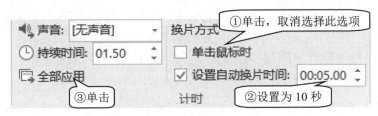

图3-139 设置"换片方式"

- 选择循环放映：选择"幻灯片放映"→"设置幻灯片放映"命令，弹出"设置放映方式"对话框，设置循环放映，按Esc键终止，即可使播放结束后，再回到开头重复播放。

3. 设置切换时需注意的问题

在给课件设置切换效果或自定义动画时，切忌设置得太纷繁复杂、华而不实。动画的设置应结合课件所表现的教学内容，为教学服务，太花哨的动画效果和伴音有可能适得其反，反而分散学生的注意力，影响课件的使用效果。

3.5 控制课件交互

前面制作的课件，在放映时只能从头到尾按幻灯片排列的顺序播放。其实，在制作课件时，可事先对幻灯片中的对象设置"缩放定位""超链接"或"动作"，这样在使用课件时，即可按照课件的内在逻辑内容来演示，从而更好地展示课件，达到比较理想的教学效果。

缩放定位

3.5.1 使用超链接交互

利用"超链接"功能可以很方便地实现交互功能。幻灯片上的图片、形状、文字等对象都能设置"超链接",通过单击设置好"超链接"的对象,不仅可以跳转到指定的幻灯片,还可以链接到外部文件、网站或电子邮件。

实例 13 游标卡尺和螺旋测微器

本实例对应的内容是中学《物理》教学中关于"游标卡尺和螺旋测微器"的相关知识,课件的运行效果如图 3-140 所示。本实例介绍在第 1 张幻灯片中设置超链接的方法。

图3-140 课件"游标卡尺和螺旋测微器"效果图

课件放映时,在第 1 张幻灯片上单击"游标卡尺"图片或"游标卡尺"艺术字,将会跳转到第 2 张幻灯片,介绍游标卡尺;而单击"螺旋测微器"图片或"螺旋测微器"艺术字,将会转到第 13 张幻灯片,开始介绍螺旋测微器。因此,第 1 张幻灯片既是课件的封面,也是课件的主目录。

■ 插入超链接

利用超链接功能可以方便地在课件内部实现幻灯片的跳转,并且超链接的对象还可以设置文字提示,更加人性化。

01 打开课件 打开"游标卡尺和螺旋测微器(初)"课件,进入第 1 张幻灯片。

02 选择"超链接"命令 按图 3-141 所示操作,选择"超链接"命令。

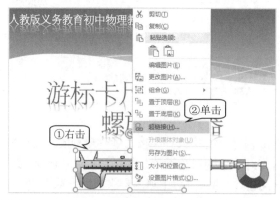

图3-141 选择"超链接"命令

选中需要设置超链接的对象后,在 PowerPoint 顶部的工具栏中选择"插入"选项卡,单击"链接"组中的"超链接"按钮,也可打开"超链接"对话框。

03 设置超链接 在弹出的"插入超链接"对话框中,按图 3-142 所示操作,设置链接的目标幻灯片,然后选择"屏幕提示"功能。

图3-142 "插入超链接"对话框

04 设置超链接提示文字 在弹出的对话框中按图 3-143 所示操作,设置屏幕提示文字为"进入游标卡尺部分",返回图 3-142 所示的对话框,单击"确定"按钮,结束超链接的设置。

图3-143 "设置超链接屏幕提示"对话框

05 完成超链接 用类似的方法为"游标卡尺"艺术字设置同样的超链接效果。用同样的方法制作"螺旋测微器"图片和"螺旋测微器"艺术字的超链接,使其链接到第 13 张幻灯片。

■ 测试超链接

放映课件后,当鼠标指针移到有超链接的对象上时,会变成手形,此时单击,就可以实现超链接效果,就像浏览网页一样。

01 查看超链接提示 按 F5 键,放映课件,将鼠标指针指向游标卡尺图片并稍停,屏幕上出现如图 3-144 所示的屏幕提示,单击,课件跳转到第 2 张幻灯片。

02 检查其他超链接 按 Esc 键,退出放映,返回课件编辑状态。同样检查封面幻灯片上的其他对象,查看超链接及屏幕提示的设置是否正确。

图3-144 屏幕提示的效果

■ **设置二级目录超链接**

课件中除封面,有时可能还会有一些二级目录幻灯片,可以利用超链接功能设置好放映的逻辑关系。

01 设置超链接1 切换到第2张幻灯片,如图3-145(a)所示,设置单击"结构与功能"文本框链接到第3张幻灯片、单击"原理与读数"文本框链接到第4张幻灯片,并且两者都有屏幕提示。

02 设置超链接2 切换到第13张幻灯片,如图3-145(b)所示,设置单击"结构与功能"文本框链接到第14张幻灯片、单击"原理与读数"文本框链接到第15张幻灯片,并且两者都有屏幕提示。

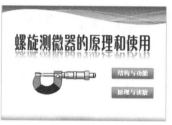

(a) 第2张幻灯片   (b) 第13张幻灯片

图3-145 对第2张和第13张幻灯片的超链接设置

一般情况下,在链接的目标幻灯片上,还需选择对象设置超链接,以便播放完该内容后使其返回目录幻灯片,实现课件的自由跳转播放。

03 保存课件 将设置好的课件以"游标卡尺和螺旋测微器(终)"为名保存。

1. 为文本对象设置超链接

这里的文本对象是指课件中使用的文本框和艺术字,为它们设置超链接时,一定要先选中整个文本对象,而不是部分选中。

图3-146(a)是选中整个对象的效果,图3-146(b)是部分选中的效果,它们的区别是,前者的边框是实线,而后者是虚线。如果要选中整个文本对象,必须将鼠标指针指向对象的边框,当鼠标指针变成"十"字箭头时单击即可。

(a) 选中整个文本对象　　　　　　　(b) 部分选中文本对象

图3-146　文本对象的选择

如果不选择整个文本对象，设置超链接后，文本对象会变色，而且有下画线，影响课件的美观度和整体配色设计，两者效果对比如图 3-147 所示。

(a) 选中整个对象设置超链接　　　　(b) 部分选中对象设置超链接

图3-147　文本对象的选择不同造成不同超链接效果的对比

2．删除和编辑修改超链接

当不再需要某个超链接时，可将其删除。右击文本框，在弹出的快捷菜单中，利用"取消超链接"命令即可删除超链接。或者选择"编辑超链接"命令，进入"编辑超链接"对话框，重新编辑修改超链接的相关设置。

3.5.2　使用动作按钮交互

无论用何种软件制作多媒体 CAI 课件，按钮交互都是最常用的一种人机交互方式。在 PowerPoint 中，按钮交互也是一种简单、基础的交互方式。在放映时，使用者单击动作按钮，将链接到相应的幻灯片或应用程序，与前面的"超链接"设置类似。

实例 14　能够承受挫折

本实例对应的内容是《思想品德》课的相关部分，课件运行效果如图 3-148 所示。当单击如图 3-148(c)所示的第 6 张幻灯片左下角的动作按钮时，将返回到第 2 张总目录幻灯片。

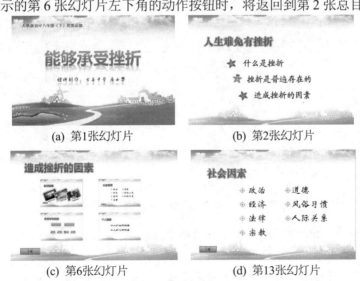

(a) 第1张幻灯片　　　　　　　　　(b) 第2张幻灯片

(c) 第6张幻灯片　　　　　　　　　(d) 第13张幻灯片

图3-148　课件"能够承受挫折"效果图

通过本实例介绍实现交互功能的动作按钮的制作方法，以及复制制作其他动作按钮的方法。

■ 新建课件

新打开 PowerPoint 时，会自动打开一个新的演示文稿。另外，通过"新建"菜单也可以方便地新建演示文稿。

01 打开课件 打开"能够承受挫折(初)"课件，切换到第 6 张幻灯片。

02 选择所需动作按钮 按图 3-149 所示操作，选择"插入"→"形状"→"开始"动作按钮图标。

图3-149 选择所需动作按钮

03 绘制动作按钮 按图 3-150 所示操作，移动鼠标指针到幻灯片左下角，此时鼠标指针为黑色"十"字形，拖动鼠标绘制按钮。

图3-150 绘制动作按钮

04 进行动作设置 松开鼠标左键后，在弹出的"操作设置"对话框中，按图 3-151 所示操作，将动作按钮的超链接改为指向第 2 张总目录幻灯片。

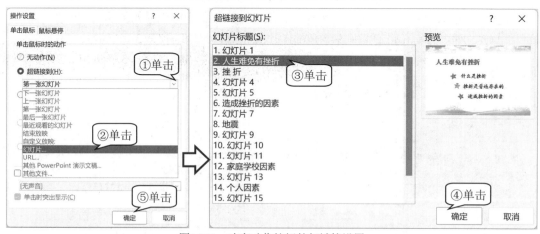

图3-151 改变动作按钮的超链接设置

05 调整按钮大小和位置 适当调整动作按钮的位置，使其放置在幻灯片的右下角；同时适当调整其大小，以保证其美观性。

06 调整按钮形状样式 按图 3-152 所示操作，修改动作按钮的形状样式外观。

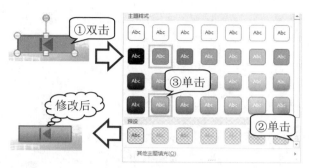

图3-152 修改动作按钮的外观

 利用 PowerPoint 的形状样式功能,可以轻松地设置各种外观效果的按钮,包括各种立体效果的按钮,而且还可以进行各种个性化的调整。

07 测试效果 放映幻灯片,测试该动作按钮的设置是否符合课件内容要求。

■ 复制制作按钮

课件中多个类似的动作按钮,可以利用复制、粘贴的方法快速制作,还可以根据需要进行动作链接的调整。

01 复制按钮 退出放映,按图 3-153 所示操作,将该动作按钮复制到其他幻灯片中。

选中第 6 张幻灯片,按 Ctrl+C 键　　　选中第 13 张幻灯片,按 Ctrl+V 键

图3-153 复制按钮

02 类比制作 用类似的方法,完成需要制作动作按钮的其他幻灯片的制作。

03 修改动作按钮 当有些按钮需要修改链接对象时,按图 3-154 所示操作,进入该动作按钮的"操作设置"对话框,修改超链接。

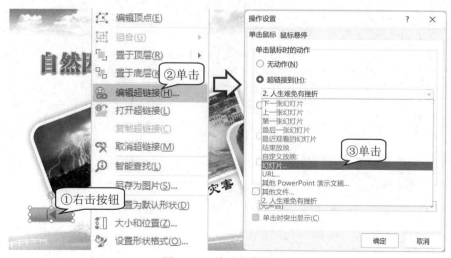

图3-154 修改动作按钮

04 保存课件 将设置好的课件以"能够承受挫折(终)"为名保存。

1. 利用自选图形制作按钮

在利用按钮交互时，除了可以使用 PowerPoint 提供的"动作按钮"功能，还可以利用自选图形来模拟实现，不仅更加自由，设计的按钮也比默认的按钮更美观。

图 3-155(a)为自选图形制作的几个按钮示意。其中的文字是先右击自选图形边框，再在快捷菜单中选择"添加文字"命令来完成的。制作好按钮后，利用"动作设置"或"超链接"功能来给按钮设置链接效果即可。

(a) 自选图形按钮　　　(b) 图片按钮

图3-155　按钮样式图

2. 利用按钮图片制作按钮

除了前面的方法，一些素材网站上也提供很多按钮图片，利用这些按钮图片也可以制作交互按钮。图 3-155(b)所示的就是利用按钮图片制作的按钮，其中的文字是利用文本框添加的，设置链接的方法与前面介绍的相同。

3. 设置"缩放定位"

在 PowerPoint 2019 中，使用"缩放定位"功能，在一张幻灯片上快速制作出要链接的所有幻灯片的缩略图，通过单击缩略图切换到对应的幻灯片，可以实现幻灯片间跳转的交互功能。

- 插入缩放定位：在本实例中，切换到第6张幻灯片，在"插入"选项卡中，按图3-156 所示操作，插入"缩放定位"，创建要链接的4张幻灯片。

图3-156　插入"缩放定位"

- 实现跳转：按图3-157所示操作，单击幻灯片上的缩略图，跳转到对应的第10张幻灯片中。

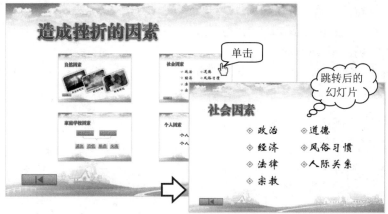

图3-157　实现页面跳转

3.5.3　使用放映菜单和快捷键交互

PowerPoint 的交互功能很强大，除了可以在课件中设计制作"超链接""动作按钮""缩放定位"等交互对象进行交互，还可以在放映使用课件的过程中，利用交互菜单或快捷键进行动态交互，非常自由方便。

实例 15　基因对性状的控制

本实例是对中学《生物》中"基因对性状的控制"相应内容的展现，如图 3-158 所示。为了更好地展现基因控制蛋白质的合成过程，教师使用导航按钮放映前一张、后一张的幻灯片，使用键盘快速跳转到相应幻灯片。

图 3-158　课件"基因对性状的控制"效果图

本实例主要介绍课件在放映的过程中，使用放映菜单中的命令、导航按钮及快捷键等，帮助使用者实现课件的播放讲解。

■ **使用放映菜单交互**

在课件播放过程中，可以用鼠标选择菜单命令来实现课件和使用者之间的交互，非常方便直观。

01 打开课件 打开"基因对性状的控制(初)"课件,选择"视图"选项卡,单击"幻灯片放映"按钮,开始从头放映课件。

02 使用工具 在放映到第 10 张幻灯片时,按图 3-159 所示操作,可使用电子的"笔"在屏幕上绘制,帮助对课件的讲解。

03 使用导航按钮 放映时,在屏幕左下角的"导航按钮区"中有 6 个导航控制按钮,如图 3-160 所示。如果要返回上一张幻灯片或上一个动画对象,可单击"上一张"按钮。

图3-159　放映时使用工具　　　　　　　　图3-160　导航按钮区

 导航按钮有时可能会影响课件的播放,按 Ctrl+H 键,可将导航按钮全部隐藏起来;按 Ctrl+A 键,可将导航按钮显示出来。

04 用菜单结束放映 课件放映时,右击屏幕,在弹出的快捷菜单中选择"结束放映"命令,可结束幻灯片的放映。

■ 使用快捷键交互

在课件的放映过程中,有时需要不露痕迹地进行交互,利用 PowerPoint 提供的键盘快捷键交互就不失为一种较佳的方法。

01 放映课件 按 F5 键,从头开始放映课件。

02 用键盘切换幻灯片 按空格键(Enter 键或下方向键、右方向键)1 次,进入第 2 张幻灯片的播放,如图 3-161 (a)所示。

03 用键盘演示动画 按空格键(Enter 键或下方向键、右方向键)3 次,逐步演示 3 个提纲(共 4 个提纲)的自定义动画,如图 3-161(b)所示。

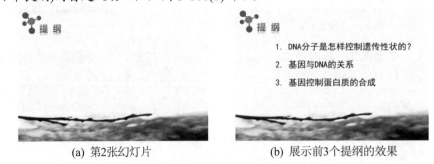

(a) 第2张幻灯片　　　　　　　(b) 展示前3个提纲的效果

图3-161　放映课件时的交互过程

按 Esc 键(或上方向键、左方向键)，可以返回上一张幻灯片或上一个刚播放的动画对象。

04 用键盘定位播放 此时教师可对第 3 个提纲进行简要解释。在键盘上输入数字"6"后，按 Enter 键，可直接跳转至如图 3-162(a)所示的第 6 张幻灯片。

05 定位至后面的幻灯片 稍作解释，再输入"26"，并按 Enter 键，则跳至如图 3-162(b)所示的第 26 张幻灯片。

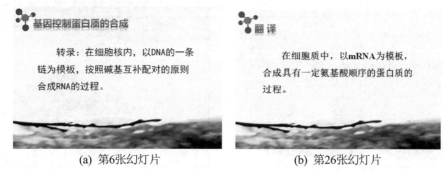

(a) 第6张幻灯片 　　　　　　　　　(b) 第26张幻灯片

图3-162　直接跳转至这两张幻灯片

06 返回提纲幻灯片 在键盘上按数字"2"，再按 Enter 键，返回第 2 张提纲幻灯片，接着是第 4 个提纲的播放。

07 用键盘结束放映 按键盘左上角的 Esc 键，结束放映。

知识库

1. "指针选项"命令

在如图 3-159 所示的"指针选项"子菜单中，可根据需要选择不同的笔触类型，在幻灯片上绘制。笔迹的颜色可以自行定义，也可以用电子"橡皮擦"擦除。

2. "屏幕"命令

在放映时的快捷菜单中，按图 3-163 所示操作，可使屏幕纯白色显示，将课件内容隐藏；如果需要黑色屏幕，可选择"黑屏"命令。有时，教师可以根据需要选择该功能，暂时隐藏教学内容，使学生安心思考或进行各种练习。

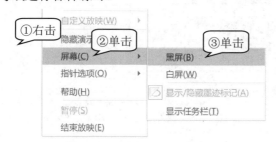

图3-163　选择"黑屏"命令

创新园

01 打开"开关按钮(初)"课件,设置如下的效果:单击开关上的刀闸,刀闸落下,两个灯泡同时亮起;再次单击刀闸,刀闸拉起,灯泡熄灭,效果如图 3-164 所示。

02 打开"热区(初)"课件,设置如下的效果:当鼠标单击或移过计算机主板上某部件的区域时,出现该部件对应的名称,效果如图 3-165 所示。

图3-164 课件"开关按钮"效果

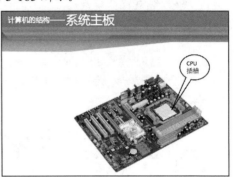
图3-165 课件"热区"效果

3.6 制作课件实例

前面介绍了 PowerPoint 的基本功能和使用技巧,本节以一个完整的综合实例来展示完整课件制作的基本过程,通过本实例体验 PowerPoint 课件制作的完整步骤和方法,进一步提高课件制作水平。

实例 16 设计遮阳篷

本实例对应九年级《数学》课题学习"设计遮阳篷"的相关内容,是三角函数知识应用于生活实践的综合应用。本课的教学目的是让学生把实际问题数学化,完成数学建模过程。

课件运行效果如图 3-166 所示,其中利用自选图形制作了许多示意图,并通过动画逐步展示。每张幻灯片文字简洁、重点突出,便于学生掌握。

 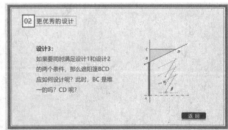

图3-166 课件"设计遮阳篷"效果图

课件的第 1 张幻灯片是课件封面和目录的综合幻灯片,从封面可以分别跳转到相应的内容,播放完该部分内容后,还能返回封面。课件"设计遮阳篷"结构如图 3-167 所示。

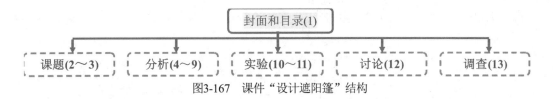

图3-167 课件"设计遮阳篷"结构

3.6.1 制作课件封面

首先制作封面幻灯片,封面幻灯片的效果如图 3-166 左图所示。

■ 设置课件背景

制作课件首先要考虑的是课件的整体配色设计,背景设计是整体风格的重要部分,不同的背景会影响所有幻灯片的文字、图片配色。

01 选择版式 运行 PowerPoint,新建演示文稿,在"版式"列表中选择"空白"版式。

02 设置幻灯片母版 选择"视图"选项卡,单击"幻灯片"母版按钮,按图 3-168 所示操作,设置空白版式的背景为"背景.jpg"。

图3-168 设置幻灯片的背景

03 查看空白版式背景 关闭幻灯片母版视图,在"开始"选项卡中,单击"版式"按钮,查看空白版式的背景,效果如图 3-169 所示。

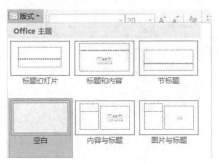

图3-169 查看空白版式背景

04 插入图片 在封面幻灯片上，插入其他装饰图片，效果如图 3-170 所示，将课件保存为"设计遮阳篷.pptx"。

图3-170　插入装饰图片

■ **制作课件标题**

封面幻灯片的标题制作很关键，可以通过加大字号，更换字体、颜色等方式，使封面的标题更加醒目、美观。

01 绘制田字格 利用形状工具先绘制一个正方形，形状轮廓颜色为蓝色，填充色为白色。再绘制两条相互垂直的蓝色虚线，将绘制的形状组合成一个田字格整体。通过复制、粘贴得到 5 个田字格，调整大小和位置，得到如图 3-171 所示的效果。

图3-171　绘制田字格

02 输入标题文字 在"插入"选项卡中，单击"文本框"按钮，选择"绘制横排文本框"工具，按图 3-172 所示操作，输入文字"设"，并设置"字体"为"苏新诗古印宋简"、"字号"为140、"颜色"为"蓝色"。

图3-172　输入标题文字

制作标题文字前，需要提前安装"苏新诗古印宋简"字体。标题选择使用特殊字体可以呈现出不一样的文字魅力。

03 制作剩余标题文字 同样的方法完成其余4个文字"计遮阳篷"的制作，其中将"阳"字的颜色设置为"黄色"，效果如图3-173所示。

图3-173　标题文字效果

■ **制作导航菜单**

导航菜单可以使用多种方法进行制作，其中一种简单实用的方法是利用文本框或自选图形来设计外观，然后在其中添加文字。

01 输入文字 在"开始"选项卡中，选择"绘图"组中的"文本框"按钮，按图3-174所示操作，在幻灯片中添加"学段信息"文本框。

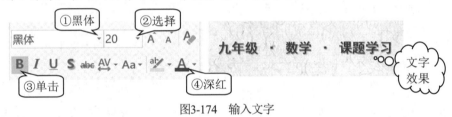

图3-174　输入文字

02 创建按钮 在"开始"选项卡中，选择"绘图"组中的"圆角矩形"按钮，绘制一个圆角矩形，右击圆角矩形，选择"编辑文字"命令，添加文字"课题"。

03 修饰按钮 选择该圆角矩形，按图3-175所示操作，在"格式"选项中，设置该形状的效果为"紧密映像"。

图3-175　修饰按钮

04 复制按钮 利用"Ctrl+拖动"的方法，将"课题"按钮复制4份，分别将文字改为"分析""实验""讨论""调查"，并适当对齐，效果如图3-166左图所示。

3.6.2 制作课件内容

制作完课件封面之后，即可依次制作课件的内容幻灯片。本课件有数十张幻灯片，限于篇幅，接下来以第 7 张幻灯片为例介绍，这是在前面两个遮阳篷方案的基础上设计的一个最优方案，效果如图 3-166 右图所示。

■ 制作标题

利用各种自选图形，结合形状样式和艺术字样式，再利用一些小图标图片，可以方便地设计非常美观的标题。

01 新建幻灯片 切换到第 6 张幻灯片，单击打开"开始"选项卡，选择"新建幻灯片"→"空白"命令，在其后新增加一张幻灯片。

02 绘制标题形状 与封面标题的装饰形状制作相同，先绘制一个田字格，在田字格右侧再绘制一个矩形，两个形状组合在一起，效果如图 3-176 所示。

03 添加标题文字 插入两个文本框，分别输入数字"02"和"更优秀的设计"，设置文本框无轮廓、无填充颜色，设置"文字"颜色为"深蓝色"、"字体"为"微软雅黑"、"字号"为 24，效果如图 3-177 所示。

图3-176 绘制标题形状　　　　　　　图3-177 添加标题文字

04 插入说明文字 在"开始"选项卡中，选择"绘图"组中的"文本框"工具，在标题左下方制作一个文本框，输入文字，设置文字格式，如图 3-178 所示。

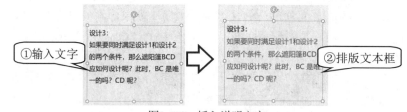

图3-178 插入说明文字

■ 制作示意图

利用各种自选图形，可以方便地制作出几乎任何示意图；结合文本框，还可以给示意图添加图注。

01 制作窗户剖面 选择"插入"→"形状"→"文本框"命令，分别制作带颜色的矩形、AB 两标注文字、竖直直线、过 A 点的水平点画线、斜线箭头，效果与步骤如图 3-179 所示。

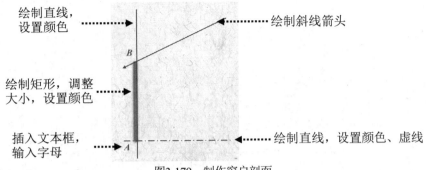

图3-179 制作窗户剖面

02 复制制作光线 按图 3-180 所示操作,复制一条平行的射线,调整射线的长短和位置,设置箭头的颜色为黄色。

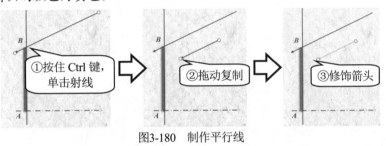

图3-180 制作平行线

> 为保证两条射线的倾斜角度相同,可利用已经制作好的射线,将其复制一份。复制对象可利用键盘上的 Ctrl 键,结合鼠标拖动对象来完成。

03 制作光线组 按图 3-181 所示操作,利用复制的方法再制作两条射线,完成光线组的制作,并制作好最下面与射线相接的水平点画线。

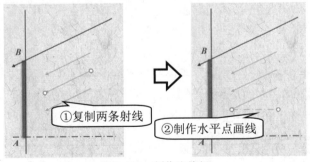

图3-181 制作光线组

04 制作小扇形 切换到"开始"选项卡,按图 3-182 所示操作,在幻灯片的空白处,利用"饼形"自选图形工具制作一个小角度扇形示意图。

05 制作角度图示 按图 3-183 所示操作,将小扇形移到夹角处,放大显示比例,微调扇形的位置(还可根据情况,调整小扇形的大小和角度)。

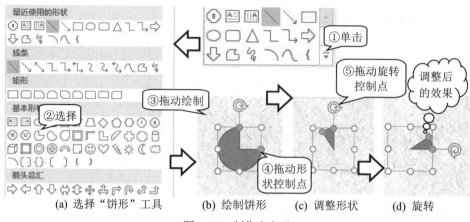

图3-182 制作小扇形

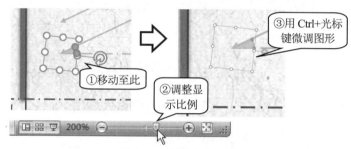

图3-183 制作角度图示

 一些细小的图示,在制作时可以利用显示比例先放大,再调整,这样可以调整得比较精准。调整结束后再还原显示比例。

06 修饰角度图示 双击小扇形,在"形状样式"组中利用 形状填充·按钮填充为淡灰色,用 形状轮廓·按钮设置蓝色边线颜色。

07 还原显示比例 单击"显示比例"工具条上的"使幻灯片适应当前窗口"按钮,还原显示比例。

08 制作α文本框 复制字母"A"文本框,选中字母"A",在"插入"选项卡中,按图3-184所示操作,修改字母"A"为"α",并将其颜色改为深红色。

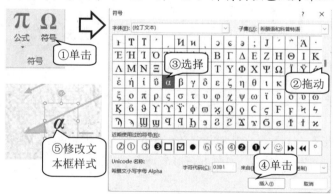

图3-184 制作α文本框

09 组合对象 同时选中光线组的 6 个对象,将它们组合成一个对象。

 除了拖动选中多个对象的方法,按住 Shift 键不放,依次单击需要多选的对象,也可以同时选中它们。

10 制作 β 角光线组 用类似的方法,在右边空白处制作 β 示意图,并将 β 示意图中的各个对象组合成一个对象,如图 3-185(a)所示。

11 制作 β 角平行射线 制作一个与 β 角平行的斜箭头,表示 β 角度的光线,操作步骤及效果如图 3-185(b)所示。

12 制作水平线 过 α 角和 β 角光线的交点作水平线条,交于 AB 墙面,并将 β 角示意图移到过 A 点光线的附近,与 α 角示意图重叠,效果如图 3-185(c)所示。

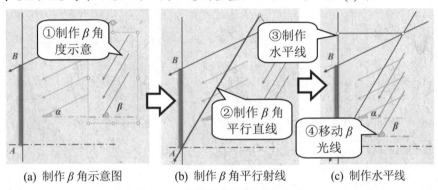

图3-185 制作β示意图的其他部分

13 绘制直角三角形 单击打开"开始"选项卡,按图 3-186 所示操作,绘制一个直角三角形。

图3-186 绘制直角三角形

14 翻转直角三角形 双击直角三角形,按图 3-187(a)所示操作,垂直翻转直角三角形。

15 精确设置三角形大小 在工具栏右端的"大小"框中,设置直角三角形的高度和宽度值,精确设置其大小,如图 3-187(b)所示。

16 去掉轮廓线 在"形状样式"组中,按图 3-187(c)所示操作,去掉三角形的轮廓线。

17 设置填充颜色 在"形状样式"组中,按图 3-188 所示操作,填充颜色为半透明淡绿色。

18 调整三角形位置 利用"Ctrl+方向键"的方法微调直角三角形的位置,使其重合在示意图的墙面直线和 α 角光线处。如果大小不合适,还需要反复进行图 3-187(b)所示的大小调整操作。

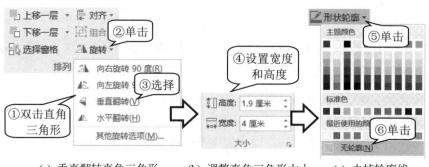

图3-187 调整直角三角形

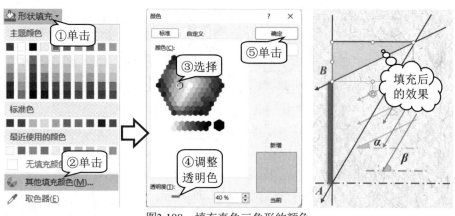

图3-188 填充直角三角形的颜色

19 制作图注文本框 利用文本框 A 复制制作 C、D 文本框,并调整好位置。

20 制作返回按钮 同制作封面导航按钮的方法一样,制作"返回"按钮,调整其大小,拖到幻灯片的右下角,从而完成本幻灯片的制作。制作好的幻灯片效果如图 3-166 右图所示。

21 保存课件 按 Ctrl+S 键,保存修改的结果。

3.6.3 设计课件动画

本课件中使用了许多自定义动画,除一些装饰性的动画(如封面),主要都是为了课堂讲解而设,是按需分步展示幻灯片内容的,尤其是分析示意图,通过逐步分析展示,使学生对设计遮阳篷的数学建模过程有更透彻的理解。下面以第 7 张幻灯片为例,介绍示意图部分的动画设置。动画分步展示的效果如图 3-189 所示。

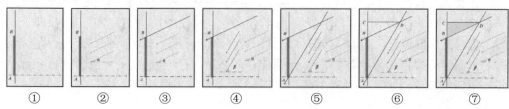

图3-189 动画的展示过程

各步含义是：①显示窗、墙示意及 A、B 两点；②展示 α 角光线；③闪烁 B 点，并过 B 点作射线；④α 角光线移到右边，显示 β 角光线；⑤闪烁 A 点，过 A 点作射线，并显示两条射线交点 D；⑥过 D 点作 AB 垂线交于 C 点；⑦显示遮阳篷的大小。

■ 制作墙和窗的动画

墙和窗的动画效果是：墙、窗、水平辅助线和 A、B 文本框这几个对象同时出现，以渐变效果呈现。

01 同时选中对象　切换到第 7 张幻灯片，按住 Shift 键不放，依次单击窗、墙、水平虚线及 A、B 文本框，同时选中这些对象，如图 3-190(a)所示。

先同时选中多个对象，再设置自定义动画，放映时，这些对象将会同时采用同一种动画效果放映出来。

02 设置进入动画效果　选择"动画"→"添加动画"命令，按图 3-190(b)所示操作，给刚才选中的多个对象设置"淡入"动画效果。

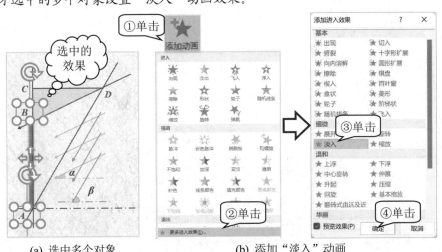

(a) 选中多个对象　　　　(b) 添加"淡入"动画

图3-190　设置动画效果

03 设置 α 角光线动画效果　单击选中 α 角光线的组合对象，也为 α 角光线组设置"淡入"的动画效果。

■ 制作过 B 点射线动画

先针对图注 B 文本框，为其设置强调动画效果，同时播放声音进一步强调，最后显示通过 B 点的射线。

01 设置强调动画　选中文本框 B，按图 3-191 所示操作，为其添加"强调"类型的"彩色延伸"自定义动画，以强调 B 点。

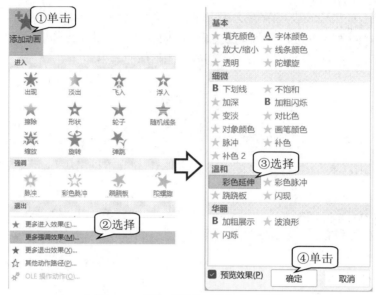

图3-191 添加"彩色延伸"动画效果

02 设置播放选项 在右边的"自定义动画"窗格中按图3-192所示操作,为B文本框添加"风铃"声音效果,并设置播放后还原颜色效果。

图3-192 设置播放选项

03 设置射线动画 选中过B点的射线DB,按图3-193所示操作,为其设置"擦除"动画效果,修改擦除的方向为"自右侧",模拟光线自右向左射到B点。

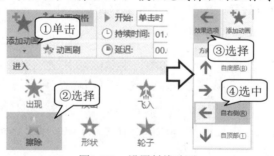

图3-193 设置射线动画

04 设置路径动画 再次选中 α 角光线的组合对象，按图 3-194(a)所示操作，为其设置"向右"的路径动画。

05 调整路径动画 放映幻灯片，可以看到 α 角光线的组合对象向右移动，但是该路径动画运动轨迹过长，致使组合对象移到画面外。退出放映，按图 3-194(b)所示操作，缩短路径动画的运动轨迹，使其不致移动过多。

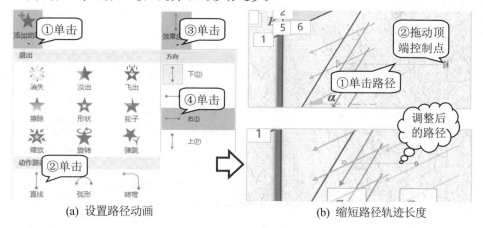

(a) 设置路径动画　　　　　　　　(b) 缩短路径轨迹长度

图3-194　设置并调整路径动画

06 设置动画 按表 3-6 所列的对象进行相应设置，完成该幻灯片自定义动画的设置。

表3-6　幻灯片上其他对象的动画设置

序号	对象	动画类型	动画效果	开始	方向或选项	速度
1	β 角光线组合对象	进入	渐变	单击	—	快速
2	文本框 A	强调	彩色延伸	单击	加"风铃"声	快速
3	射线 DA	进入	擦除	单击	自右侧	快速
4	文本框 D	进入	切入	单击	自右侧	非常快
5	直线 DC	进入	擦除	单击	自右侧	快速
6	文本框 C	进入	渐入	之后	—	快速
7	直角三角形	进入	渐变	单击	—	非常快

07 测试课件 播放幻灯片，观察放映效果，不断修改，并保存所做的修改。

3.6.4　完善课件目录

本课件的第 1 张幻灯片是封面和目录的二合一幻灯片，其中有 5 个按钮，用来实现课件的目录功能。目录功能可通过 PowerPoint 的"超链接"或"动作设置"功能来实现。需要注意的是，除要完成从目录跳转到相应幻灯片的功能，还要在该部分内容演示完之后能返回目录。

跟我学

■ 制作目录超链接

对目录中的按钮设置超链接,可以达到从课件目录幻灯片跳转到相应的内容幻灯片的目的,增加操作的便捷性。

01 设置"动作设置" 切换到第 1 张幻灯片,单击"课题"文本框的边框,选中该文本框,按图 3-195 所示操作,为其设置链接到第 2 张幻灯片的动作设置。

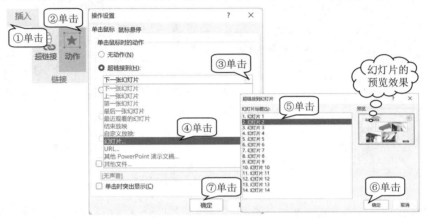

图3-195 设置"动作设置"

02 完成目录超链接 用类似的方法,完成其他 4 个文本框的动作设置,使单击它们能分别链接到第 4、10、12、13 张幻灯片。

■ 制作返回超链接

为了完善整个课件的跳转结构,从目录跳转到内容幻灯片后,还要在内容幻灯片播放完毕,实现从内容返回目录的功能。

01 设置返回超链接 切换到第 3 张幻灯片,选中"返回"文本框,选择"插入"选项卡中的"超链接"按钮,再按图 3-196 所示操作,设置超级链接,使单击"返回"按钮能返回第 1 张目录幻灯片。

图3-196 设置返回超链接

02 完成所有返回链接　用类似的方法完成所有需要返回目录的超链接设置。
03 保存课件　单击"保存"按钮，保存修改的结果。

3.7　小结和习题

3.7.1　本章小结

本章通过一些具体实例，从制作添加课件内容、动画效果及交互效果等方面，对使用 PowerPoint 课件制作的基本知识和操作技巧进行了系统介绍。最后通过完整实例，从整体上把握课件的设计，进一步提高制作技巧。本章需要掌握的主要内容如下。

- **PowerPoint课件入门**：了解PowerPoint的使用界面、视图，以及有关幻灯片新建、增删、复制、移动等方面的基本知识和操作方法。
- **添加课件内容**：学会制作静态幻灯片上的素材添加方法，主要有文字的添加和设置，图形、图像的插入、调整、组合等；图表的添加；学会在课件中添加影片和声音等。另外，还要掌握幻灯片模板、背景的设置方法等。
- **美化课件效果**：学会设置课件版式、美化课件元素，巧用幻灯片母版，掌握美化课件幻灯片的方法和技巧，让课件更美观，并形成独特的风格，从而提高课件制作质量，增强学生的学习兴趣。
- **设置课件动画效果**：熟练利用"自定义动画"制作具有动态效果的课件，利用"幻灯片切换"功能设置幻灯片之间的过场动画。
- **控制课件交互**：熟练利用"动作设置"和"超链接"制作非线性播放的课件，能按照教学需要快速便捷地展示教学内容，辅助教学。
- **制作课件实例**：通过制作一个完整的动画实例，进一步掌握利用PowerPoint软件制作课件的各种操作方法和技巧。

3.7.2　强化练习

一、填空题

1. PowerPoint 的常规视图工作界面中有 3 个常用窗格，它们分别是＿＿＿＿＿、＿＿＿＿＿、＿＿＿＿＿。
2. PowerPoint 的工作界面中有4种视图，它们分别是＿＿＿＿＿、＿＿＿＿＿、＿＿＿＿＿、＿＿＿＿＿。
3. 放映课件时，当鼠标指针指向某个具有单击超链接的对象时，就会变成＿＿＿＿＿，如果单击，就会＿＿＿＿＿。
4. 课件中使用的超链接是在＿＿＿＿＿而不是在创建幻灯片时起作用的。
5. 制作成功的幻灯片，为了以后打开时自动播放，在制作完成后的另存为格式为＿＿＿＿＿。

二、选择题

1. 在 PowerPoint 中，用于保存课件的工具按钮是(　　)。
   A. 💾　　　　　B. ↶　　　　　C. ⟳　　　　　D. 📂
2. 在 PowerPoint 中，如果给课件选择主题，则应选择的功能区是(　　)。
   A. 开始　　　　B. 视图　　　　C. 动画　　　　D. 设计
3. 在同一课件中，要复制和删除幻灯片，最适合操作的视图是(　　)。
   A. 普通视图　　　　　　　　　B. 幻灯片浏览视图
   C. 幻灯片放映视图　　　　　　D. 阅读视图
4. 若要在课件中输入符号，可以选择"插入"菜单中的(　　)按钮。
   A. 符号　　　　B. 特殊符号　　C. 批注　　　　D. 文本框
5. 若要给自定义动画配上声音，则应使用的菜单命令是(　　)。
   A. 单击"开始"　　　　　　　 B. "现实高级日程表"
   C. "计时"　　　　　　　　　 D. "效果选项"
6. 在 PowerPoint 中，幻灯片上的对象设置的动画，也称为(　　)。
   A. 片间动画　　B. 片内动画　　C. 动画　　　　D. 切换
7. 制作一个对象沿着一个曲线运动，可选择自定义动画的动画类型是(　　)。
   A. 进入效果　　B. 强调效果　　C. 退出效果　　D. 动作路径
8. 为便于整体控制，当幻灯片上的细小对象较多时，可以将对象按需要进行(　　)。
   A. 组合　　　　B. 取消组合　　C. 修饰　　　　D. 排列
9. 在放映课件时，能直接跳转到放映某张幻灯片的键盘操作是(　　)。
   A. 空格键或向右、向下光标键　　B. 退格键或向左、向上光标键
   C. 数字编号+Enter键　　　　　　D. Esc键
10. 用 PowerPoint 制作课件，下列说法中错误的是(　　)。
    A. 设置了动作设置或超链接后，不可以删除
    B. 动作设置不仅可以设置单击鼠标左键时交互，还可以设置鼠标移过时交互
    C. 动作设置不仅可以链接到其他课件中的幻灯片，还可以链接到其他应用程序
    D. 动作按钮实际上是带有超链接的形状
11. 用 PowerPoint 制作课件的步骤是(　　)。
    ①美化课件和设置动画效果　②设计提纲　③放映调整　④制作幻灯片
    A. ①②③④　　B. ②①④③　　C. ②③④①　　D. ②④①③
12. 微调某个对象，使用的组合键是(　　)。
    A. Alt+方向键　B. Ctrl+方向键　C. Shift+方向键　D. 空格键+方向键

三、判断题

1. 在 PowerPoint 中输入文字必须首先插入文本框。　　　　　　　　　　　　(　　)
2. PowerPoint 功能区按钮是根据不同的选项卡进行切换的。　　　　　　　　(　　)
3. 在幻灯片浏览视图中双击某张幻灯片，可以直接切换到普通视图。　　　　(　　)
4. 课件中所有幻灯片的背景都是一样的，不能改变部分幻灯片的背景。　　　(　　)

5. 双击艺术字对象,功能区会自动切换到与艺术字相关的"格式"功能。　　　　(　　)
6. 当将课件复制到另一台计算机上使用时,需要将声音、视频文件随课件一起复制,并放置在同一个文件夹中。　　　　　　　　　　　　　　　　　　　　　　　　　(　　)
7. 若要移动文本框,可以通过拖动文本框的外边框处(非控制点)来实现。　　　(　　)
8. 自定义动画的速度一旦设定,将不能改变。　　　　　　　　　　　　　　　(　　)

第4章　Flash动画型课件制作实例

　　Flash 是一款非常著名的动画制作软件，它操作简便、易学，而且功能强大，利用它可以制作出界面美观、动静结合、声形并茂、交互方便的多媒体 CAI 课件，是物理、化学、地理、生物等学科教学的有力助手。同时 Flash 所制作的动画有着良好的兼容性，可以很方便地被 PowerPoint、电子白板等其他课件制作工具调用，因而受到越来越多教师的喜爱。

■ 本章内容
- Flash 基础知识
- 添加课件内容
- 制作课件动画
- 设置课件交互
- 制作课件实例

4.1 Flash基础知识

Flash 课件专指由 Flash 软件制作的课件，Adobe Flash Professional CS6 中文版比以往版本新增了一些功能，如文本布局、专业视频工具、骨骼工具等。若要使用 Flash，需先熟悉和了解 Flash 的工作环境、基本功能，并掌握其基本知识，为课件制作打好基础。

基础知识

4.1.1 Flash使用界面

单击"开始"按钮，在程序列表中选择 Adobe Flash Professional CS6 命令，运行 Flash 软件，进入如图 4-1 所示的 Flash 使用界面。

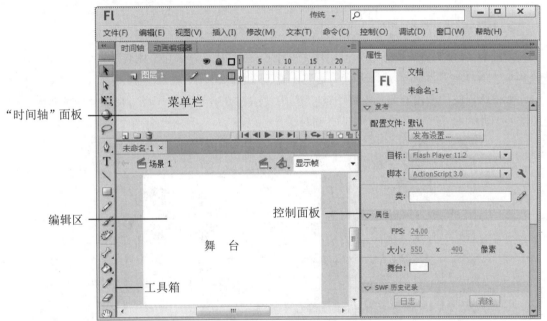

图4-1　Flash使用界面

1. 菜单栏

"菜单栏"位于工作界面的最上方，其中包含了 Flash 的所有菜单命令、关键字搜索及控制按钮等，提供了动画、传统、调试、设计人员、开发人员、基本功能及小屏幕等不同组合的工作区。其中的"传统"模式继承了以前版本的风格，Flash 的老用户可能更习惯这种模式。

2. 工具箱

"工具箱"提供了一些常用的命令，其中包含绘画工具、文本工具、编辑工具等，如图 4-2 所示，用这些工具可以进行绘图、选取、喷涂、修改及编排文字等操作。工具箱可以根据需要调整大小和位置。用户可通过选择"窗口"→"工具"命令打开或关闭工具箱。

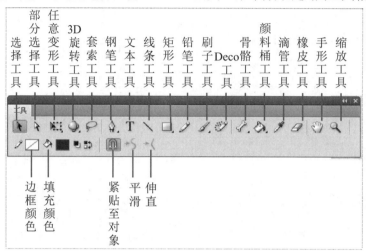

图4-2 "绘图"工具箱

3. 控制面板

控制面板(以下简称"面板")主要用于帮助用户查看、组织和编辑各类对象，通过面板上的各个选项控制元件、实例、颜色、类型、帧等对象的特征。

如果所需的面板没有显示，可通过"窗口"菜单中的命令打开，也可将某个控制面板关闭，如图4-3所示为"属性"面板和"库"面板。

图4-3 "属性"面板和"库"面板

4. 编辑区

"编辑区"是制作动画的工作区域，可进行多场景管理，包括工作区(舞台四周的灰色区域)和舞台，如图4-4所示。舞台是创作动画中各帧内容的区域，可以在其中直接绘制图形或导入图片等。

5. "时间轴"面板

"时间轴"面板是 Flash 进行动画创作和编辑的重要工具，默认状态下位于编辑区上方。用它可以查看每一层中每一帧的内容、调整动画播放的速度、编辑帧的内容、改变帧与帧之间的关系等，如图 4-5 所示。

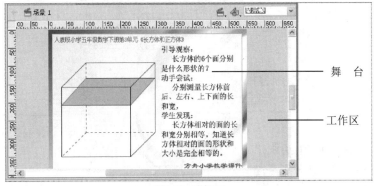

图4-4　编辑区

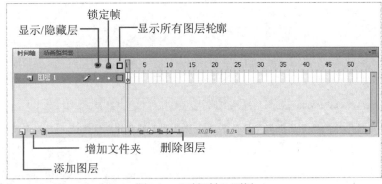

图4-5　"时间轴"面板

4.1.2　Flash基本操作

在制作 Flash 课件过程中，需要经常对图层、帧、元件和场景等进行操作，因此掌握这些概念和基本操作方法是制作 Flash 课件的基础。

1．图层

图层是"时间轴"面板上重要的组成部分，通过图层可以制作结构复杂的课件。在制作课件过程中，可以根据需要对图层进行重命名、新建、删除、移动、锁定和隐藏等操作。

● 重命名图层：按图4-6所示操作，将"图层1"重命名为"背景"。

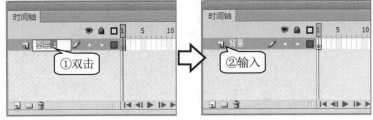

图4-6　重命名图层

- 新建图层：按图4-7所示操作，反复操作3次，在"背景"图层上方添加3个新图层。

图4-7　新建图层

- 删除图层：按图4-8所示操作，选中并删除"标题"图层。

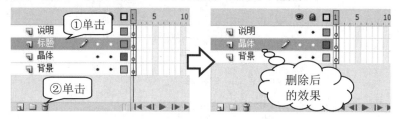

图4-8　删除图层

- 移动图层：按图4-9所示操作，将图层"说明"移到图层"晶体"的下方。

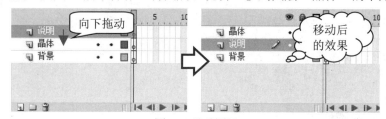

图4-9　移动图层

- 锁定图层：按图4-10所示操作，锁定"说明"图层，使该图层中的内容不可编辑。

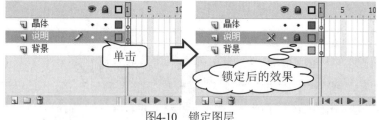

图4-10　锁定图层

图层被锁定后，舞台上位于该图层中的对象也被锁定，无法被选中，也无法进行移动和编辑。若要解除锁定，单击图层名后的 按钮即可。

- 隐藏图层：按图4-11所示操作，隐藏"说明"图层，使该图层中的内容不可见。

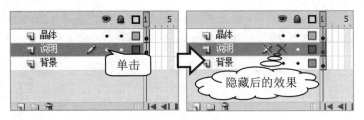

图4-11 隐藏图层

2. 帧

Flash 课件从前往后播放的过程,其实就是一幅幅画面按次序展示的过程。这一幅幅单个的画面被称作"帧"。在制作过程中,可以根据需要对帧进行添加、选择、删除、移动等操作。

- 添加帧:按图4-12所示操作,在"动画"图层的第10帧处插入关键帧,在"背景"图层的第10帧处插入普通帧。

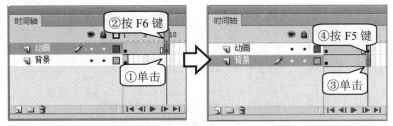

图4-12 添加帧

- 选择帧:按图4-13所示操作,可以选择时间轴上的一个帧或连续多个帧。

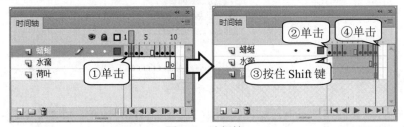

图4-13 选择帧

- 删除帧:按图4-14所示操作,删除"荷叶"图层第11～20帧。

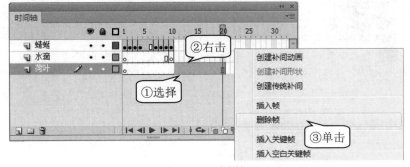

图4-14 删除帧

"删除帧"是将时间轴上某些帧删除,在删除帧的同时,与该帧对应的舞台上的内容也被删除;"清除帧"则是只清除所选帧的舞台内容,原帧变为空帧。

- 移动帧:按图4-15所示操作,将图层"水滴"第20帧移到第11帧位置。

3. 元件

制作 Flash 课件常用的图像、按钮、声音和视频等素材,大多是以"元件"的形式存储在文档中,

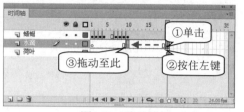

图4-15 移动帧

而 Flash 软件中的"库"则是专门管理这些素材的工具。在"库"面板中显示了文档的各种元件,可以对这些素材进行增删、分类和命名等操作。

- 新建元件:选择"插入"→"新建元件"命令,按图4-16所示操作,新建一个"矩形"图形元件。

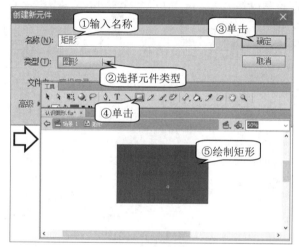

图4-16 新建元件

- 转换元件:元件还可以通过转换来创建,按图4-17所示操作,在舞台绘制一个正方形,可将正方形转换为元件。

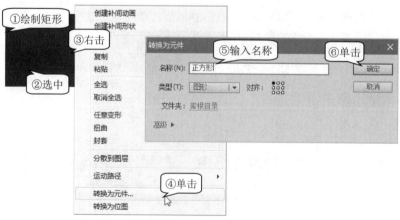

图4-17 转换元件

- 编辑元件：按图4-18所示操作，编辑"库"面板中的元件。

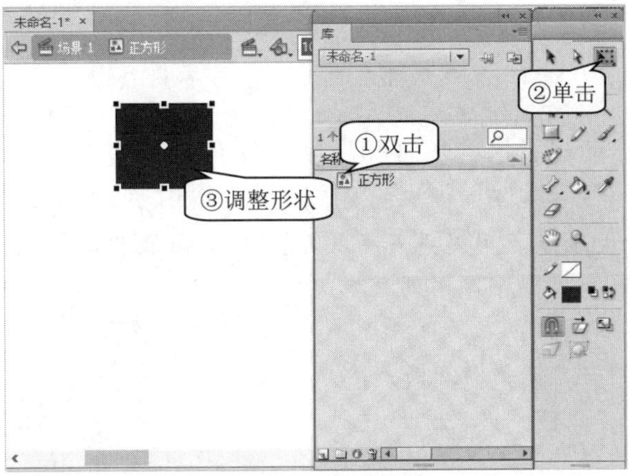

图4-18 编辑元件

4. 实例

创建好的元件可以在"库"面板中查看，在制作课件时，若要反复使用这些元件，只需将元件拖入舞台，其中的对象被称为实例。一个元件可以反复使用，拖入舞台中可形成多个实例。当改变实例的内容属性时，元件不变；当修改元件的内容属性时，所有的实例随之改变。

- 创建实例：打开"库"面板，按图4-19所示操作，在舞台上创建一个实例。

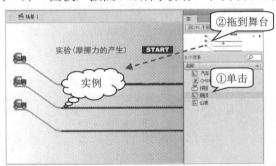

图4-19 创建实例

- 调整实例：按图4-20所示操作，设置Alpha值，调整舞台上一个实例的透明度。

图4-20 调整实例

修改某元件的属性后,场景中所有与该元件相关的实例都会一起被修改。

5. 场景

场景是动画角色活动与表演的场合和环境,在 Flash 课件中可以用来表现活动过程中不同的阶段和环节。一个课件可以由一个场景组成,也可以由多个场景组成,每个场景独立,还可以通过交互设置在不同场景之间实现跳转。新建的 Flash 课件默认只有一个场景,在制作结构复杂的课件时,可以根据需要添加和删除场景,这样能使课件结构更清晰。

- 重命名场景:打开"场景"面板,按图4-21所示操作,修改场景名称为"封面"。
- 添加场景:按图4-22所示操作,添加一个新场景并重新命名为"内容"。

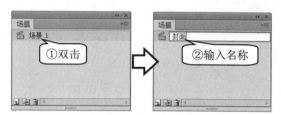

图4-21 重命名场景

图4-22 添加场景

- 删除场景:按图4-23所示操作,删除"场景3"。

图4-23 删除场景

- 复制场景:按图4-24所示操作,复制一个新场景并重新命名为"导入"。

图4-24 复制场景

 如果要制作的两个场景内容类似,可以采用复制场景的方式制作,因为在复制场景时,场景中的内容也会一起被复制。

- 移动场景：按图4-25所示操作，移动场景位置。

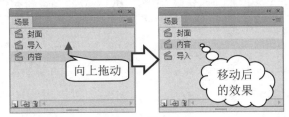

图4-25　移动场景

1. 图层的概念

图层可以被看作是一张张透明的胶片，每张胶片上都有不同的内容。因为图层中空白的地方是完全透明的，加之图层间完全独立互不影响，所以在一个图层上绘制和编辑对象时不会影响其他图层上的内容。通过特定的次序将多个图层叠在一起就能组成比较复杂的画面。图层间有序叠放的效果如图 4-26 所示。

- 图层层次：上面一层会遮住下面一层中相同位置的内容。
- 图层操作：图层有插入、重命名、移动、删除、隐藏、锁定等操作。
- 图层种类：包括普通图层、引导层、遮罩层等图层。

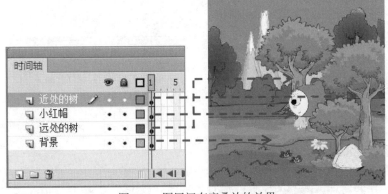

图4-26　图层间有序叠放的效果

2. 帧的类型

"帧"是 Flash 动画制作的基本单位，有空帧、关键帧、普通帧和过渡帧之分。

- 空帧：如图4-27所示，空帧在时间轴上就是一个个方格，表示图层中动画的结束。
- 关键帧：关键帧是制作课件时非常重要的帧，是用来定义动画变化、状态更改的帧，通过关键帧可控制一段动画的开始和结束。如图4-28所示，有内容的关键帧用黑色实心圆表示，没有内容的关键帧用空心圆表示，也称为空白关键帧。

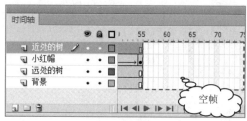

图4-27　空帧　　　　　　　　　　图4-28　关键帧

- 普通帧：普通帧也称为静态帧，用于延长前面一帧的播放时间。在关键帧后的普通帧为灰色，在空白关键帧后的普通帧为白色，如图4-29所示。

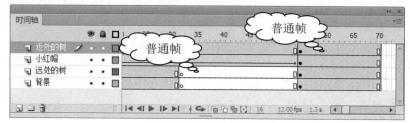

图4-29　普通帧

- 过渡帧：在两个关键帧之间，Flash自动完成渐变过渡画面的帧叫作过渡帧。利用Flash可处理两种类型的渐变：动作补间和形状补间，效果如图4-30所示。

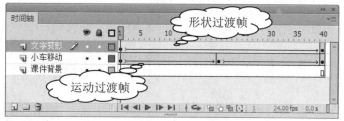

图4-30　过渡帧

4.1.3　Flash课件操作

用Flash制作的课件，其源文件不可脱离Flash软件环境单独运行，需要使用Flash软件打开源文件，播放测试课件。为便于教学，需要将作品输出为SWF、HTML、EXE等格式的文件，一般情况下，选择输出为SWF、EXE格式较多。

跟我学

01 运行软件　单击"开始"按钮，在程序列表中选择"程序"→Adobe Flash Professional CS6命令，运行Flash软件。

02 打开课件　选择"文件"→"打开"命令，按图4-31所示操作，打开课件源文件"背影.fla"。

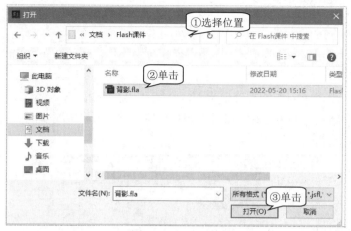

图4-31　打开课件

03 播放课件　选择"控制"→"测试影片"→"测试"命令(或按 Ctrl+Enter 键)，播放课件。

04 另存为课件　选择"文件"→"另存为"命令，打开"另存为"对话框，将课件另存为"长方形与正方形.fla"。

05 生成文件　选择"文件"→"发布设置"命令，弹出"发布设置"对话框，按图 4-32 所示操作，将课件输出为 SWF 文件格式。

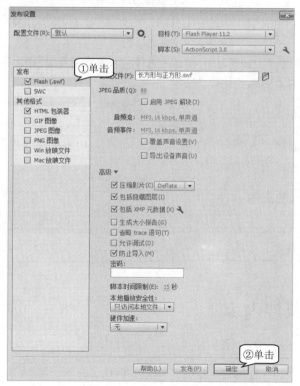

图4-32　设置输出的格式

1. 动画画面大小

动画画面大小以像素为单位来确定宽与高，默认状态下为 550px(像素)×400px(像素)，单击属性面板中该参数右边的 按钮，打开"文档设置"对话框，按图 4-33 所示操作，根据需要输入适当的数字，自定义画面尺寸。

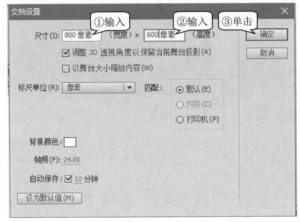

图4-33　设置文档属性

2. 动画画面背景

默认动画画面的背景颜色为白色，单击"属性"面板中"背景"选项后的 按钮，打开"颜色"对话框，可选择需要的颜色，作为课件的背景色。

3. 帧频

帧频也就是动画的播放速度，默认为24f/s(24 帧/秒)，可根据需要重新设置。帧频越大，动画的播放效果越好、越流畅。

4. 输出其他格式的文件

在发布动画文件时，如果选择"发布设置"对话框"类型"选项中的一个或多个选项，可同时将其发布为其他格式的文件。

4.2　添加课件内容

制作课件时会用到各种媒体，如文字、图形、图像、声音、视频等，但使用最多的媒体还是文本。本节将介绍如何在课件中组织和安排文字。

4.2.1 插入文字

制作多媒体 CAI 课件少不了文字，通过应用文字素材，可以展示教学过程，有效地表达教学思想，从而提高教学效果。

插入文字

实例1　背影

本实例是人教版八年级《语文》中"背影"的教学内容，通过为图片配以相关的文字制作课件封面，课件运行效果如图 4-34 所示。

图4-34　课件"背影"效果图

《背影》是一篇记叙文，表达了作者对父亲的思念，文字采用竖排的方式，字体颜色选择"朱红色"，在排版时注意基本规范，课题文字应比作者姓名文字略大。

跟我学

01 打开文件　运行 Flash 软件，打开 Flash 课件"背影(初).fla"。

02 输入文字　选择工具栏中的"文本"工具**T**，按图 4-35 所示操作，修改文本属性，并在舞台上添加文本框，输入标题文本"背影"。

图4-35　输入标题文字

03 修饰文字　按图 4-36 所示操作，使用"属性"面板设置标题文字的效果为"隶书、90磅、朱红色"。

图4-36 标题文字效果

04 输入其他文字 用同样的方法,在舞台上输入作者姓名,设置文字效果为"幼圆、40磅、黑色",并将文字拖到适当的位置。

05 测试动画 选择"控制"→"测试影片"→"测试"命令(或按 Ctrl+Enter 键),预览效果。

实例2 静夜思

本实例是一年级《语文》中"静夜思"的教学内容,主要讲解插入文本,规划版面布局,并给古诗赏析设置文本滚动条,通过拖动滚动条来拖动文本,效果如图 4-37 所示。

图4-37 课件"静夜思"效果图

制作此课件,需先将课件背景图片导入"库"面板,用于设置课件背景,然后插入 TLF 文本容器(一种特殊的文本框),可以实现大段文字在两个文本容器之间衔接"流动"。例如,让"古诗"和"注释"两个文本容器之间建立链接,实现自由控制,然后再添加"滚动条"组件到"赏析"文本容器中,实现拖动显示。

■ 添加和修饰文字

利用 TLF 文本工具在舞台上输入古诗和注释内容,然后根据要求对文字进行适当的修饰和美化。

01 打开文件 打开"素材"文件夹中的半成品文件"静夜思(初).fla"。

02 选择 TLF 文本 从工具箱中选择"文本"工具 T,按图 4-38 所示操作,绘制文本框。

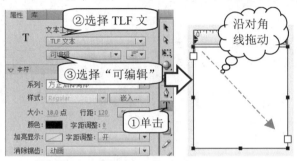

图4-38 选择TLF文本

03 输入内容 打开"《静夜思》诗文赏析.txt"素材文件,复制文字内容,粘贴到绘制的 TLF 文本框中。

04 设置格式 选定输入的内容,设置文字格式效果为"方正启体简体、16 点、行距 120%"等,如图 4-39 所示。

图4-39 设置文字格式

■ 串接TLF文本框

利用 TLF 文本属性,串接多个文本框,使文字可以在多个文本框之间"流动",方便课件排版布局。

01 分离文本框 单击文本容器右下角"田"字形的"出端口" 田,按图 4-40 所示操作,分离文本框。

除了可以单击文本容器"田"字形"出端口"增加容器,也可以先创建多个 TLF 文本,再建立它们之间的链接。

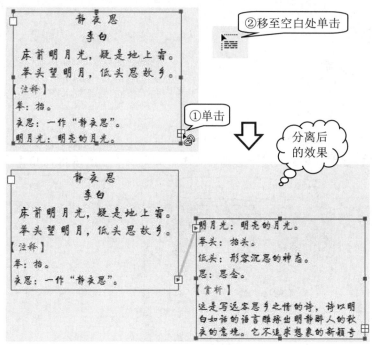

图4-40 分离文本框

02 **调整容器大小** 分离出两个文本容器后,再根据内容调整容器大小显示部分文本,效果如图 4-41 所示。

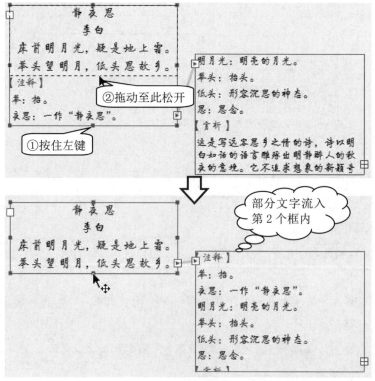

图4-41 调整容器大小

用TLF文本关联多个文本容器,使上一个容器中没有显示完的文本显示在当前容器中,并且随着文本容器大小的调整,文本会自动流动。

03 规划文本布局 按上述操作步骤,再将"赏析"文字内容分离到第3个容器,调整大小和位置,使文字布局更合理,效果如图4-42所示。

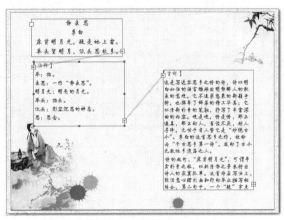

图4-42 规划文本布局

■ 添加滚动条

第3个文本容器中文字较多,无法完全显示,可选择"滚动条"组件与文本容器绑定在一起,实现拖动滚动条浏览。

01 选择滚动条组件 选择"窗口"→"组件"命令(或按Ctrl+F7键),打开"组件"面板,按图4-43所示操作,选择滚动条组件。

图4-43 选择滚动条组件

02 调整滚动条大小 选定舞台中的滚动条元件,在工具箱中选择"任意变形"工具,拖动尺寸控制点调整滚动条大小。

03 **绑定并测试滚动条** 拖动调整好的滚动条至文本容器右边缘，使其吸附到合适的位置再松开左键，按 Ctrl+Enter 键，测试动画，效果如图 4-44 所示。

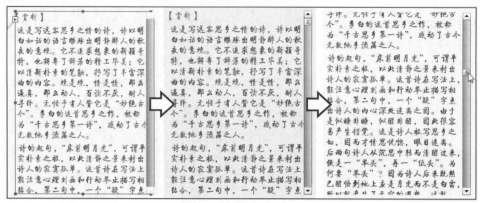

图4-44 绑定并测试滚动条

1. TLF文本"属性"面板

在使用 TLF 文本时，其"属性"面板会呈现 3 种模式，当选中工具栏中的工具时是一种模式；当文本处于输入状态时是一种模式；当整个文本处于选中状态时又是一种模式。

2. TLF文本类型

TLF 文本不同于传统文本，使用 TLF 文本可以设置课件运行时文字的读写性，有 3 种类型，分别是"只读""可选"和"可编辑"。

- 只读：当作为 SWF 文件发布时，文本无法选中或编辑。
- 可选：当作为 SWF 文件发布时，文本可以选中并可复制到剪贴板，但不可以编辑。对于 TLF 文本，此设置是默认设置。
- 可编辑：当作为 SWF 文件发布时，文本可以选中和编辑。

3. 编辑文本效果

在 Flash 中，除可以设置文本字体、字形、大小和颜色，还可以使用滤镜制作幻影、火焰等特殊文本效果，如图 4-45 所示，通过综合运用各种技术，根据自己的想象力，制作需要的文本效果。

图4-45 特殊文本效果

实例3　四季

本实例对应小学《语文》中"四季"的内容,该课件通过对标题文本的修饰,展示一年四季的丰富多彩,课件运行效果如图4-46所示。

图4-46　课件"四季"效果图

春天,万物萌发,使用发光效果;夏天,艳阳高照,使用投影效果;秋天,满目金黄,使用黄色填充;冬天,冰雪覆盖,使用冰雪字体;用文本效果突出意境。

跟我学

01　打开文件　运行Flash软件,打开课件"四季(初).fla"。

02　设置模糊效果　选中舞台上的文本"春",设置文本效果为"绿色、幼圆",按图4-47所示操作,设置"滤镜—模糊"为8像素。

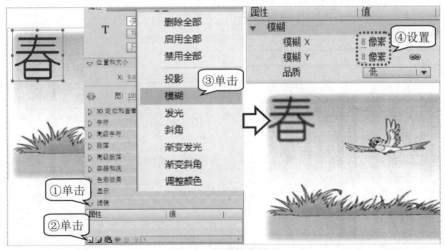

图4-47　设置模糊效果

03　设置投影效果　选中舞台上的文本"夏",使用上述方法,设置文本效果为"红色、楷体_GB2312""滤镜—投影"。

04　制作描边效果　选中舞台上的文本"秋",设置文本效果为"橙色、隶书、100点",再按图4-48所示操作,将文字效果设置为黑色"描边"。

05　制作冰雪字体效果　选中舞台上的文本"冬",设置文本效果为"白色、汉仪雪峰简体""滤镜—投影",设置字体效果。

图4-48 设置描边效果

06 转换位图 保持选定文字状态，选择"修改"→"转换为位图"命令，将"冬"转换为位图。

07 测试动画 按Ctrl+Enter键，测试影片，预览效果，保存文件。

 知识库

1. 安装字体

在Windows中安装字体的方法有多种，可以将下载的字体直接复制到字体文件夹中，依次选择"我的电脑"→"C盘"→Windows→Fonts命令，打开"字体"文件夹，将下载的字体复制进来即可；也可以直接双击字体文件，打开字体样式文件，会出现"打印"和"安装"按钮，单击"安装"按钮即可自动安装。

2. 分离文本

位图与文本都可以分离，分离后的文本与用绘图工具绘制出来的图形一样，成为矢量图，可以更方便地编辑，制作各种不同的效果。分离方法：选中文本，选择"修改"→"分离"命令，或者选中文本，按Ctrl+B键。

如果选中的是多个文本，要经过两次分离，需按两次Ctrl+B键，文本第一次会被分离为单个文本，单个文本再次分离会得到矢量图。

4.2.2 绘制图形

Flash中绘制的矢量图形由两部分组成：笔触线段和填充图形。笔触线段是绘制图形的轮廓线，填充图形是指图形内部的填充色。笔触线段与填充图形是相互独立的，因此可以轻松地修改或删除其中一部分而不会影响另一部分。

实例4 计算圆柱体表面积

绘制图形

本实例是北师大版小学《数学》六年级"圆柱体表面积的计算"中的教学内容，通过绘制图形，展示一个圆柱体，以及圆柱体展开的图形，由2个圆形底面和1个长方形侧面构成，课件效果如图4-49所示。

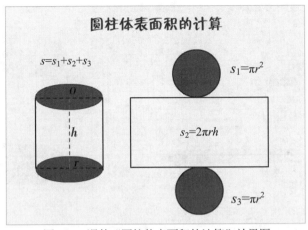

图4-49 课件"圆柱体表面积的计算"效果图

课件内容使用到文字、直线、矩形、椭圆形工具,此处使用椭圆形和矩形工具绘制图形时,需要选择线条色和填充色,使用直线工具时,需要通过直线的属性设置实线或虚线。

跟我学

01 打开文件 运行 Flash 软件,打开课件"圆柱体表面积的计算(初).fla"。

02 绘制椭圆 按图 4-50 所示操作,绘制一个填充色设为"红色"的椭圆。

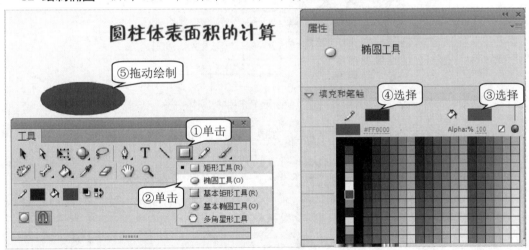

图4-50 绘制椭圆

03 复制图形 选中椭圆,复制椭圆作为圆柱体的另一个底面。

04 绘制直线 选择工具箱中的"直线"工具,按照图形样式绘制 2 条实线;再按图 4-51 所示操作,先设置直线样式,再拖动绘制 3 条虚线。

05 绘制矩形 选择工具箱中的"矩形"工具,按图 4-52 所示操作,设置填充颜色为无,再拖动绘制一个无填充色的矩形。

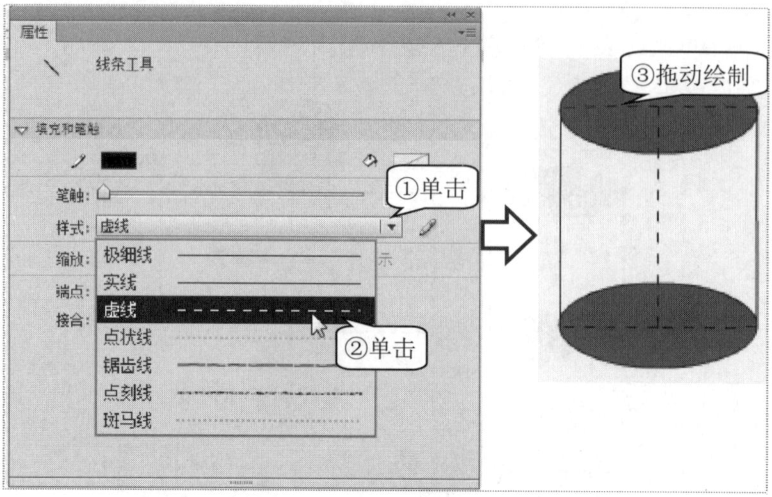

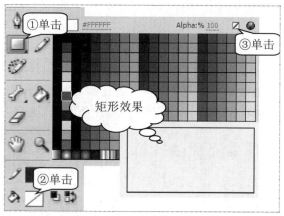

图4-51　绘制3条虚线

图4-52　绘制无填充色的矩形

06 **绘制圆形**　选择工具箱中的"椭圆"工具,按住Shift键,拖动鼠标,绘制出一个正圆,再复制出另一个正圆。

07 **添加文本**　选择工具箱中的"文本"工具,分别输入文本 $s_1=\pi r^2$,$s_2=2\pi rh$,并且设置文本的效果为"幼圆、20点、黑色"。

08 **测试动画**　按Ctrl+Enter键,预览效果,保存文件。

知识库

1. 辅助绘画工具

在Flash中,用户可以根据需要运用辅助绘图工具对图形进行编辑。常用的辅助绘图工具有"选取工具""部分选取工具""任意变形工具""套索工具""手形工具"和"缩放工具"等。

- 选取工具 ：用于选取操作对象。

- 部分选取工具：用于显示绘制对象的路径或路径的锚点，并可对锚点进行选择、删除、移动和调节曲线弯曲率等操作。
- 任意变形工具：用于转动和缩放对象。
- 套索工具：用于选定一个不规则的区域。
- 手形工具：在不改变舞台缩放比率的情况下，用于查看对象的不同部分。
- 缩放工具：用于缩小或放大视图，从而便于查看编辑操作。选择"缩放工具"，在工具箱下方将出现"放大"和"缩小"两个选项。

2. 颜色基础知识

无论何种颜色，都是由 3 种最基本的颜色按一定比例合成的，这 3 种颜色叫三原色，分别是红、绿、蓝，英文分别是 red、green 和 blue，用字母简写合并在一起就是 RGB。每种原色的强度都可以用一个数值来表示，范围 0～255 的整数，共 256 种，例如，当 3 种颜色的值都是 255 时，会合成白色；当 3 种颜色的值都是 0 时，会合成黑色。

实例 5　制取乙炔

本实例对应高中《化学》"烃"中"乙炔炔烃"的内容，课件运行效果如图 4-53 所示。该课件通过电石与水发生反应的装置图，展示乙炔制取的特点。

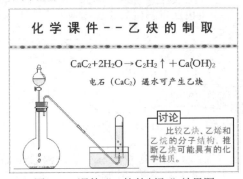

图4-53　课件"乙炔的制取"效果图

本实例通过使用"椭圆"工具、"矩形"工具、"选取"工具、"墨水瓶"工具、"颜料桶"工具和"线条"工具等，绘制组成化学仪器的各部件，再将各部件组成基本图形，然后通过变形、填充颜色等编辑完成化学装置图的绘制，最后输入文字。

跟我学

01 **绘制圆形**　新建空白文件，选择"视图"→"网格"→"显示网格"命令，显示出网格方便绘图，按图 4-54 所示操作，绘制一个圆形。

02 **绘制烧瓶**　按图 4-55 所示操作，分别绘制 2 个矩形和 2 条直线，根据烧瓶样式，选择并删除多余线条，然后对绘制好的烧瓶进行调整。

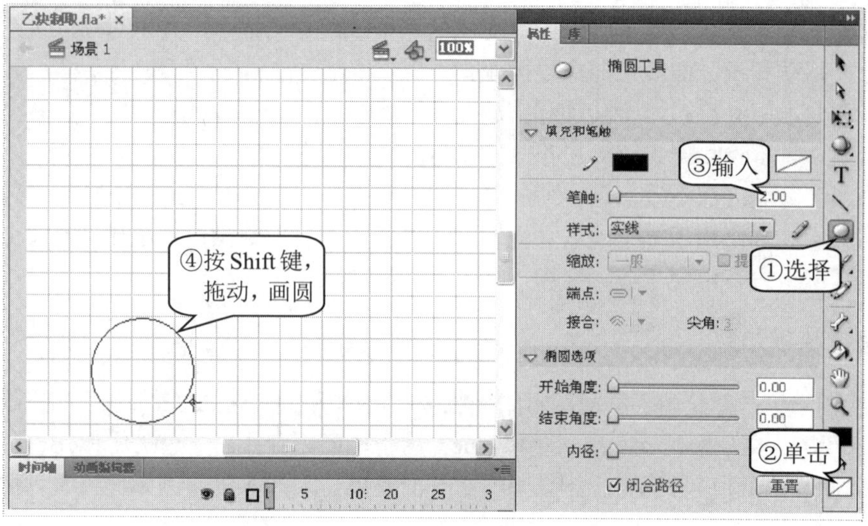

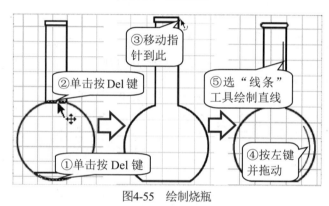

图4-54 绘制圆形

图4-55 绘制烧瓶

03 组合图形 单击"选取"工具 ,选中所有对象,按 Ctrl+G 键,将其组合成一个图形对象。

04 绘制瓶塞 按图 4-56 所示操作,选择"矩形"工具 ,绘制一个矩形表示瓶塞,再调整为梯形。

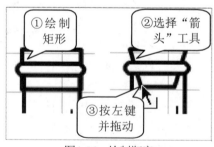

图4-56 绘制瓶塞

05 填充颜色 按图 4-57 所示操作,给瓶塞填充颜色(灰色亮度渐变)。

06 完善课件 使用上述方法,完成其他实验器材的绘制,并使用文本工具输入相关文本,调整好位置后,按 Ctrl+Enter 键,预览效果,保存文件。

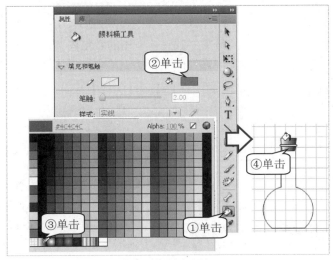

图4-57 填充颜色

1. 改变图形形状

当鼠标指针移至图形的顶点处时,指针会变为 形状,拖动鼠标可以移动顶点的位置;当鼠标指针移动到图形的线段处时,指针会变为 形状,拖动鼠标可以改变线段的弯曲程度;当按住 Ctrl 键,同时拖动鼠标时,可以创建一个新顶点,若两个顶点重合,则自动删除其中一个顶点,保留另一个顶点,如图 4-58 所示。

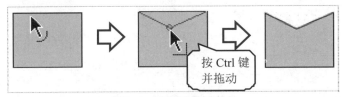

图4-58 为图形增加顶点

2. 旋转图形

若要在 Flash 中实现图形的旋转,可单击工具箱中的"任意变形"工具 ,或者选择"修改"→"变形"→"任意变形"命令,通过调整图形的控制柄进行旋转;若要对图形进行精确旋转,则可选择"修改"→"变形"→"缩放和旋转"命令,按图 4-59 所示操作,在"缩放和旋转"对话框中输入所需的旋转数值即可。

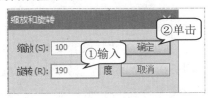

图4-59 设置旋转参数

实例6 找规律

本实例是人教版小学《数学》一年级"找规律"中的教学内容，课件通过水果、树木、花朵等图案的不同排列方式，让学生发现事物中隐含的简单规律，体会规律带来的美感，效果如图4-60所示。

图4-60 课件"找规律"效果图

本实例通过水果、树苗、花朵等图片，以及对三角形图形的复制、翻转、对齐排列等一系列操作，产生有规律或没有规律的图案序列。

跟我学

01 打开文件　启动 Flash 软件，打开课件"找规律(初).fla"。

02 调用元件　打开"库"面板，按图 4-61 所示操作，分别拖动"西瓜""桃子""胡萝卜"及"葡萄"图形元件到舞台。

图4-61 调用元件

03 复制图片　按住 Shift 键，分别单击舞台上的"西瓜""桃子""胡萝卜""葡萄"4 张图片，选择"编辑"→"复制"命令，再选择"编辑"→"粘贴"命令，将原先的 4 张图片复制一份，并拖到合适的位置。

04 对齐排列图片　选中 8 张图片，选择"窗口"→"对齐"命令，打开"对齐"面板，按图 4-62 所示操作，将图形设置为顶对齐与水平居中分布。

05 制作树木序列　用同样的方法，拖动两棵小树和一棵大树到舞台上，复制两份，并使用"对齐"面板，将图形设置为底对齐与水平居中分布，如图 4-63 所示。

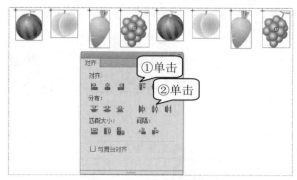

图4-62 对齐排列图片

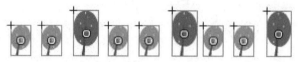

图4-63 制作树木序列

06 翻转图片 同时选中第2、5、8棵小树,选择"修改"→"变形"→"水平翻转"命令,将小树水平翻转。

07 制作其他图形序列 用同样的方法,制作另两排图形序列,效果如图4-60右图所示。

08 测试动画 按Ctrl+Enter键,预览效果,保存文件。

实例7 小马过河

本实例是小学《语文》中"小马过河"的内容,通过小马只听别人的话到亲自尝试,用故事讲解道理,利用课件呈现出"马在说话的同时前蹄在踏步"的动画,效果如图4-64所示。

图4-64 课件"小马过河"效果图

小马过河中的场景与角色都可以先做成元件,其中场景是静态的,可以做成图形元件,而马妈妈、小马、老牛等动态的对象需要做成影片剪辑。

跟我学

01 打开文件 运行Flash软件,打开课件"小马过河(初).fla"。

02 新建元件 选择"插入"→"新建元件"命令,弹出"创建新元件"对话框,按图4-65所示操作,建立"马妈妈"影片剪辑。

03 调用元件 选中图层 1 的第 1 帧,将库中的"图片 1"元件拖到舞台上。

04 插入关键帧 按图 4-66 所示操作,在时间轴的第 5 帧处插入关键帧。

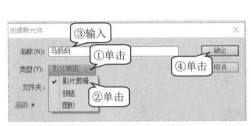

图4-65 新建影片剪辑

图4-66 插入关键帧

05 修改关键帧 单击"动画"层第 2 帧,按图 4-67 所示操作,将图像"图片 1"替换为"图片 2"。

图4-67 修改关键帧

通过变换元件或位图的方式修改关键帧,能够更好地保证元件或位图的位置不会偏移,以免影响动画实现的效果。

06 插入普通帧 选中图层 1 的第 10 帧,按 F5 键,插入普通帧。

07 完成创建 单击舞台区的场景 1 标签,完成影片剪辑的创建;按照相同的方法,制作完成小马、老牛影片剪辑元件。

08 测试动画 按 Ctrl+Enter 键,预览效果,保存文件。

知识库

1. 对齐类型

使用"对齐"面板可以设置舞台上对象的对齐方式,选择"窗口"→"对齐"命令,可以显示"对齐"面板,具体包括以下功能。

- 对齐:对齐组中包括6个命令,分为水平对齐和垂直对齐两类,水平方向包括"左对齐""水平中齐"与"右对齐"3种,垂直方向包括"上对齐""垂直中齐"和"底对齐"3种。

- 分布：分布组包括6个命令，分为垂直分布和水平分布两类，垂直分布包括"顶部分布""垂直中间分布"与"底部分布"3种，水平分布包括"左侧分布""水平中间分布"与"右侧分布"3种。
- 匹配大小：匹配大小组中包括3个命令，分别为"匹配宽度""匹配高度"与"匹配宽与高"。
- 间隔：间隔组包括两个命令，分别为"垂直平均间隔"和"水平平均间隔"。
- 与舞台对齐：选中"与舞台对齐"时，所有的对齐操作将以场景的大小为基准；而在未选定状态下，也就是默认状态下，则是以对象本身为基准进行操作。

2. "任意变形"工具

"任意变形"工具 用于对图形进行缩放、旋转、倾斜、翻转、透视、封套等变形操作，变形的对象既可以是矢量图，也可以是位图或文字。当选择"任意变形"工具后，选项框中出现以下选项。

- 旋转与倾斜：单击该按钮，拖动对象外框上的控制柄可对对象进行旋转和变形。
- 缩放：单击该按钮，拖动4个角上的双向箭头，可按比例改变对象的大小。
- 扭曲：单击该按钮，拖动对象外框上的控制柄，可对对象进行扭曲变形。
- 封套：单击该按钮，对象周围出现很多控制柄，拖动控制柄可对对象进行更细微的变形。

4.2.3 导入图片

除了文字，课件中使用最多的素材就是图片，它可以省去过多的表达文字，且能更好地表达主题，使学生对教学内容更易理解。

若制作一个复杂的 Flash 动画，全部使用绘制的矢量图形是很浪费时间的，对于动画制作来说，外部图像素材的获取更方便，表现力更丰富。Flash 可以导入 JPEG、PSD、PNG、GIF、WMF、EPS 等多种格式的图形图像。

导入素材

实例8　古代手工业的进步

本例是人教版高中《历史》必修二"古代手工业的进步"中的教学内容，通过展示大量青铜器、陶器、瓷器等图片，体会中国先进的古代手工业技术，课件运行效果如图 4-68 所示。

制作时，通过适当的方式采集一些图片后，即可导入 Flash 课件中，这些图片将作为元件存放在"库"面板中，当需要时，再从"库"面板中拖到舞台上。

图4-68　课件"古代手工业的进步"效果图

> **跟我学**

01 打开文件 运行 Flash 软件，打开课件"古代手工业的进步(初).fla"。

02 导入素材 选择"文件"→"导入"→"导入到舞台"命令，导入图片"彩陶壶.jpg"到舞台。

03 调整图片 单击工具箱中的"任意变形"工具，按图 4-69 所示操作，拖动图片的大小控制点，调整图片的大小和位置。

04 插入图片 用同样的方法，导入黑陶高足杯的图片，并拖动图片的大小控制点，调整图片的大小和位置。

图4-69　调整图片

> 导入舞台的图片会自动添加到库中，或者可以先将需要的图片素材全部导入库中，需要时再从库中拖入舞台进行调用。

05 测试动画 选择"控制"→"测试影片"→"测试"命令(或按 Ctrl+Enter 键)，预览效果，保存文件。

4.2.4　导入声音

多媒体课件除了可以添加文本、图形、图片，还可以添加声音，如给课件添加背景音乐，使课件更加生动活泼，或者根据课题内容，添加相应的声音或音乐。Flash 课件中的声音是通过外部声音文件得到的。

实例9　琵琶行

本实例对应高中《语文》课文"琵琶行"的内容，图 4-70 展示的是课件的封面效果。制作时，选择古典音乐作为背景音乐，在课件运行时播放，营造相应的教学氛围。

若要在课件中添加声音，应先导入声音文件，然后存储在"库"面板中，使用时将它拖到场景中即可。本实例将声音导入"库"后，拖到场景中作为课件的背景音乐。

制作时，通过菜单中的"导入"命令，将声音素材导入"库"面板中，然后再通过"属性"面板设置舞台声音效果。

图4-70　课件"琵琶行"效果图

跟我学

01 导入声音 打开"琵琶行(初).fla"文件,选择"文件"→"导入"→"导入到库"命令,导入"配乐.mp3"文件到"库"面板,如图 4-71 所示。

02 设置声音 单击"图层 1"的第 1 帧,打开"属性"面板,并按图 4-72 所示操作,设置声音属性。

图4-71　导入声音

图4-72　设置声音

03 测试动画 按 Ctrl+Enter 键,预览效果,保存文件。

知识库

1. 声音文件格式

在 Flash 中,可导入的声音文件格式主要有 WAV 和 MP3。将声音文件导入"库"面板中,可以被反复使用。需要注意的是,声音只能添加到关键帧上。

2. 设置循环

在制作课件背景音乐时,如果音乐播放的时间较短,可按图 4-73 所示操作,将音乐设置为重复多次或循环播放。

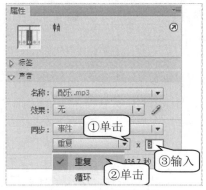

图4-73　循环播放声音

3. 设置声音播放方式

在"属性"面板中,单击"同步"下拉列表框右侧的 按钮,可选择下拉列表中的不同选项,设置声音的不同播放方式。"同步"下拉列表中各选项的含义如下。

- 事件:使声音与事件的发生合拍。当动画播放到声音的开始关键帧时,事件音频开始独立于时间轴播放,即使动画结束,声音也要继续播放直至完毕。此外,如果在场景中添加了多个声音文件,则听到的将是最终的混合效果。
- 停止:停止播放指定的声音。
- 数据流:该选项将同步声音,以便在网站上播放,即Flash自动调整动画和音频,使它们同步。与事件声音不同,声音随着SWF文件的停止而停止,而且声音的播放时间不会超过帧的播放时间。当发布SWF文件时,声音与动画混合在一起输出。
- 开始:与事件方式相似,不同的是,如果正在播放声音,使用该选项则不会播放新的声音实例。

4.2.5 导入动画

在 Flash 中可以自己制作动画,也可以导入外部的动画文件,可导入的动画文件格式有 GIF、SWF 等。导入"库"面板中的动画文件,可自动形成一个影片剪辑元件,并且会保留原有的动画效果,在制作课件时事半功倍。

实例 10　小蝌蚪找妈妈

本实例对应人教版小学第 2 册《语文》中"小蝌蚪找妈妈"的内容,课文中的人物角色较多,有些常见的角色如蝴蝶、白鹅等在网上有现成的素材,可以不必绘制,直接将下载的动画文件导入库中使用即可,课件效果如图 4-74 所示。

图4-74　课件"小蝌蚪找妈妈"效果图

网上有很多 GIF 格式的动画文件,方便直接导入 Flash 中,可选择导入舞台或库,库中的 GIF 文件还可以进行修改。本实例介绍 GIF、SWF 格式的动画文件的导入与调用。

跟我学

01　打开文件　运行 Flash 软件,打开课件"小蝌蚪找妈妈(初).fla"。

02　导入动画　选择"文件"→"导入"→"导入到库"命令,打开"导入到库"对话框,导入动画文件"蝴蝶.gif"与"白鹅.swf"。

03 调用影片剪辑　打开"库"面板,按图 4-75 所示操作,将"白鹅"影片剪辑到元件舞台上,并放在合适的位置。用同样的方法拖动"蝴蝶"元件到舞台中水草的上方。

图4-75　调用"白鹅"影片剪辑

04 测试动画　按 Ctrl+Enter 键,预览效果,保存文件。

4.2.6　导入视频

在多媒体 CAI 课件中也经常用到视频,它可以将一些现象直观地反映出来,并且比较真实。在制作多媒体 CAI 课件时,有些生活现象用视频来表现就是一种很好的方式。

实例 11　动与静

本实例对应初中《物理》第一册"运动与静止"中"动与静"的内容,课件通过参照物的不同,说明动与静的概念,帮助学生理解,效果如图 4-76 所示。

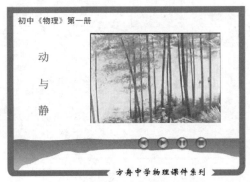

图4-76　课件"动与静"效果图

制作时,选择"导入"→"导入视频"命令,可以将视频文件直接导入舞台上,还可以根据情况选择播放器的外观、颜色。

跟我学

01 导入视频　打开课件"动与静(初).fla",选中"视频"图层,选择"文件"→"导入"→"导入视频"命令,按图4-77所示操作,导入视频文件"小小竹排江中游.flv"。

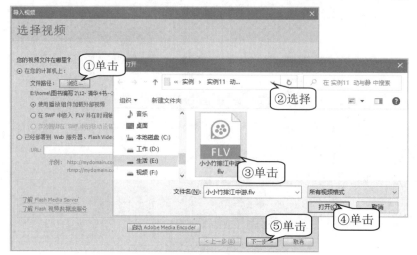

图4-77 导入视频

02 设定外观 按图4-78所示操作,设定视频的外观。

图4-78 设定外观

03 完成导入 完成视频文件的导入,视频将自动添加到舞台上;可使用"任意变形"工具调整视频的大小,使用"选择"工具调整到合适的位置。

04 保存文件 选择"文件"→"另存为"命令,将文件另存为"动与静",保存文件。

创新园

01 打开"勾股定理"课件,添加一个空白关键帧,然后插入文本,输入相应内容,再添加一个空白关键帧,绘制3个正方形,课件效果如图4-79所示。

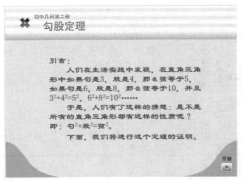 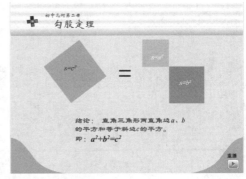

图4-79 课件"勾股定理"效果图

02 打开"荷塘月色"课件,效果如图 4-80 所示,给课件添加背景音乐。

图4-80 课件"荷塘月色"效果图

4.3 制作课件动画

Flash 中的动画类型很多,除了补间动画、补间形状、传统补间 3 种基本动画,还提供逐帧动画、遮罩动画、路径动画 3 种辅助动画,以及反向运动等辅助技术,利用这些技术可以制作各种动画效果。

4.3.1 制作逐帧动画

逐帧动画是指在每个帧上都有关键性变化的动画,它由许多单个关键帧组合而成,当连续播放这些帧时,就形成了动画。逐帧动画适合制作相邻关键帧中对象变化不大的动画。

制作逐帧动画

实例 12 验证光的反射定律

本实例对应初中《物理》第一册内容,课件运行效果如图 4-81 所示。该课件演示光线照射到平面上时,发生反射,验证光的反射定律。

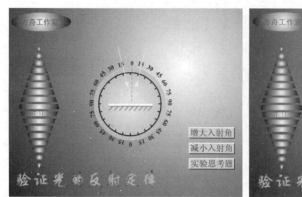
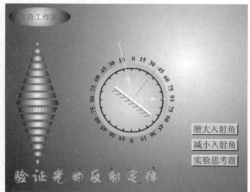

图4-81　课件"验证光的反射定律"效果图

在课件半成品的基础上添加图层,从"库"面板中拖入相关图形元件,制作出光线变化的逐帧动画,直观反映出入射角和反射角的关系。

跟我学

01　图层信息　打开课件"验证光的反射定律(初).fla",各图层信息如图4-82所示。

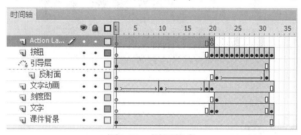

图4-82　图层信息

02　插入关键帧　按图4-83所示操作,在Action Layer图层上添加"光线变化"图层,在第21帧位置按F6键,插入关键帧,删除第22~32帧。

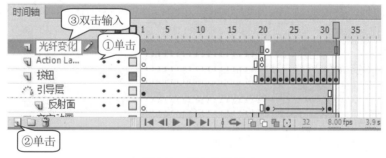

图4-83　插入关键帧

03　调用元件　选择"窗口"→"库"命令,按图4-84所示操作,从"库"面板中拖动Symbol 41光线图形元件到舞台中,制作光线变化的第一个关键帧。

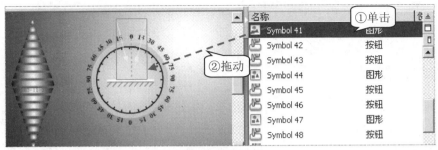

图4-84 调用元件

04 添加关键帧 依次在第 22~31 帧位置按 F6 键添加关键帧，并进行变换元件操作，将"库"面板中其他光线图形元件导入舞台中，效果如图 4-85 所示。

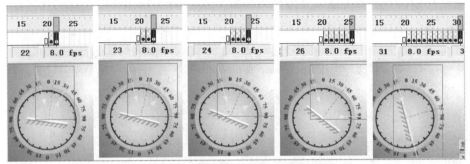

图4-85 制作光线变化的其他关键帧

05 测试动画 按 Ctrl+Enter 键，预览逐帧动画光线变化效果，保存文件。

1. "洋葱皮"工具

在制作动画时，经常需要反复修改帧的内容，而只有关键帧中的内容才可以编辑修改。在 Flash 的时间轴下方，提供了"洋葱皮"工具，可以方便地显示和编辑多个帧的内容。

- "绘图纸外观轮廓"工具与"绘图纸外观"工具：它们功能相似，不同的是，"绘图纸外观轮廓"工具是以轮廓线条方式显示在画面中。
- "编辑多个帧"工具：可编辑时间轴上起始标记和结束标记之间的所有显示帧的内容(注意只有关键帧才能编辑)。
- "修改标记"工具：包括始终显示标记(一直显示标记，无论是否使用"洋葱皮"工具)、锚定标记(将起始标记和结束标记固定，不随播放指针的移动而移动)、标记范围2(在当前帧左右两边各显示2帧)、标记范围5(在当前帧左右两边各显示5帧)、标记整个范围(显示当前帧左右两边的所有帧)5项设置标记的命令。

2. 帧速率

帧的速度是指动画播放的速度，通俗来讲就是指动画或视频的画面数；帧速的单位是 f/s(帧/秒)，即每秒钟播放的帧数。帧速率决定了动画播放的连贯性，若想要生成平滑连贯的动画效果，帧速率一般不小于8f/s，电影的帧速率为24f/s。如果帧速太慢，就会明显感觉动画播放的停顿；如果帧数太快，就会忽略动画的部分细节。

4.3.2 制作补间动画

补间动画是指制作好若干关键帧的画面，由Flash自动生成中间各帧，使画面从一个关键帧渐变到另一个关键帧的动画。在补间动画中，Flash存储的仅是帧之间的改变值，中间的动画由计算机自动处理。

制作形状补间动画

实例13　连通器原理

本实例对应初中《物理》中"连通器原理"一节内容，课件运行效果如图4-86所示。该课件通过演示船闸的开启和关闭→水位相应升高和降低→船通过的动画效果，揭示连通器的原理。

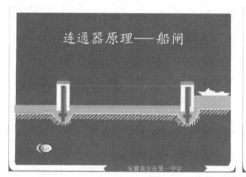 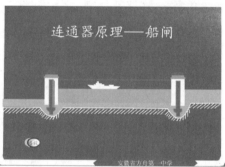

图4-86　课件"连通器原理"效果图

在课件半成品的基础上(读者也可以根据已学知识自己制作，主要包括：课件标题、背景、船、船闸、水等图形元件)添加图层，然后在"水位变化"图层不同的关键帧处改变实例的形状，制作形状渐变动画，逼真表现船通过闸的情景。

跟我学

01 添加图层　打开课件"连通器原理(初).fla"，按图4-87所示操作，在"右船闸"图层上方添加一个新图层"水位变化"。

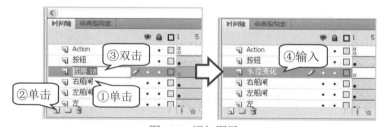

图4-87　添加图层

02 绘制图形　在"水位变化"图层的第5帧添加一个关键帧，按图4-88所示操作，在舞台上绘制一个无框矩形。

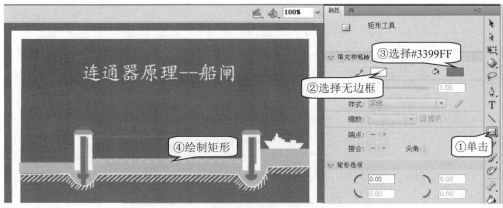

图4-88 绘制图形

03 调整图形大小 在"水位变化"图层的第30帧按F6键添加一个关键帧,按图4-89所示操作,调整图形大小改变水位的高度。

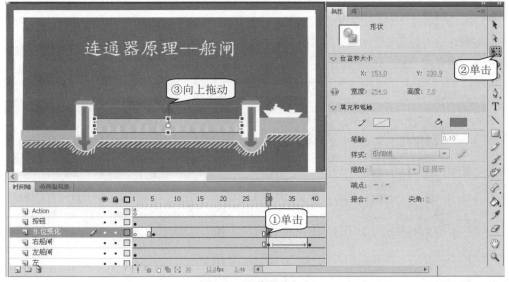

图4-89 调整图形大小

04 创建水位上升动画 在"水位变化"图层的第5~30帧之间右击,在弹出的快捷菜单中选择"创建补间形状"命令,添加水位上升的补间动画。

05 创建船移动动画 在"船"图层的第40、70帧处按F6键分别插入关键帧,按图4-90所示操作,改变船的位置,制作船左移进闸口的动画效果。

06 完善动画 重复步骤02~05,在"水位变化"图层的第70~105帧之间制作水位下降的动画效果;在"船"图层的第70~105帧之间制作船下降的动画效果;在"船"图层的第115~140帧之间制作船左移驶离闸口的动画效果。

07 保存文件 参考课件示范,继续完成其他内容的制作,并以"连通器原理.fla"为文件名保存课件。

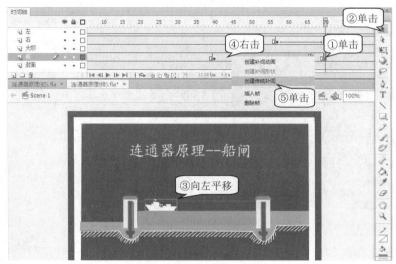

图4-90 创建船移动动画

实例 14　火烧云

本实例对应人教版小学《语文》第 6 册"火烧云"一节内容，课件通过火烧云的颜色和形状的变化，启发学生在观察事物过程中要仔细，效果如图 4-91 所示。

图4-91 "火烧云"课件效果图

在课件半成品的基础上，分离熊、马的图片，并创建形状补间动画，为使图片按意图变化，可添加形状提示点。

跟我学

01　导入素材　运行 Flash 软件，打开课件"火烧云(初).fla"。

02　调用图形元件　选中"图层1"的第 1 帧，打开"库"面板，将"熊"图片拖到舞台上。

03　分解图片　选择舞台上的"熊"图片，按图 4-92 所示操作，将图片进行分解。

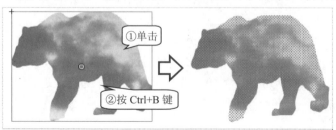

图4-92 分解图片

04 插入空白关键帧 按图 4-93 所示操作，在第 15 帧处插入空白关键帧。

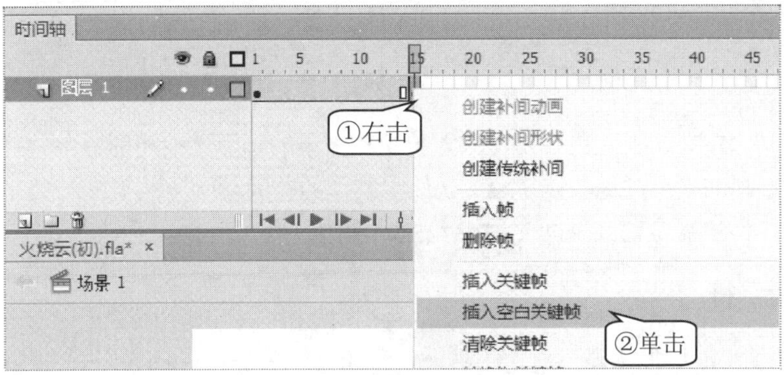

图4-93 插入空白关键帧

05 调用图片 选中第 15 帧，重复步骤 02 与步骤 03，将"马"图片拖放到舞台上，并分离。

06 创建动画 按图 4-94 所示操作，创建补间形状动画。

图4-94 创建补间形状动画

07 添加提示符 选中第 1 帧，选择"修改"→"形状"→"添加形状提示"命令，将自动添加 7 个形状提示符，便于控制形状变化。

08 设置提示符 将形状提示拖到适当位置，选中第 15 帧，将马身上的提示符拖到与熊相对应的提示符位置，如图 4-95 所示。

图4-95 提示符位置

09 延长帧动作 在第 30 帧处按 F5 键，插入普通帧，延长帧动作。

10 测试动画 按 Ctrl+Enter 键，测试动画，并以"火烧云(终).fla"为文件名保存课件。

1. 补间动画

补间动画又称渐变动画，其只需要建立起始和结束的画面，中间部分由软件自动生成，省去了制作中间动画的复杂过程。在 Flash 软件中制作的补间动画分两类：一类是形状补间，用于形状的动画；另一类是动画补间，用于元件的动画。

2. 形状提示符

Flash 提供了"添加形状提示点"的功能，使用好该功能，可以"引导"Flash 生成符合预设的动画。

通常，一个变形动画中最多可以添加 26 个"形状提示"，按顺序分别用 26 个英文小写字母外面加一个圆表示。"形状提示"添加成功后，在两个关键帧的图形中已经建立了一种对应关系。对应关系，是指无论其他地方怎么变，前一帧添加"形状提示"的地方只能变成后一帧添加"形状提示"的地方，不能变到其他地方去。因此，形状提示对形状的变化起到了束缚作用。

4.3.3 制作引导动画

课件制作中，有时需要一种按自己设定的既定路线运动的动画，这时就可以利用引导动画来实现。添加引导图层，在该引导层中绘制出运动路线，把要运动的动画对象放到被引导层中，即可轻松完成各种按既定路线运动的动画。

制作引导动画

实例 15　简谐运动

本实例对应高中《物理》"机械振动"中"简谐运动"一节内容，课件运行效果如图 4-96 所示。该课件模拟演示了小球沿正弦曲线运动的过程。

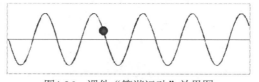

图4-96　课件"简谐运动"效果图

为"小球"图层添加一个引导层，将"波浪线"图层中的曲线复制到引导层作为引导线(引导线在播放动画时看不见，保留原来的可看见小球沿波浪线移动的轨迹)，然后在动画的起止关键帧中，将"小球"实例拖放到路线的起点和终点上，实现小球沿波浪线有规律移动的动画效果。

01　添加图层　　打开课件"简谐运动(初).fla"，按图 4-97 所示操作，选中"波浪线"图层，单击"添加图层"按钮，在"波浪线"图层的上方，添加一个新图层，并命名为"小球"。

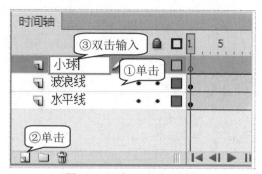

图4-97 添加"小球"图层

02 绘制小球　选中"小球"图层,按图4-98所示操作,在舞台上绘制一个小球。

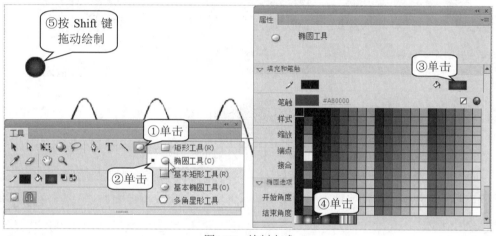

图4-98 绘制小球

03 添加引导层　在"小球"图层上右击,弹出快捷菜单,选择"添加传统运动引导层"命令,为"小球"图层添加运动引导图层。

04 制作引导线　选中"波浪线"图层中的波浪线,复制波浪线并粘贴到引导层中。

05 设置起点和终点　单击"选择"工具,将"小球"图层第1帧中的"小球"吸附到运动路线的起点位置;选择第100帧,按F6键插入关键帧,将小球吸附到终点位置上,效果如图4-99所示。

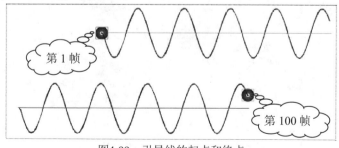

图4-99 引导线的起点和终点

06 创建补间动画　在"小球"图层的第1~100帧范围内右击,选择"创建传统补间动画"命令。

07 保存动画 按 Ctrl+Enter 键测试动画，保存文件。

创新园

01 打开"识字 3"课件，输入"大"字，使用逐帧动画原理制作书写汉字的动画，效果如图 4-100 所示。

02 打开课件"周长的认识"，效果如图 4-101 所示，制作蚂蚁围绕树叶爬行一周的动画。

图4-100　课件"识字3"效果图

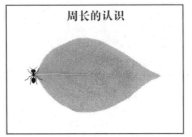

图4-101　课件"周长的认识"效果图

4.3.4　制作遮罩动画

遮罩动画是利用特殊的图层——遮罩层来创建的动画。使用遮罩层后，其下面图层的内容就像透过一个窗口显示出来一样，该窗口的形状和大小就是遮罩层中内容的形状和大小。在课件中制作遮罩动画能够将动画演示限制在一个形状或区域内，还可以实现某些特殊的效果。

制作遮罩动画

实例 16　视力的形成

本实例对应的是八年级《物理》(沪科版)"眼睛和视力矫正"的内容，课件利用动画效果生动展示了视力的形成过程，呈现出树在眼睛中的倒影成像，效果如图 4-102 所示。

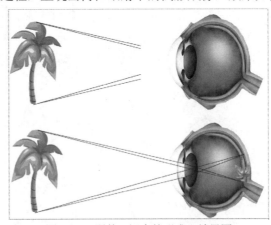

图4-102　课件"视力的形成"效果图

在半成品的基础上，通过绘制"光线"图层、"遮罩"图层及树木的"投影"图层，让矩形遮罩光线区域逐渐减少，实现远处的树木投射到视网膜上产生影像的效果。

跟我学

01 打开文件 运行 Flash 软件，打开课件"视力的形成(初).fla"。

02 调用元件 选中"光线"图层，打开"库"面板，按图 4-103 所示操作，将图形元件"线条"拖到舞台上。

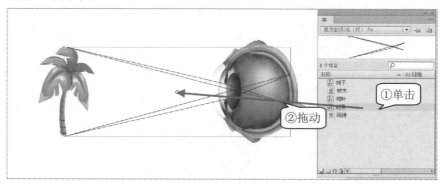

图4-103 调用元件

03 绘制矩形 选中"遮罩"图层的第 1 帧，选择"矩形"工具，绘制一个矩形，在第 40 帧处按 F6 键，调整矩形的大小，效果如图 4-104 所示。

图4-104 绘制矩形

04 制作补间动画 按图 4-105 所示操作，创建补间形状动画，让矩形逐渐遮挡"光线"图层。

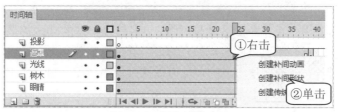

图4-105 制作补间动画

05 制作遮罩动画 选中"遮罩"图层,按图4-106所示操作,创建遮罩动画。

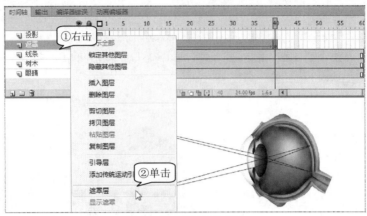

图4-106 制作遮罩动画

06 插入关键帧 选择"投影"图层,在第40帧处按F6键,插入关键帧。

07 调用元件并调整大小 选中第40帧,打开"库"面板,按图4-107所示操作,将图形元件"树"拖到舞台上,并改变大小。

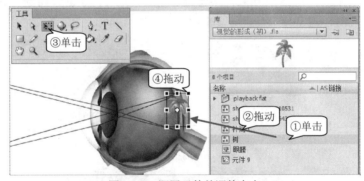

图4-107 调用元件并调整大小

08 制作投影 选中"树"实例,选择"修改"→"变形"→"垂直翻转"命令,将图片垂直翻转;用同样的方法,再将图片水平翻转,完成视网膜中的成像。

09 测试动画 按Ctrl+Enter键预览效果,保存文件。

知识库

1. "遮罩动画"的原理

遮罩动画是Flash中一个很重要的动画类型,很多效果丰富的动画都是通过遮罩动画来完成的。在Flash图层中有一个遮罩图层类型,为了得到特殊的显示效果,可以在遮罩层上创建一个任意形状的"视窗",遮罩层下方的对象可以通过该"视窗"显示出来,而"视窗"之外的对象将不会显示。

2. "遮罩动画"的形式与用途

在 Flash 动画中,"遮罩"主要有两种用途:一种是用在整个场景或一个特定区域中,使场景外的对象或特定区域外的对象不可见,如探照灯的效果;另一种是用来遮住某一元件的一部分,从而实现一些特殊效果,如字幕滚动屏幕效果等。

4.4 设置课件交互

交互型课件是指在演示型或动画型课件的基础上,教师能够根据教学情况,对课件的内容进行控制,并能够实现简单人机交互的课件。例如,单击按钮播放或后退、单击目录供选择课件内容、用按键控制课件内容、录入答案判断正误、将图形拖到正确位置、控制时钟等。实践证明,交互型课件一方面能够充分调动学生学习的积极性,另一方面也使教师应用多媒体 CAI 课件辅助教学更加灵活、方便。

4.4.1 巧用按钮实现交互

使用按钮交互是指用鼠标单击课件中的一个或几个按钮来对课件进行交互控制。使用按钮能够让课件在实际课堂教学中更加灵活、方便,可以根据学生情况即时调整课件内容。

用按钮实现交互

> **实例 17** 数学与交通

本实例对应小学《数学》中"数学与交通"一节内容,课件运行效果如图 4-108 所示。该课件通过单击"开始"按钮,控制两辆车的相对运动,让学生能看清楚车辆的相遇过程。

图4-108 课件"数学与交通"效果图

在课件半成品的基础上,添加按钮与代码,通过按钮控制两辆车的运动情况,使其能够实现交互功能。

跟我学

01 添加图层 打开"数学与交通(初).fla",选中时间轴上"小车"图层,单击"插入"图层按钮,在"小车"图层上添加一个新图层,取名为"按钮"。

02 添加按钮　选中"按钮"图层的第 1 帧,选择"窗口"→"公用库"→Buttons 命令,打开外部库。按图 4-109 所示操作,拖动按钮到舞台上,并修改按钮文本为"开始"。

图4-109　添加按钮

03 添加代码　在"按钮"图层上添加新图层,取名 action,右击第一帧,在弹出的快捷菜单中选择"动作"命令,在打开的"动作"面板中输入代码,内容如图 4-110 所示。

图4-110　添加代码

04 添加其他代码　在 Action 图层的第 80 帧(最后一帧)右击,选择"转为空白关键帧"命令;右击关键帧,在弹出的快捷菜单中选择"动作"命令,在"动作"面板中输入"stop();"。

05 测试影片　按 Ctrl+Enter 键预览效果,并以"数学与交通.fla"为文件名保存课件。

1. 为帧添加动作脚本

添加脚本的帧必须是关键帧或空白关键帧,选中关键帧,再打开"动作"面板,即可将动作脚本添加在该帧上。当影片或影片剪辑播放到该帧时,将执行一次脚本语句。

2. 自动生成代码片段

在编写代码时,若记不住代码,可以使用"代码片段",具体做法如下。

- 复制代码片段:单击"动作"面板上的"代码片段"按钮,在打开的"代码片段"面板中,按图4-111所示操作,将代码复制到剪贴板上。

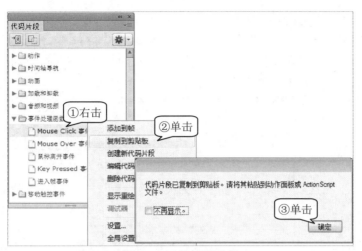

图4-111 复制代码片段

- 粘贴代码片段:关闭"代码片段"面板,在"动作"面板输入代码的窗格中右击,使用"粘贴"命令可将自动生成的代码片段粘贴到"动作"面板中,代码如图4-112所示。

图4-112 粘贴代码片段

实例 18 氧气的制法

本实例对应初中《化学》全一册"氧气的制法"一节内容,课件运行效果如图 4-113 所示。该课件通过单击 play 与 stop 两个按钮,控制酒精灯的点火,让学生能清楚观看氧气的制取过程。

在课件半成品的基础上,添加氧气的制作装置、按钮与代码,通过按钮控制酒精灯的点火情况,使其能够实现交互功能。

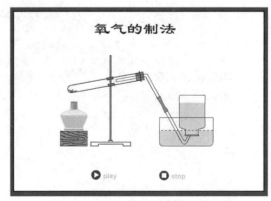

图4-113 课件"氧气的制法"效果图

01 添加图层 打开课件"氧气的制法(初).fla",选中时间轴上的"文字"图层,在"文字"

图层上添加一个新图层，取名为"制氧装置"。

02 插入关键帧 选中"制氧装置"图层，在第 10 帧处按 F6 键，插入关键帧。

03 调用元件 选中"实验装置"图层的第 1 帧，打开"库"面板，按图 4-114 所示操作，拖动"主要实验器材"元件到舞台上，并调整到适当位置。

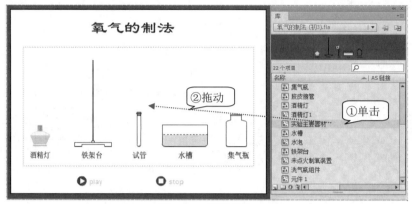

图4-114　调用元件

04 添加其他元件 用同样的方法，选中第 10 帧，拖动"未点火制氧装置"影片剪辑到舞台上；在第 20 帧处插入关键帧，按图 4-115 所示操作，将"未点火制氧装置"影片剪辑变换为"点火制氧装置"影片剪辑到舞台上。

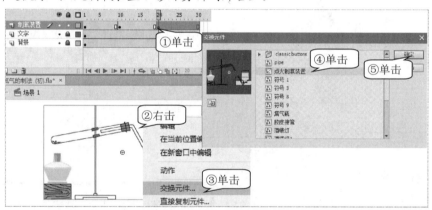

图4-115　添加其他元件

05 添加按钮 在"制氧装置"图层上添加一个新图层，取名"按钮"，选择"窗口"→"公共库"→Buttons(按钮)命令，打开"外部库"面板，按图 4-116 所示操作，添加 play 与 stop 按钮。

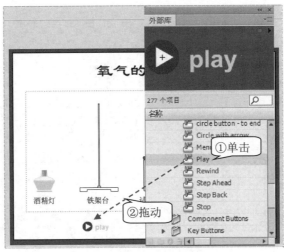

图4-116 添加按钮

06 按钮命名 选中舞台上的 play 按钮，按图 4-117 所示操作，给按钮命名为 but1，用同样的方法给 stop 按钮命名为 but2。

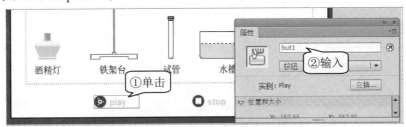

图4-117 按钮命名

07 插入关键帧 在"按钮"图层上添加新图层，取名"帧标签"，在第 10 帧与第 20 帧处按 F6 键，插入两个关键帧。

08 关键帧命名 选中第 1 帧，按图 4-118 所示操作，将关键帧命名为 start。

图4-118 关键帧命名

09 其他帧命名 选中第 10 帧与第 20 帧，按图 4-119 所示，分别给帧命名为 a1 与 a2。

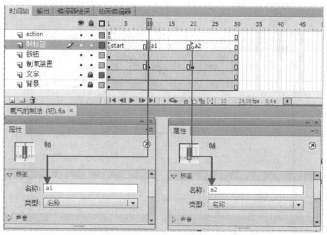

图4-119 其他帧命名

10 **添加图层** 在"帧标签"图层上方添加新图层,取名为action。
11 **添加代码** 右击action图层第1帧,在弹出的快捷菜单中选择"动作"命令,在打开的"动作"面板中输入以下代码。

```
function playa1(event:MouseEvent):void
{
    gotoAndPlay("a1");
}
but1.addEventListener(MouseEvent.CLICK,playa1);
function playa2(event:MouseEvent):void
{
    gotoAndPlay("a2");
}
but2.addEventListener(MouseEvent.CLICK,playa2);
```

12 **保存文件** 按Ctrl+Enter键,预览效果。选择"文件"→"另存为"命令,将文件另存为"氧气的制法.fla"。

4.4.2 使用文本框实现交互

文本交互通常能够让教师或学生在课件中输入文本内容、填写答案,实现简单的人机交互功能。

实例19 10以内的加法运算

用输入文本实现交互

本实例是小学《数学》中"10以内的加法运算"一节的内容,课件通过生成两个加数,由学生计算和并输入,然后进行判断来训练学生的计算能力,效果如图4-120所示。

制作课件时,应先输入文本,设置动态文本属性,再利用简单的代码控制,实现测试目的。单击"出题"按钮可反复出题、计算。

图4-120 课件"10以内的加法运算"效果图

跟我学

01 绘制文本框 打开课件"10以内加法运算(初).fla",在工具箱中选择"文本"工具,打开"属性"面板,按图4-121所示操作,绘制第一个加数的动态文本框。

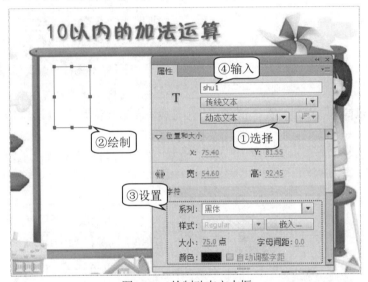

图4-121 绘制动态文本框

02 绘制"+"号 按图4-122所示操作,在舞台上输入静态文字"+"号。

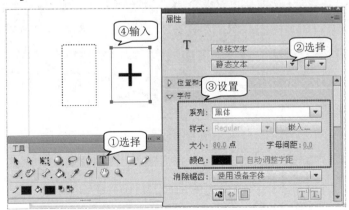

图4-122 绘制"+"号

03 添加文本框 在"属性"面板上选择"动态文本",用与步骤 02 同样的方法绘制另一个动态文本框,并调整文本框的大小和位置。

04 绘制"="号 用与步骤 03 同样的方法,在舞台上输入静态文字"="号。

05 绘制输入文本框 在"属性"面板上选择"输入文本",按图 4-123 所示操作,绘制输入动态文本框。

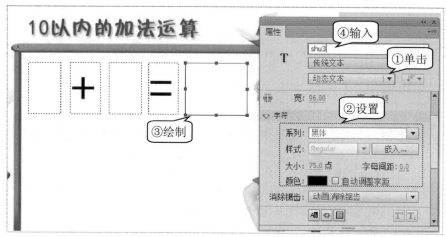

图4-123 绘制输入文本框

06 制作提示信息 新建"提示信息"影片剪辑,在第 2 帧与第 3 帧处按 F6 键,插入两个关键帧,如图 4-124 所示,在第 1 帧中添加动作命令"stop();",分别在第 2 帧和第 3 帧中添加如下文字内容,并将"提示信息"影片剪辑拖放到舞台上。

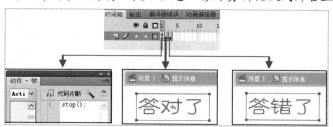

图4-124 制作提示信息

07 添加按钮 选中"按钮"图层的第 1 帧,打开"库"面板,拖动两个按钮到舞台上,修改上面的文本为"出题"与"判断",并将按钮命名为 but1 和 but2,效果如图 4-125 所示。

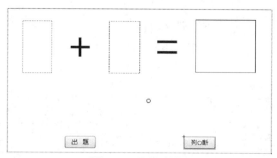

图4-125 添加按钮

08 添加代码　右击 action 图层的第 1 帧，在弹出的快捷菜单中选择"动作"命令，输入如下代码。

```
//初始化程序，定义3个变量
var s1:uint;//加数 1
var s2:uint;//加数 2
var s3:uint;//和
S1 = Math.floor(Math.random() * 10);         //随机产生一个0～9的数放在加数1中
S2 = Math.floor(Math.random() * 10);         //随机产生一个0～9的数放在加数2中
shu1.text = String(s1);                      //用文本框1显示加数1
shu2.text = String(s2);                      //用文本框2显示加数2
bj_mc.gotoAndStop(1);

// "出题"按钮程序开始
btn1.addEventListener(MouseEvent.CLICK, xyt_MouseClickHandler);
function xyt_MouseClickHandler(event:MouseEvent):void
{
    s1 = Math.floor(Math.random() * 10);     //给加数1随机赋值
    s2 = Math.floor(Math.random() * 10);     //给加数2随机赋值

    shu1.text = String(s1);                  //把加数1赋值给文本1
    shu2.text = String(s2);                  //把加数2赋值给文本2
    shu3.text ="";                           //把结果输入框内容清空
    bj_mc.gotoAndStop(1);
}

// "判断"按钮程序
btn2.addEventListener(MouseEvent.CLICK, da_MouseClickHandler);
function da_MouseClickHandler(event:MouseEvent):void
{
    s3 = Number(shu3.text)                   //将输入文本框中的数赋值给s3
    if (s1 + s2 ==s3)                        //判断加数1+加数2是否等于s3
    {
        bj_mc.gotoAndStop(3);                //如果等于，显示"答对了"        }
        else
    {
        bj_mc.gotoAndStop(2);                //如果不等于，显示"答错了"      }
}
```

09 完成制作　按 Ctrl+Enter 键，测试课件，保存文件。

4.4.3 调用组件实现交互

若要制作交互性强的 Flash 课件，则需要依靠动作脚本，即 ActionScript 脚本。使用组件与动作脚本配合，通过对组件参数进行设置，并将组件所获取的信息传递给相应的脚本，然后通过脚本执行相应的操作，帮助授课教师根据需要显示相关的课件内容。

用组件
实现交互

实例 20　安全用电知识测试题

本实例对应小学《科学》中"安全用电"知识测试内容，通过测试可以让学生自己掌握学习情况，课件运行效果如图 4-126 所示。

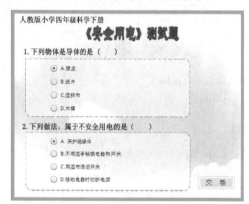 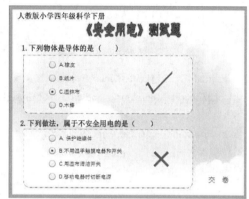

图4-126　课件"安全用电"效果图

制作课件时，应先输入文本，设置动态文本属性，再利用简单的代码控制，实现测试目的。本实例演示两道题的测试，当测试者选择答案，单击"交卷"后，系统会自动判断对错。

跟我学

01　输入静态文字　打开课件"安全用电(初).fla"，按图 4-127 所示操作，在影片剪辑舞台上输入静态文字。

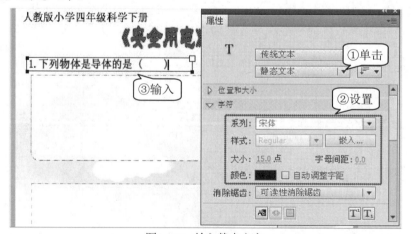

图4-127　输入静态文字

02 添加单选按钮 打开"组件"面板，按图4-128所示操作，拖动单选按钮组件到舞台上，并设置组件的属性。

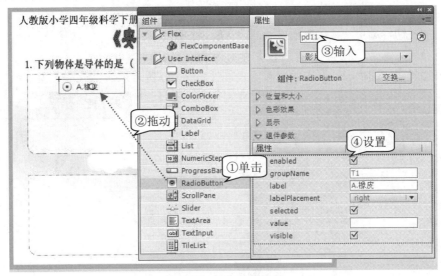

图4-128 添加单选按钮

03 设置按钮属性 参照图4-129所示操作，从"组件"面板中再拖动3个单选按钮，并设置其属性。

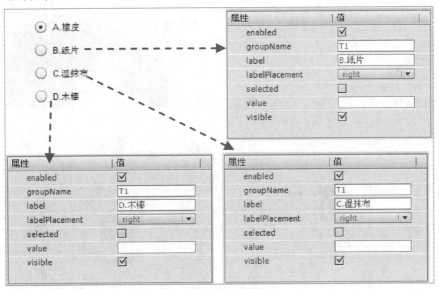

图4-129 设置按钮属性

 为节省篇幅，第2道题的制作方法可以参照步骤02～04，或者参照配套资源实例制作，读者也可以选择"复制""粘贴"命令，稍做修改后完成。

04 制作提示信息 新建"提示信息"影片剪辑,在第 2 帧与第 3 帧处按 F6 键,插入两个关键帧。在第 1 个关键帧中添加代码"stop();",在第 2 个关键帧中输入符号"√",在第 3 个关键帧中输入符号"×"。

05 添加按钮 选中"按钮"图层的第 1 帧,打开"库"面板,拖动按钮到舞台上,修改上面的文本为"交卷",并将按钮命名为 but。

06 添加代码 选中 action 图层的第 1 帧,按图 4-130 所示操作,为第 1 帧添加脚本代码。

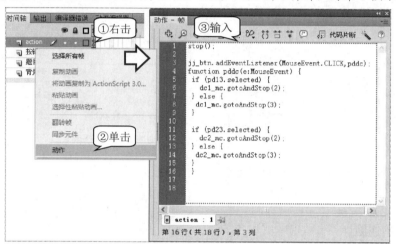

图4-130 添加代码

07 完成制作 按 Ctrl+Enter 键,预览效果,保存课件。

创新园

01 打开课件"认识几何图形",在课件右下角制作一个"前进"按钮,左下角制作一个"后退"按钮,效果如图 4-131 所示。

图4-131 课件"认识几何图形"效果图

02 打开课件"认识几何图形",在课件中添加一个图层 action,给每一帧添加一个停止动作,然后再给"前进"按钮和"后退"按钮添加动作脚本。

4.5 制作课件实例

前面内容系统地介绍了使用 Flash 制作各种类型课件的方法和技巧，限于篇幅，其中的实例大多没有介绍完整的制作过程，为了能综合前面所学知识，制作能应用于教学实际的课件，现以初中《生物》中的内容"眼睛与视觉"为例，完整地介绍一个课件的制作过程，课件效果如图 4-132 所示。

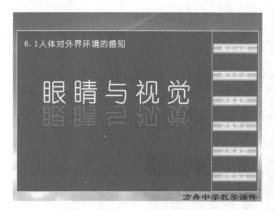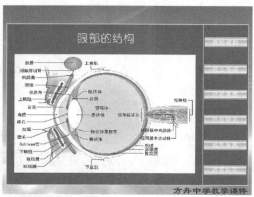

图4-132　课件"眼睛与视觉"效果图

4.5.1 课件简介

课件"眼睛与视觉"包括"眼的结构""视觉形成""近视原因""近视矫正""远视原因"及"远视矫正"六部分内容。

- 眼的结构：图片展示眼部的结构，其中眼球包括眼球壁、内容物、神经、血管等组织。眼球壁主要分为外、中、内3层，外层由角膜、巩膜组成，起维持眼球形状和保护眼内组织的作用；中层具有丰富的色素和血管，包括虹膜、睫状体和脉络膜三部分；内层为视网膜，是一层透明的膜，也是视觉形成的神经信息传递的最敏锐的区域。
- 视觉形成：动画模拟远处树木反射来的光线，经过角膜、房水，由瞳孔进入眼球内部，再经过晶状体和玻璃体的折射作用，在视网膜上形成物像。
- 近视原因：展示正常眼睛与近视眼睛的图片，远处物体反射的光线经过晶状体的折射后形成的物像落在视网膜上是正常眼睛，而近视产生的原因是晶状体过度变凸或眼球前后径过长，使物像落在视网膜的前方。
- 近视矫正：展示图片及文本说明用凹透镜矫正近视的原理。
- 远视原因：通过正常眼睛与远视眼睛图片对比，说明远视产生的原因是平行光线进入眼内后在视网膜之后形成焦点，外界物体在视网膜上不能形成清晰的影像。
- 远视矫正：展示图片及文本说明用凸透镜矫正远视的原理。

4.5.2 课件制作过程

本课件第一步介绍背景、导航栏的制作；第二步介绍栏目按钮的制作；第三步介绍影片剪辑的制作，考虑篇幅，只介绍一个有代表性的，其余的影片剪辑放在库中，读者可以根据配套资源实例练习；第四步通过插入关键帧，调用影片剪辑搭建课件框架，制作基本动画，并使用代码完成交互功能，使课件能在各场景模块间交互切换。

■ **制作课件背景**

课件背景起美化课件的作用，该课件的背景为一个单独的元件，在使用时可以直接从"库"面板中拖到舞台。

01 插入元件 打开课件"眼睛与视觉(初).fla"，选择"插入"→"新建元件"命令，新建"背景"图形元件。

02 绘制背景 导入"背景.jpg"图片文件到舞台作为背景，并在背景中绘制如图4-133所示的矩形，大小分别是775mm×510mm和149mm×510mm。

图4-133　绘制背景

03 调用元件 从"库"面板中拖动"背景"图形元件到舞台上，修改"图层1"名称为"课件背景"，在第180帧处按F5键，延长帧内容。

■ **制作栏目按钮**

每个栏目是一个独立的模块，通过栏目按钮，可以自由地在各个模块之间切换。在绘制完按钮后，可用"对齐"面板调整按钮的位置与间距，使导航更美观。

01 制作按钮 选择"窗口"→"公共库"→Buttons(按钮)命令，打开"外部库"面板，拖动按钮到舞台上，选中按钮，设置大小为140mm×30mm，并修改按钮上的文本为"眼的结构"，完成第一个按钮的制作。

02 制作导航 按同样的操作方法，制作出"视力形成""近视原因""近视矫正""远视原因"及"远视矫正"栏目按钮，并使用"对齐"面板调整按钮的位置与距离，效果如图4-134所示。

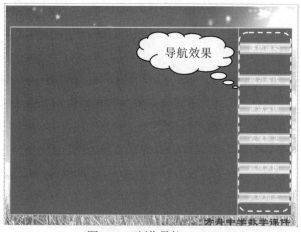

图4-134 制作导航

■ **制作影片剪辑**

眼睛的结构元件包括结构图片与标题文本，可先创建元件，然后导入眼睛结构的图片与说明文本，图片结合文本，让学生了解眼睛的结构。

01 制作元件 选择"插入"→"新建元件"命令，新建"眼睛的结构"影片剪辑元件。

02 插入图片 选择"文件"→"导入"→"导入到舞台"命令，导入"眼睛结构.jpg"文件，并将图片拖到舞台的合适位置。

03 添加文本 选择工具箱中的"文本"工具，绘制一个文本框，输入标题静态文本"眼部的结构"，效果如图4-135所示。

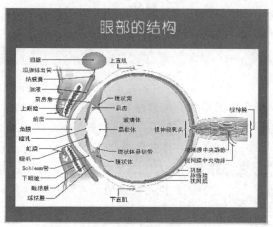

图4-135 添加文本

 已将"视力形成""近视原因""近视矫正""远视原因"和"远视矫正"的影片剪辑制作并存于"库"面板中，后面制作时调用即可。

■ **实现课件交互**

先制作课件标题，然后再将前面制作好的一些影片剪辑拖放到舞台中，并设置帧标签与代码,让课件能根据需要交互使用。

01 **添加课题** 添加"标题"图层,选择"文本"工具,输入文字"眼睛与视觉"并设置属性为"80点、黄色、幼圆、字间距20"。

02 **修饰课题** 选中文本"眼睛与视觉",选择"编辑"→"复制"命令与"编辑"→"粘贴"命令,复制文本,并拖到原文本的下方,按图4-136所示操作,将文本设置成半透明效果;再选择"修改"→"变形"→"垂直翻转"命令,将文本进行翻转,制作文本倒影效果。

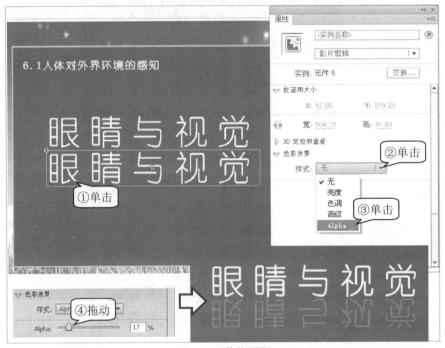

图4-136 修饰课题

03 **添加图层** 在"标题"图层上添加新图层,并取名为"眼的结构",在第10帧处按F6键,并选中第10帧,打开库,将影片剪辑"眼的结构"拖到舞台上。

04 **添加其他图层** 用同样的方法,分别添加"视力形成""近视原因""近视矫正""远视原因""远视矫正"图层,并依次在图层的第20帧、30帧、40帧、50帧、60帧处插入关键帧,再打开"库"面板,拖入相应的影片剪辑,效果如图4-137所示。

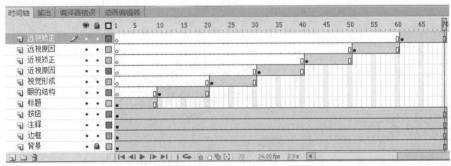

图4-137 添加其他图层

05 添加帧标签 在"远视矫正"图层上新建图层,命名为"帧标签",按图4-138所示操作,为第1帧添加帧标签 start。

图4-138 添加帧标签

06 添加关键帧 选中"帧标签"图层,分别在第10、20、30、40、50、60帧处按F6键,添加关键帧,再分别命名为a1、a2、a3、a4、a5、a6。

07 添加图层 在"帧标签"图层上添加一个新图层,命名为action,分别在第9、19、29、39、49、59、69帧处按F6键,添加关键帧。

08 添加代码 分别选中第9、19、29、39、49、59、69帧,在"动作"面板中添加代码"stop();"。

09 实现交互 选中action图层的第1帧,添加以下代码。

```
function playa1(event:MouseEvent):void
{
    gotoAndPlay("a1");
}
but1.addEventListener(MouseEvent.CLICK,playa1);
function playa2(event:MouseEvent):void
{
    gotoAndPlay("a2");
}
but2.addEventListener(MouseEvent.CLICK,playa2);
function playa3(event:MouseEvent):void
{
    gotoAndPlay("a3");
}
but3.addEventListener(MouseEvent.CLICK,playa3);
function playa4(event:MouseEvent):void
{
    gotoAndPlay("a4");
}
but4.addEventListener(MouseEvent.CLICK,playa4);
function playa5(event:MouseEvent):void
{
```

```
        gotoAndPlay("a5");
    }
    but5.addEventListener(MouseEvent.CLICK,playa5);
    function playa6(event:MouseEvent):void
    {
        gotoAndPlay("a6");
    }
    but6.addEventListener(MouseEvent.CLICK,playa6);
```

10 保存测试 按 Ctrl+Enter 键，预览效果，按 Ctrl+S 键，保存课件。

4.6 小结和习题

4.6.1 本章小结

利用 Flash 可以制作出界面美观、动静结合、声形并茂、交互方便的多媒体 CAI 课件，而且操作简便、易学、好用，同时具有良好的兼容性。本章详细介绍了 Flash 课件的制作方法和技巧，具体包括以下主要内容。

- **Flash 基础知识**：主要介绍了 Flash 使用界面、时间轴、元件和实例及文件操作等。
- **添加课件内容**：主要介绍了在 Flash 中添加文字、添加图片、绘制图形、添加声音和导入视频等操作方法。
- **制作课件动画**：通过各种实例介绍了动画型课件的制作，主要介绍了逐帧动画、形状补间动画、运动补间动画、遮罩动画等制作方法。
- **制作课件交互**：通过各种实例介绍了交互型课件的制作，主要介绍了利用按钮和按键、热对象和文本、条件和时间等来制作交互型课件的方法。

4.6.2 强化练习

一、选择题

1. 下列中不属于 Flash 使用界面组成部分的是(   )。
   A. 工具箱　　　　　B. 面板　　　　　C. 场景　　　　　D. 对话框
2. 若要选择时间轴上若干个连续的帧，则应先按住的键是(   )。
   A. Ctrl　　　　　　B. Shift　　　　　C. Alt　　　　　　D. Enter
3. 在时间轴上插入关键帧，下列中操作错误的是(   )。
   A. 选择某帧，按F6键
   B. 选择某帧，按F7键
   C. 在某帧中右击，选择"插入关键帧"命令
   D. 选择某帧，再选择"插入"→"时间轴"→"关键帧"命令

4. Flash 图层被锁定后，操作中出现的现象是(　　)。
   A. 图层中的内容被隐藏　　　　　B. 图层中的内容没有隐藏，但不能修改
   C. 图层中的内容可以修改　　　　D. 该图层时间轴上不能添加关键帧
5. 打开"场景"面板，单击 按钮，所完成的操作是(　　)。
   A. 复制场景　　　B. 粘贴场景　　　C. 添加场景　　　D. 删除场景
6. 下列中可用于选取对象的工具是(　　)。
   A. 箭头　　　　　B. 椭圆　　　　　C. 任意变形　　　D. 橡皮擦
7. 若要将文本分离成矢量图，则可以使用的快捷键是(　　)。
   A. Ctrl+A　　　　B. Ctrl+B　　　　C. Ctrl+C　　　　D. Ctrl+D
8. 插入普通帧的快捷键是(　　)。
   A. F5　　　　　　B. F6　　　　　　C. Shift+F6　　　D. Alt+F6
9. 当鼠标指针移到按钮上时，将显示该按钮(　　)帧的内容。
   A. 弹起　　　　　B. 指针移动　　　C. 按下　　　　　D. 点击
10. 在动作脚本中，(　　)用于表示动作语句一行结束。
    A. 分号　　　　　B. 逗号　　　　　C. 句号　　　　　D. 引号

二、判断题

1. 在设置课件属性时，帧速越大，动画的播放效果越好、越流畅，但文件越大。
   (　　)
2. 进行场景复制操作时，复制出的场景中没有任何内容。(　　)
3. Flash 中的面板可以根据需要显示或隐藏。(　　)
4. 一般来说，制作的 Flash 课件要输出为 EXE 格式文件，以便交流。(　　)
5. "颜料桶"工具主要用于对矢量图的某一区域进行填充。(　　)
6. 使用"椭圆"工具不能绘制出圆。(　　)
7. 使用"任意变形"工具时，按 Alt 键再拖动四角的控制点可沿中心点规则地改变对象的大小。(　　)
8. 动作语句 Math.random() *10;表示产生 0～10 范围的随机数。(　　)
9. 在 Flash 中，使用绘图工具绘制出的是矢量图。(　　)
10. 与传统文本相比，TLF 文本有更多的段落样式。(　　)

第 5 章　电子白板交互型课件制作实例

目前,电子白板在中小学校已经非常普及,几乎所有中小学校都已经配备。使用交互式电子白板课件教学,既可帮助教师方便地引入和呈现数字化信息资源,又可根据需要随时调整内容;既能充分发挥教师的主导作用和个人魅力,又能增强师生参与教学互动的效果。电子白板课件是专门针对教学场景设计的互动课件工具,提供课件云同步、学科工具、思维导图、课堂活动、超级分类等多种备授课常用功能,还可导入常用的 PowerPoint 课件,只需简单的操作就能让教师的知识点跃然呈现。因此,广大中小学教师都应该学会制作、使用电子白板课件。

■ **本章内容**
- 初识电子白板
- 添加课件内容
- 设置课件交互
- 使用学科工具
- 制作综合课件

5.1 初识电子白板

电子白板已是现在教学、会议等场合中非常受欢迎的设备,其相当于一个面积特别大的手写板,使用者可以在上面任意书写、绘画并即时在计算机上显示,它在专用的白板软件支持下,构造了一个大屏幕、交互式的协作会议或教学环境。

希沃白板基本操作

5.1.1 了解电子白板

电子白板逐渐成为现代教学中不可或缺的教学工具,它集成投影仪、计算机等设备功能,真正实现无尘书写、即时批注、远程交流等交互功能。

1. 电子白板的组成

电子白板通常由台式计算机、触摸式白板、投影仪、音响、话筒等电子设备组成。它安装在学校的教室中,给教学带来一种新兴的、电子化的、智能化的模式。

- 传统电子白板:电子白板连接到计算机,并利用投影仪将计算机上的内容投影到电子白板屏幕上,如图5-1所示。此时电子白板就相当于手写板,可以在上面任意书写、绘画,并即时在计算机上显示。

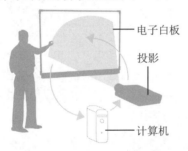

图5-1 传统电子白板

- 交互式一体机:随着科学技术的发展,交互式一体机作为新型多媒体互动教学终端,应用更为广泛。它集电子白板、短焦投影仪、功放机、音响、计算机、视频展台等多媒体设备功能于一体,是一种"智慧黑板"。其就像一个很大尺寸的触屏平板电脑,关机后还可当作普通黑板进行粉笔书写,节省了教室空间,教师的操作也更便捷,如图5-2所示。

图5-2 交互式一体机

2. 电子白板教学应用

目前，运用电子白板进行日常教学的优势日益突出。它可以让教师与学生在课堂教学中实现积极的互动，有助于提高学生的学习兴趣，比投影屏幕上只能是"一成不变"的显示内容更适合多样化教学和创造性教学的需要。

- 教学资源呈现的多样性：电子白板技术能够方便地引入多种类型的数字化信息资源，如视频、图像、Flash动画、音频等，并且能够对这些多媒体信息进行有效的组织、整合和控制。使用它，教师可以灵活地将数字化资源呈现在学生面前，解决了传统多媒体投影教学中课件教学的内容及结构比较固定的问题。
- 教学展示过程的可控性：运用电子白板教学，教师可以不再拘束于计算机前，只要对电子白板进行操作，就能对计算机中多媒体教学素材的展示进行有效控制。因此在课堂教学中，交互式电子白板的应用能够充分发挥教师的身体语言，同时避免了教师在黑板与计算机之间往返走动分散学生的注意力。
- 教学存储信息的即时性：交互式电子白板能即时存放教学过程中的板书内容。在教学过程中呈现在电子白板屏幕上的文字、图形、图像都能够保存到存储设备中，以备他用。存储下来的教学内容不仅有利于学生的学习、复习，以及与老师之间的交流，还可以捕获并记录教学过程中学生闪现的灵感。
- 课堂教学环节的高效性：交互式电子白板可以帮助教师更快地进行课堂引入，使教学过程变得更容易，特别是学生参与白板操作时，这种作用将会更加明显，电子白板的信息呈现方式，如颜色和动画等能够激发学生的学习动机，并且还有利于注意力的保持，学习效果也会更加高效。

5.1.2 维护与保养电子白板

电子白板的板面一般都由高质量耐磨的材料制成，正常使用时，一般不会出现问题，但是一定要避免使用锐利的器物(如刀子等)接触板面，并且电子产品都需要保持干燥的环境，使用过程中不能用滴水的抹布进行擦拭，以免毁坏和划破板面。

1. 维护

通常情况下不要让书写物长时间留在板面上，否则字迹不容易清除干净。需格外注意的是，除了专用的笔或书写工具，最好别让任何东西与白板接触，例如，不能使用油性彩笔在电子白板上书写，万一出现这种情况，必须立即用脱脂棉蘸酒精轻轻地擦拭电子白板的板面。

2. 保养

为了保证板面良好的显示效果，需要经常进行清洗。如果电子白板使用频繁，最好一周左右清洁一次，这样能保持最佳的清晰度。在对电子白板面板进行清洁之前，交互式电子白板应先退出系统，将投影仪转入待机模式，这样能更容易地显示出污渍与条纹。移动电子白板时，不能碰触屏幕或对白板进行擦拭。

对电子白板写入表面使用干净的软布进行擦拭即可，切勿用干布擦拭屏幕，以免产生静电，若使用湿布，一定要拧干，不能有水流出，更不能让水从底框渗入板内。另外，小面积试用无磨蚀性的变性酒精、玻璃清洁剂后，也可使用，特制的白板清洁剂可以达到更好的清洁效果，遇到难以清除的污垢，可以将清洁剂喷到面板上，然后再用纸巾擦拭。

5.1.3 电子白板软件基本操作

电子白板的操作需要配套的软件支持，目前比较常用的电子白板软件是"希沃白板"等。利用它可以制作教学中使用的电子白板课件，同时在操作电子白板时，也需要使用该软件。

1. "希沃白板"工作界面

双击桌面的"希沃白板 5"程序图标 (或在"开始"菜单中选择 Swenlauncher 命令)，可以运行"希沃白板"软件。运行软件后，单击"新建课件"按钮，选择合适的模板，打开如图 5-3 所示的工作界面，界面由标题栏、菜单栏、工具栏、页面缩略栏、编辑窗口、设置面板等组成。

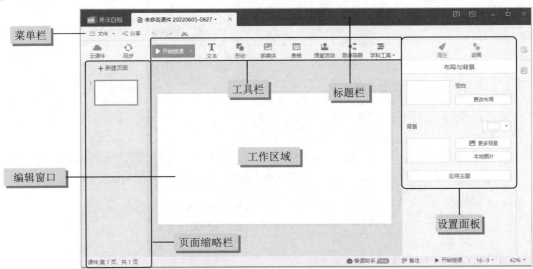

图5-3　"希沃白板"工作界面

- 工具栏："希沃白板"工具栏中除具备一些常用的文本、形状、多媒体、表情和思维导图，还提供了很多课堂交互活动和学科工具资源，如图5-4所示，帮助教师丰富课堂教学。

图5-4　课堂交互活动和学科工具资源

- 设置面板：设置面板中包含两个选项卡，分别是"属性"和"动画"，如图5-5所示。选择不同的选项卡，可以切换不同的功能，来设置对象的属性，添加合适的动画。

图5-5　设置面板

2. "希沃白板"页面操作

希沃课件与PowerPoint课件类似，由若干张页面组成。因此，制作课件需要掌握添加新空白页、删除页、调整页面顺序等基本操作。

- 添加新空白页：打开"希沃白板"，文档默认只有一张空白页，实际制作课件时需要添加新的空白页，单击页面缩略栏中的 +新建页面 按钮即可；按图5-6所示操作，也可新建页面；或者直接按键盘上的Enter键新建页面。

图5-6　添加新空白页

- 删除页：在页面缩略栏中选定指定的页，直接按键盘上的Delete键删除，或者选择"右击"→"删除"命令进行删除。

- 复制页：制作课件时，经常会有类似PowerPoint中的模板，在希沃白板中可复制整页内容进行适当的修改，提高课件的制作效率。
- 移动页：课件中往往有多个页面，有时需要对制作的页面调整顺序，一般有两种方法实现，一种是用"编辑"菜单中的"剪切"和"粘贴"命令，另一种是在左侧页面缩略栏中选定需要调整的页面，按住鼠标拖到适当位置即可。

3. "希沃白板"课件操作

"希沃白板"课件交互性更强，放映课件时教师可根据课堂实际适时呈现页面内容，体现生成性，并且在课件中还可以即时批注，圈画重难点，注重交互性。

- 打开课件：选择"文件"→"导入课件"命令，打开希沃课件。
- 运行课件：打开课件后，单击工具栏中的 开始授课 按钮，可以切换为课件全屏放映模式。在全屏放映模式状态，课件页面全屏显示，其最下方的多个工具栏，如图5-7所示，可以帮助教师对课件进行操作。

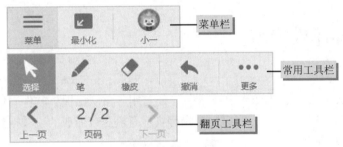

图5-7 放映工具栏

- 批注课件：课件放映过程中，可利用常用工具栏中的"更多选项"，如图5-8所示，按需要选择"形状""学科"等辅助工具，适时批注修改页面内容。

图5-8 通用和学科工具

- 最小化课件：课件全屏放映过程中，如果需要切换到桌面进行其他操作，可以单击"最小化"按钮，直接切换到桌面模式，自动出现如图5-9所示的浮动工具栏，使用"笔"工具可直接对桌面内容进行批注操作；需要回到课件放映时，可单击"还原"按钮。

图5-9 利用浮动工具栏批注桌面

5.2 添加课件内容

无论是用 PowerPoint 或 Flash 制作的课件,还是用"希沃白板"软件制作的课件,其组织形式上都是由文字、图片、图形、音频、视频等素材有机组合而成的。掌握如何导入、编辑这些素材是制作课件的前提。

5.2.1 添加文字

制作多媒体 CAI 课件自然少不了文字。文本可以有效地表达教学思想,展示教学过程,从而提高教学效果和质量。

添加文字

实例 1 从百草园到三味书屋

本实例是人教版七年级《语文》下册课文"从百草园到三味书屋"的内容,该微课课件封面力求简洁大方,重点突出课题,效果如图 5-10 所示。

制作本课件封面,应先设置课件背景,再使用"文本"工具输入标题和作者,然后设置文字的字体、字号、颜色。

图5-10 课件"从百草园到三味书屋"封面效果图

跟我学

01 新建课件 运行"希沃白板"软件,新建一个空白课件,重命名为"从百草园到三味书屋"。

02 设置背景 在属性面板中,按图 5-11 所示操作,选择合适的图片,设置页面的背景。

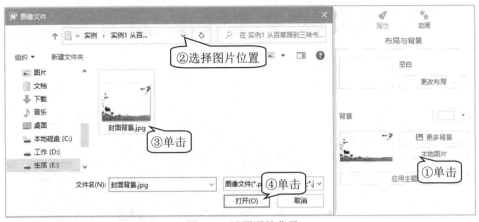

图5-11 设置课件背景

03 **输入文本** 选择"文本"工具，按图 5-12 所示操作，输入课件标题"从百草园到三味书屋"。

04 **设置字体格式** 使用"文本"属性面板，对输入的文字标题进行美化修饰，使课件标题更醒目，本实例选择"方正流行体简体、56 号、深绿色"，效果如图 5-13 所示。

图5-12 输入课件标题　　　　　　　图5-13 美化标题效果

05 **输入作者** 按同样的方法输入作者"鲁迅"，设置字体格式为"华文中宋、36 号、黑色"。

06 **导出课件** 选择"文件"→"导出课件"命令，导出课件。

知识库

1. 导出课件

在"希沃白板"软件中编辑课件，需要登录个人账号。新建的课件，会自动保存到"我的云课件"中，可以选择"文件"→"导出课件"命令，将课件导出为离线文件。根据需要，可以将新建的课件发送到云端课件库分享给他人，按图 5-14 所示操作，在课件库中查找需要的课件。

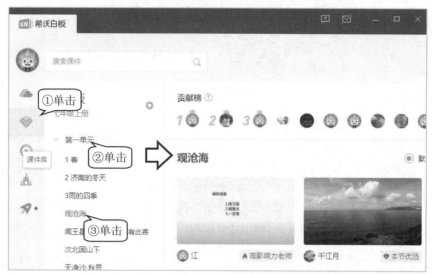

图5-14　查找课件

2. 设置文本属性

单击需要设置格式的文本，将自动打开属性面板，如图 5-15 所示，可以设置文本的字体、布局、阴影、倒影和透明度等，还可以对课件文本进行对齐、旋转等简单排版。

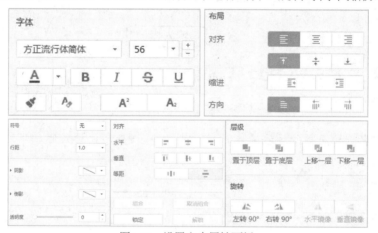

图5-15　设置文本属性面板

5.2.2　添加图片

图片在课件中是帮助分析教学内容的重要媒体元素，也是课件组成的元素之一，能够直接再现事物本身，直观具体地表达教学内容，有利于学生的思考和对思维的加工。

实例2　鸦片战争的烽烟

添加图片

本实例是北师大版义务教育课程标准实验教科书八年级上册《历史》内容，课件中展示了大量的历史图片，还原了历史情景，形象直观。课件封面页和内容页如图 5-16 所示。

课件封面　　　　　　　　　　　内容页面

图5-16　课件"鸦片战争的烽烟"部分页面效果图

课件的封面页由背景和课题文字组成。背景除了设置的方法,还可以直接插入背景图片,并锁定位置。内容页由文字和主题图片构成,对插入的图片可以调整大小和位置。

■ 制作封面

首先使用"希沃白板"软件制作课件封面,通过插入图片设置封面页面背景,再插入文本框,输入课件标题。

01 新建页面　运行"希沃白板"软件,新建一个空白课件。

02 插入图片背景　选择"多媒体"工具,打开"插入多媒体"对话框,插入封面背景图片。

03 锁定图片　调整图片的大小、位置后,选择图片并右击,在快捷菜单中选择"锁定"命令,锁定图片,防止教学过程中移动背景图片。

 课件中的图片锁定后,不能进行删除、修改大小、层级、旋转、对齐等排版操作,可以进行裁剪、边框、阴影、透明度等设置;制作课件时要根据需要选择合适的方式。

04 插入标题　选择"文本"工具,输入标题及作者姓名,并设置字体格式,效果如图5-16所示。

■ 制作内容页面

课件由多页组成,要根据课件脚本添加若干张空白页,再插入与本课题相关的图片、文字等素材内容,如在本课件第2页中插入虎门销烟的纪念碑。

01 添加空白页　单击工具栏中的"新建页面"按钮,添加一个空白页。

02 设置正文背景　在属性面板中,设置正文背景图片为"正文页背景",效果如图5-17所示。

03 插入图片　选择"多媒体"工具,插入"虎门销烟浮雕"图片。

04 输入文字　选择"文本"工具,输入插图说明性文字并修饰美化,第2页的效果如图5-18所示。

05 制作其他页　选择第2页,右击,选择"复制"→"粘贴"命令,复制并修改其他页面内容。

图5-17 课件封面效果

图5-18 课件第2页效果

06 导出课件 选择"文件"→"导出课件"命令,导出课件并重命名为"鸦片战争的烽烟.enbx"。

1. 编辑图片对象

单击需要编辑的图片,其四周会出现8个控制柄和一个旋转柄,通过相应的手柄可以对图片的大小、位置、方向等进行编辑。

- 调整图片大小:如图5-19所示,拖动四周的圆形手柄,可以调整图片的大小。

图5-19 调整图片大小

- 旋转图片方向:按图5-20所示操作,拖动旋转手柄可以旋转图片,调整图片方向。

调整前　　　　　　　　　　　　　调整后

图5-20 旋转图片方向

- 镜像图片:选择属性面板中的"排版"→"水平镜像"或"垂直镜像"功能,可以产生镜像图片,如图5-21所示。

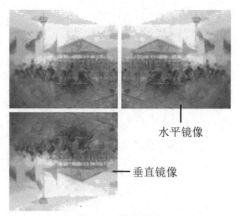

图5-21　镜像图片

- 添加图片蒙层：选择图片并右击，在快捷菜单中选择"更多操作"→"添加蒙层"命令，可以创建图片的蒙层，在课件放映模式下，使用橡皮擦工具可以擦除蒙层显示图片内容，如图5-22所示。

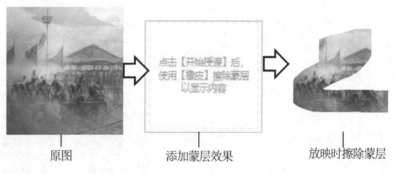

图5-22　添加图片蒙层

2. 设置图片属性

与PowerPoint软件一样，也可以对"希沃白板"软件中插入的图片等素材设置动画效果和透明效果，由此增加教学活动的趣味性，并突出教学重点。

- 透明效果：选中页面中的图片，按图5-23所示操作，拖动设置其透明度。

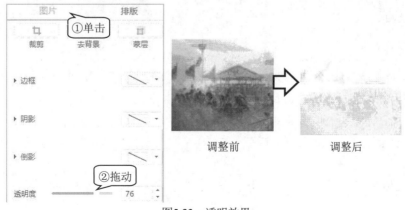

图5-23　透明效果

- 动画效果：与PowerPoint软件自定义动画功能相似，按图5-24所示操作，设置图片出现的动画效果。

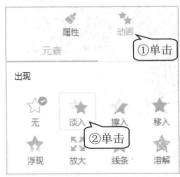

图5-24　动画效果

5.2.3　添加影音

有声有色的音视频素材，可以丰富课件内容，为课件增色。在"希沃白板"软件中支持插入 MP3、WAV 等格式的声音，以及 FLV、MP4 等格式的视频，所以在准备素材时要注意音频、视频格式。

添加影音

实例3　七律•长征

本实例是苏教版五年级《语文》教材"七律•长征"课件内容。为了让学生更深刻地理解"远征难"，在课件中插入《飞夺泸定桥》的电影片段，身临其境的视频再现了红军长征的艰难险阻，帮助学生感悟诗歌中的意境，如图 5-25 所示。

课件用两个页面内容表现诗歌的意境：一个是诗歌的内容页面，添加配乐朗诵音频；另一个是导入相关的电影片段，直观呈现视频情境，让学生身临其境。

图5-25　课件"七律•长征"效果图

跟我学

■ 插入配乐朗诵

在课件中输入诗歌原文，再插入"七律•长征"配乐朗诵音频，增加诗歌意境。

01 新建课件　运行"希沃白板"软件，新建一个课件"七律•长征.enbx"。

02 插入图片　插入"长城水墨.jpg"图片作为课件背景，锁定插入的图片。

03 输入文本　选择"文本"工具，在页面中输入"七律•长征"诗歌内容，并设置字体、段落格式以修饰美化文本。

04 插入音频　选定诗歌对象，选择"多媒体"工具，按图 5-26 所示操作，插入配乐朗诵声音。

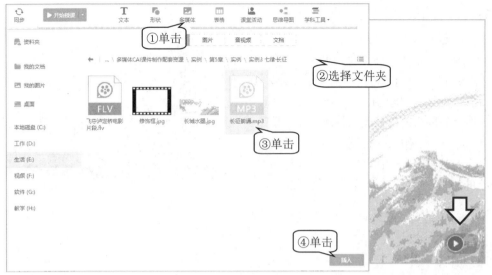

图5-26 插入音频

 使用"希沃白板"软件制作课件时,插入的图片、音视频和文档都可以利用"多媒体"工具来实现。

■ 插入视频

在课件中插入"飞夺泸定桥"电影视频片段,"希沃白板"软件自带的播放栏具有截图、音量控制和视频打点等功能。

01 复制第1页 选择第1页,右击,在快捷菜单中选择"复制"→"粘贴"命令,复制第1页内容并删除不要的部分作为第2页。

02 插入视频 选择"多媒体"工具,打开"插入多媒体文件"对话框,选择并插入视频。

03 插入图片 插入"修饰框.jpg"图片,将该图框住视频,模拟电影播放胶片,效果如图 5-27 所示。

04 导出课件 选择"文件"→"导出课件"命令,导出课件。

图5-27 模拟电影胶片

5.2.4 添加动画

若教学内容是不易直接表达的、看不清的,或者无法用实景来表达的情景,往往可借助动画来制作使学生便于接受、领会的视觉形象。在"希沃白板"软件中插入 Flash 动画,比在 PowerPoint 中插入动画的方法要简单许多。

添加动画

实例 4 　光的折射

本实例是人教版八年级《物理》中"光的折射"内容，光从空气折射到水中，方向改变，通过插入一个动态演示的 Flash 动画，直观形象，如图 5-28 所示。

课件"光的折射"页面由标题文字、图片和动画组成。制作课件时先要添加标题文字和主题图片内容，设计好版面，然后通过超链接的方式导入"光的折射现象"Flash 动画。

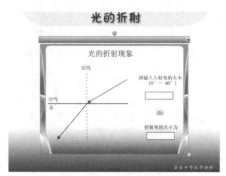

图5-28　插入动画效果图

跟我学

01　新建课件　　运行"希沃白板"软件，新建"光的折射.enbx"课件。

02　添加课件内容　　搭建课件框架，根据教学设计设置课件背景内容，插入"光的折射示意图"图片，效果如图 5-29 所示。

03　插入超链接　　右击图片，在快捷菜单中选择"更多操作"→"添加超链接"命令，按图 5-30 所示操作，在弹出的"添加超链接"对话框中，插入"光的折射"动画。

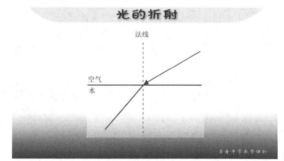

图5-29　添加课件元素

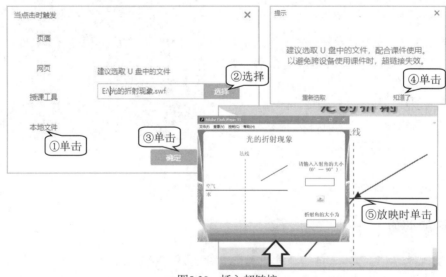

图5-30　插入超链接

04　导出课件　　选择"文件"→"导出课件"命令，导出课件。

5.2.5 添加思维导图

课堂总结环节中常用思维导图展示本节课的知识点框架，引导学生在课堂中进行知识的归纳总结，也方便学生进行复习巩固。

实例5　创建与美化表格

本实例是七年级上册信息技术"创建与美化表格"一课中的内容，课件中需要归纳和总结表格创建美化的步骤与方法，效果如图5-31所示，可以使用思维导图的形式层层分析，引导学生思考并构建清晰的知识图谱。

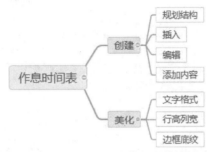

图5-31　"创建与美化表格"课件效果图

使用思维导图功能，可以添加多个分支，并根据分支的特点修改样式，添加遮罩效果，课件放映时，选择对应的内容进行显示即可。

跟我学

01 新建课件　运行"希沃白板"软件，新建课件"创建与美化表格.enbx"。

02 创建思维导图　按图5-32所示操作，选择"思维导图"工具，创建思维导图，并根据教学设计修改中心主题和分支主题的文字，删除多余的分支主题。

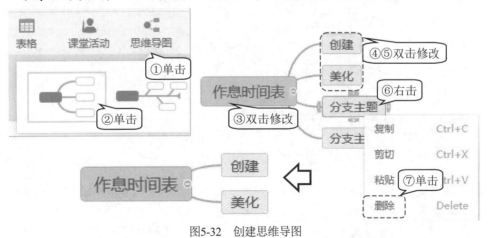

图5-32　创建思维导图

03 增加子分支　按图5-33所示操作，添加子分支，并修改分支文字内容。

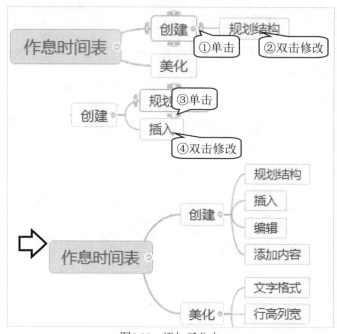

图5-33 添加子分支

04 美化分支 可根据教学美化各个分支，按图 5-34 所示操作，完成中心主题和分支的格式设置。

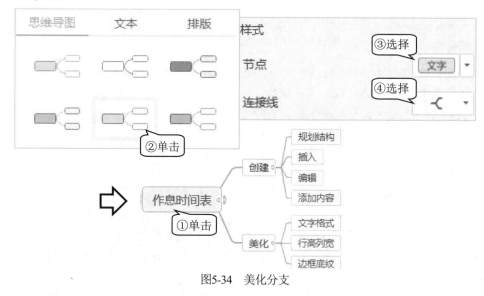

图5-34 美化分支

05 添加遮罩效果 按图 5-35 所示操作，为分支添加遮罩效果，课件放映时，显示哪个分支就单击选择哪个分支，有效引导学生思考归纳。

06 导出课件 选择"文件"→"导出课件"命令，导出课件。

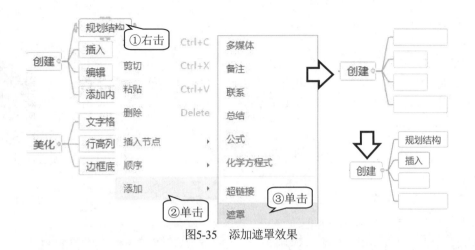

图5-35 添加遮罩效果

思维导图的分支中不仅可以添加文本,还可以添加多媒体、备注、公式、化学方程式、超链接等。

创新园

01 打开"一次比一次有进步"课件,在识字页面中,依次添加文字和图片,并排版,效果如图5-36所示(提示:蘑菇房可以运用"形状"工具绘制、克隆)。

02 打开"海底世界"课件,在页面中添加图片,去除每张图片的白色背景,并为"海参"等海底动物添加声音,课件效果如图5-37所示。

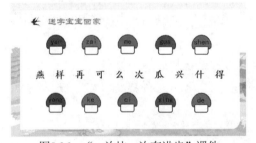

图5-36 "一次比一次有进步"课件

图5-37 "海底世界"课件

5.3 设置课件交互

交互式电子白板的优势是交互性强,利于课堂生成。传统课件多数是按预设的顺序播放,而电子白板课件则可以有选择地呈现,甚至随时保留课堂生成性资源。"希沃白板"软件中的屏幕批注、屏幕遮盖、放大镜、课堂游戏活动等功能可以增强课件的交互性。

5.3.1 添加屏幕批注

为突出课件内容的重难点，如语文课文中的重点字、词、句，选择"笔"工具在白板课件中批注，如同教师在学生作业本中批注，操作简单、随机生成，并可以保存批注笔迹，在下课时帮助学生梳理知识、归纳总结。

添加屏幕批注

实例 6　命题与证明

本实例是沪科版八年级《数学》上册"14.2 命题与证明"小节内容，重点要让学生知道命题的定义、如何判断是否是命题，以及快速正确地找到命题的题设与结论。因此，在课堂教学中要引导学生分析命题，结合课件画出"如果……那么……"关联词，如图 5-38 所示。

电子白板放映课件过程中，可以直接运用画笔在页面上书写，圈画重点，因此本实例只要将呈现的概念文字录入，并按顺序排版即可。

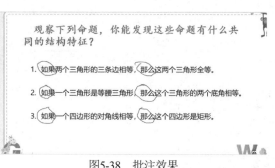

图5-38　批注效果

跟我学

■ 制作课件

首先设计课件脚本，选择教学内容制作希沃白板课件，然后输入文本，并灵活使用图形美化课件。

01 新建文件　运行"希沃白板"软件，新建"命题与证明.enbx"文件。

02 制作封面　按图 5-39 所示操作，选取合适的背景图，输入课件标题"14.2 命题与证明"，并设置格式"楷体、64 号、深绿色"。

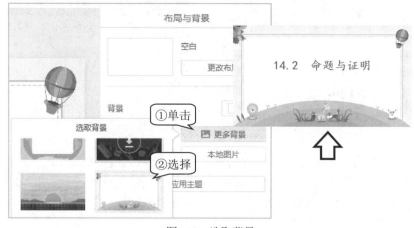

图5-39　选取背景

03 制作第 2 页　添加空白页，输入课件内容，为文本添加项目符号，完成课件第 2 页的制作，效果如图 5-38 所示。

■ 使用课件

希沃电子白板交互性之一便是教师在上课时，可随时选择各种笔进行屏幕批注，并保存笔迹。

01 打开课件　运行软件，打开"命题与证明.enbx"课件。

02 全屏查看　在工具栏中选择"开始授课"命令，全屏播放课件。

03 选择"笔"工具　按图 5-40 所示操作，在播放控制浮动面板中选择合适的"笔"工具。

04 屏幕批注　选择"笔"工具后，鼠标指针为笔形，在课件的关键位置圈画，效果如图 5-38 所示。

05 退出批注　批注完成后，单击"选择"按钮，返回"选择"状态。

06 导出批注　批注完成后，选择"菜单"→"导出"→"保存为图片(含板书)"命令，可将批注笔迹保存。

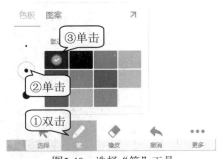

图5-40　选择"笔"工具

5.3.2 设置屏幕遮盖

屏幕遮盖能将课件内容(或部分内容)遮挡住，在教学过程中适时逐渐显现内容。一般可通过添加蒙层来实现，课件放映时显示哪里就用橡皮擦擦除蒙层显示哪里。

设置屏幕遮盖

实例 7　匀速圆周运动

本实例是人教版高一《物理》第二章第一节教学内容，主要介绍圆周运动的基本概念和公式，研究圆周运动的特征，描述圆周运动快慢的物理量，概念较多，上课时若全部呈现，效果不好，建议逐步呈现，循序渐进，效果如图 5-41 所示。

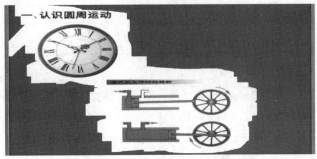

图5-41　课件"匀速圆周运动"效果图

实现课件内容的逐步显示，可以给要显示的对象添加蒙层，课件放映时使用橡皮擦擦除蒙层即可实现逐步显示。

跟我学

01 打开课件 运行"希沃白板"软件，打开"匀速圆周运动.enbx"课件。

02 添加蒙层 选定课件首页中的图片并右击，在快捷菜单中选择"更多操作"→"添加蒙层"命令，可将图片全部遮挡。

03 擦除蒙层 单击"开始授课"按钮，进入课件放映全屏模式，按图 5-42 所示操作，逐步擦除蒙层。

图5-42　擦除蒙层

04 导出课件 选择"文件"→"导出课件"命令，导出课件。

5.3.3 巧用放大镜

为了方便学生观察课件中插入的对象的局部细节，可以利用"希沃白板"的放大镜功能将需要的重要内容进行放大显示，实现课堂互动，促进动态生成。

巧用放大镜

实例8 进化与遗传

在"进化与遗传"一课中，课件用一幅由猿到人的进化图片导入新课，为了更好地调动学生学习的积极性，采用放大镜功能聚焦其中一次进化，再移动放大镜将镜头逐个显露，引导学生聚焦猿到人的进化过程，效果如图 5-43 所示。

图5-43　课件"进化与遗传"效果图

使用放大镜功能，需要课件进入放映模式，默认情况下，放大镜是开灯模式，只放大覆盖的区域，若切换到关灯模式，则是聚光灯模式。

跟我学

01 新建课件 运行"希沃白板"软件，新建课件"进化与遗传.enbx"。
02 插入图片 插入进化的图片到空白页，并插入文字图片，锁定图片位置和大小。
03 选择放大镜 进入"开始授课"模式，从菜单中选择"更多"→"放大镜"命令，课件出现如图5-44所示的效果。

图5-44　选择放大镜

04 调整放大镜 按图5-45所示操作，调整放大镜的形状和大小。
05 切换放大镜模式 按图5-46所示操作，可调整放大镜为关灯模式。

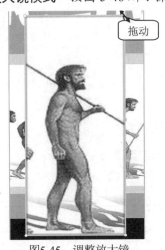 

图5-45　调整放大镜　　　　　图5-46　切换放大镜模式

06 退出放大镜 选择"关闭"命令，退出放大镜功能。
07 导出课件 选择"文件"→"导出课件"命令，导出课件。

 除了可以选择"放大镜"命令，还可以利用"截图"工具圈出封闭图形，突显课件局部内容，它与放大镜的区别是其他区域并非完全不可见。

5.3.4 设计游戏活动

"希沃白板"软件中提供有很多课堂活动模板,教师可根据课堂教学需要选择,灵活运用这些特殊的功能设计出有趣的互动活动,如设置有趣的课堂游戏活动,让学生在快乐的游戏中学习,使课堂教学变得更有趣。

设计游戏活动

实例 9　A green world

本实例是牛津版初中《英语》八年级下册"A green world"一课内容。实例中运用选词填空课堂活动让学生认识新单词,如图5-47所示。在认读英文新单词页面,学生可以拖动英文单词到横线上,对应单词的中文含义。

制作课件时,需要选择"课堂活动"中的"选词填空"模板,根据学科教学需要,可以选择"趣味英语"作为模板,修改内容和选项,完成课程交互活动的编辑。

图5-47　课件"A green world"效果图

跟我学

01 新建课件　运行"希沃白板"软件,新建课件"A green world.enbx"。

02 选择课堂活动　按图 5-48 所示操作,选择"课堂活动"工具,利用"课堂活动"对话框,选择合适的模板并应用。

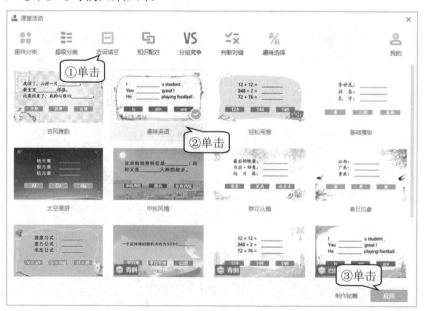

图5-48　选择课堂活动

03 编辑活动内容　按图 5-49 所示操作，添加题目、填空项目和干扰项目。

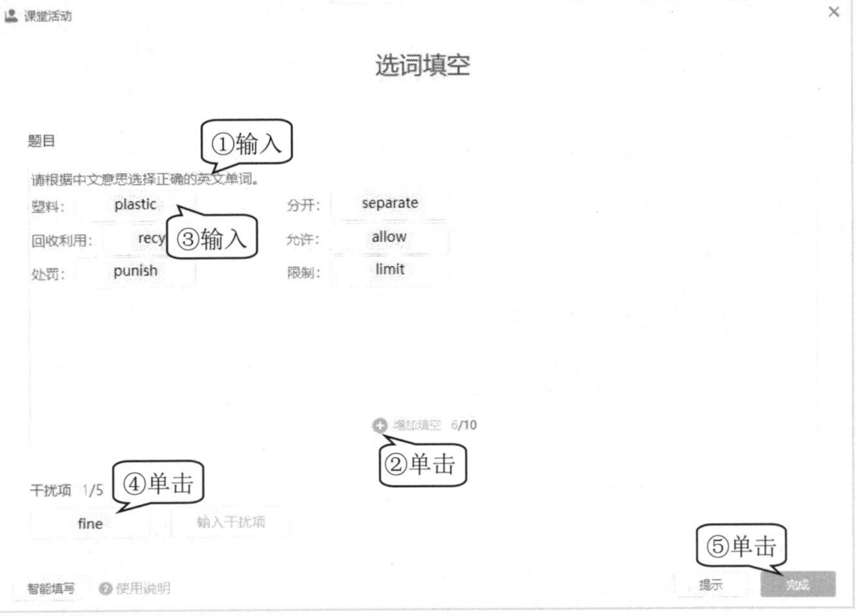

图5-49　编辑活动内容

04 美化题目　可根据教学要求，美化文字格式为"微软雅黑、29 号、深绿色、加粗"，效果如图 5-47 所示。

05 导出课件　选择"文件"→"导出课件"命令，导出课件。

实例 10　果蔬吃吃乐

本实例是幼儿园教学中"果蔬吃吃乐"一课内容，主要讲解关于生活中常见水果和蔬菜的分类知识。实例中教师以吃吃乐的方式设计了互动游戏，效果如图 5-50 所示。

图5-50　课件"果蔬吃吃乐"效果图

制作课件时，可以选择"课堂活动"中的"趣味分类"模板，根据学科教学需要，选择"阳光沙滩"作为模板修改内容、选项，还可以设置竞技模式，完成课程交互活动的编辑。

跟我学

01 新建课件　运行"希沃白板"软件，新建课件"果蔬吃吃乐.enbx"。

02 选择课堂活动　选择"课堂活动"工具，利用"课堂活动"对话框，选择"趣味分类"中"阳光沙滩"模板并应用。

03 编辑活动内容 按图 5-51 所示操作,添加题目、填空项目和干扰项目。

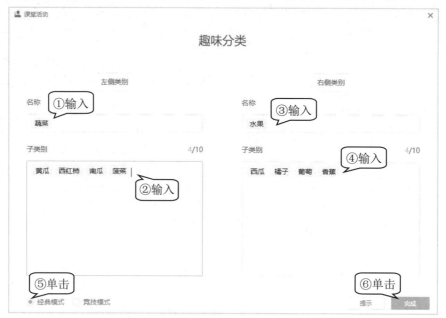

图5-51 编辑活动内容

04 美化题目 按图 5-52 所示操作,对游戏中的文字进行美化,文字格式为"微软雅黑、22号、绿色、加粗"。

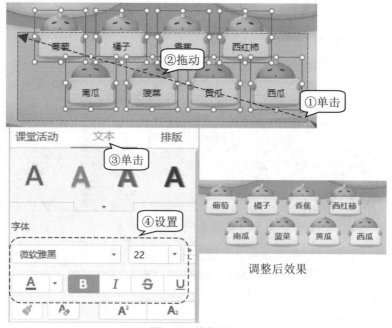

图5-52 美化题目

05 导出课件 选择"文件"→"导出课件"命令,导出课件。

> **创新园**

01 尝试制作人教版小学三年级《数学》下册"搭配问题"课件练习页面，如图5-53所示。运行课件时，学生拖动组合图片，搭配衣服。(提示：运用克隆功能)

图5-53 "搭配问题"课件

02 制作"森林争霸赛"游戏课件，使用"课堂活动"中的"判断对错"模板，可以让两名学生同时进行题目的判断对错，竞技答题，如图5-54所示。

图5-54 "森林争霸赛"课件

5.4 使用学科工具

在"希沃白板"软件中，集成了很多学科(如语文、数学、英语、物理和化学等)工具，这些学科工具可以快捷辅助不同学科教师来丰富教学课件，优化课堂教学，是很好的教学帮手。

5.4.1 使用语文学科工具

"希沃白板"软件中提供了汉字、古诗词、听写等常用的语文学科工具，比传统方式更生动有趣，促进了课堂互动，方便教师操作使用。

使用语文学科工具

实例11 听读赏析

本实例是小学语文三年级"听读赏析"课件内容,课件中教师展示了古诗词、生词,设置了自动听写环节,效果如图5-55所示。

图5-55 课件"听读赏析"效果图

制作课件时,选择"学科工具"中的"汉字"功能展示生词,可以清晰地显示生词笔画、拼音、读音、部首、书写方法等;学科工具中还提供了部编版小学语文中常用的古诗词,可以进行翻译解析;听写功能可以自动设置听写的词语内容和数量,设置朗读方式、书写时间和朗读次数等。

跟我学

01 新建课件 运行"希沃白板"软件,新建"听读赏析"课件。

02 插入古诗词 根据课堂教学需要,选择"学科工具"→"古诗词"命令,按图5-56所示操作,在"古诗词"对话框中选择古诗,将会自动插入课件中。

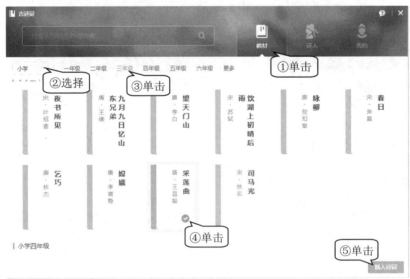

图5-56 插入古诗词

03 赏析古诗词 可以切换到古诗词翻译模式,对应古诗的译文,还能展示古诗词的作者信息和简介等,效果如图5-55所示。

单击"诗词百科",可以直接打开"百度百科"中关于该诗词的详细介绍,还配有短视频欣赏等。

04 添加生词 新建第 2 页,按图 5-57 所示操作,修改页面背景,选择"学科工具"→"汉字"命令,添加"裁、莲、裙"3 个生词。

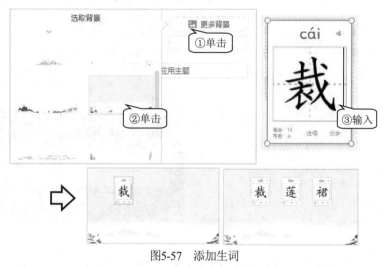

图5-57 添加生词

05 添加听写 按图 5-58 所示操作,选择"学科工具"→"听写"命令,添加相关单元章节中的词语听写内容。

图5-58 添加听写

06 导出课件 选择"文件"→"保存"命令,导出课件。

5.4.2 使用英语学科工具

"希沃白板"软件中提供了英汉字典、四线三格、示范课件等常用的英语学科工具,方便学生理解,比传统黑板方式更具有扩展性和整合性,能促进课堂中学生对英文单词的释义、词组和近义词的理解,方便教师教学拓展。

使用英语学科工具

实例 12　This is me

本实例是初中英语七年级上册牛津译林版"This is me"内容,课件中教师展示了英文单词卡、手写体英文单词等,添加备课助手中包含的优秀课件内容,丰富自己的课件,效果如图 5-59 所示。

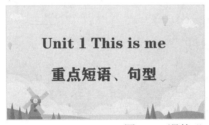 

图5-59　课件"This is me"效果图

制作课件时,可以选择"学科工具"中的"英汉字典"功能展示英文单词的单词卡,利用"四线三格"功能可以展示手写体的英文单词;另外,"希沃白板"软件中的备课助手中提供了很多制作完成的课件模板,可以根据教学需要合理选用。

跟我学

01 新建课件　运行"希沃白板"软件,新建"This is me"课件。

02 插入单词卡　选择"学科工具"→"英汉字典"命令,按图 5-60 所示操作,在"英汉字典"对话框中输入英文单词并生成单词卡。

图5-60　插入单词卡

03 插入四线格　选择"学科工具"→"四线三格"命令,按图 5-61 所示操作,输入英文单词的手写体,指导学生在四线三格中书写规范的英文。

图5-61　插入四线格

04　添加示范课件　按图 5-62 所示操作，利用备课助手，查找并选用合适的示范课件供教师使用。

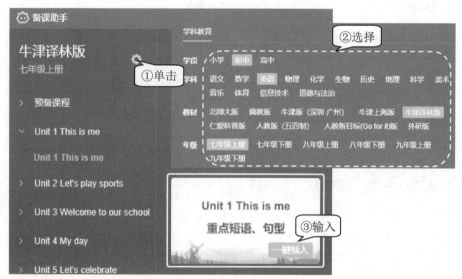

图5-62　添加示范课件

05　导出课件　选择"文件"→"导出课件"命令，导出课件。

5.4.3　使用数学学科工具

"希沃白板"软件提供了一系列数学学科工具，如绘制平面、立体几何图形、输入一些数学公式和插入自定义的函数等，可以帮助教师分析数学原理等。

| 实例 13 　数学复习要点

本实例是人教版八年级《数学》上册"数学复习要点"课件内容，利用希沃电子白板，制作一些知识要点和练习题，帮助学生复习巩固知识，效果如图 5-63 所示。

使用数学学科工具

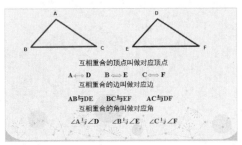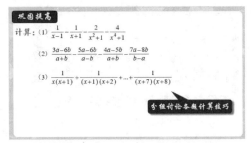

图5-63　课件"数学复习要点"效果图

制作课件时,可以选择"学科工具"中的"几何"功能绘制三角形,编辑顶点标注并隐藏三角形的角度;在授课放映模式中,可以手动调节三角形的形状;利用"公式"编辑器输入复杂公式等。

跟我学

■ 绘制形状

选择软件中集成的学科工具,利用几何工具绘制平面图形三角形,修改顶点,隐藏角度数据。

01 新建课件　运行"希沃白板"软件,新建"数学复习要点.enbx"文件。

02 绘制三角形　选择"学科工具"→"几何"→"△"命令,按图5-64所示操作,绘制三角形。

03 标注顶点名称　按图5-65所示操作,标注三角形的顶点。

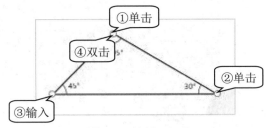

图5-64　绘制三角形

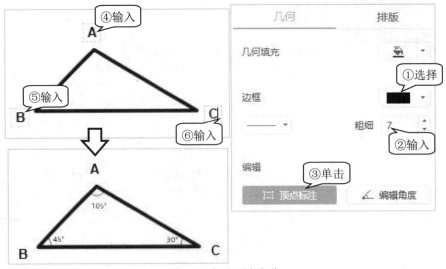

图5-65　标注顶点名称

04 隐藏角度参数　按图 5-66 所示操作，单击角的位置，即可隐藏角度参数。

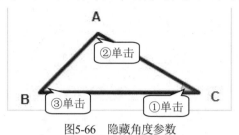

图5-66　隐藏角度参数

05 完善页面编辑　按照课件内容要求，复制一个三角形，并参照上面操作顶点标注，并输入相关文字信息，效果如图 5-63 所示。

■ 插入公式

利用学科工具中的公式工具，选择适当的样式，插入多个分式计算的练习题，确定基础符号。

01 新建页面　新建第 2 张页面，选择一张合适的图片设置为背景，并输入相关文字信息。
02 插入公式　选择"学科工具"→"公式"命令，按图 5-67 所示操作，插入公式。

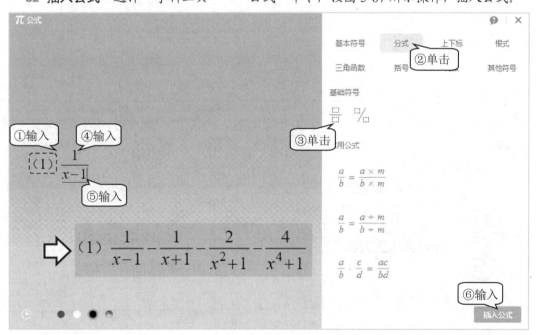

图5-67　插入公式

03 编辑其他公式　根据课件内容要求，完成其他公式的编辑，效果如图 5-68 所示。

(2) $\dfrac{3a-6b}{a+b} - \dfrac{5a-6b}{a-b} - \dfrac{4a-5b}{a+b} - \dfrac{7a-8b}{b-a}$

(3) $\dfrac{1}{x(x+1)} + \dfrac{1}{(x+1)(x+2)} + ... + \dfrac{1}{(x+7)(x+8)}$

图5-68　编辑其他公式

04 导出课件　选择"文件"→"导出课件"命令，导出课件。

01 选择"学科工具"→"函数"命令，输入一个二次函数图像，效果如图5-69所示。
02 选择"学科工具"→"统计图表"命令，绘制一个统计图表，并设置为柱状图，直观进行数据的对比，效果如图5-70所示。

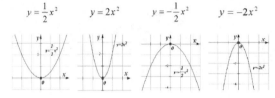

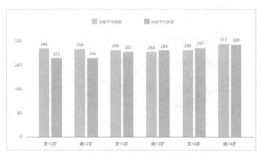

图5-69　"二次函数"课件　　　　　　　　图5-70　"身体形态指数比较"课件

5.5　制作综合课件

前面系统地介绍了使用"希沃白板"软件制作各种类型课件的方法和技巧，限于篇幅，其中的实例大多没有介绍完整的制作过程，为了综合前面所学知识，制作能应用于教学实际的课件，现以初中《信息技术》中的"物联网络连万物"内容为例，完整地介绍一个课件的制作过程，课件效果如图5-71所示。

图5-71　课件"物联网络连万物"效果图

5.5.1　课件制作规划

整个课件包括"封面""课前导入""了解物联网""体验智能交通""总结""延伸""收获反馈"7个部分，共17个页面。

- 封面：展示课件名称，设置背景，插入配图。
- 课前导入：视频介绍物联网是如何影响人的一天生活的；图片展示身边的物联网，智能摄像头对于家庭白天和夜晚的监控；文字动画展示身边常见的物联网应用；引出什么是物联网、如何使用物联网等问题。
- 了解物联网：插入疑问配图，显示物联网与互联网的关系及物联网的含义和特征；布置讨论会，百度搜索生活中还有哪些物联网应用及物联网带来的新变化。
- 体验智能交通：图片动画展示共享单车；百度搜索共享单车的使用；视频总结共享单车的使用；讨论共享单车出现故障该怎么办；提炼共享单车的使用注意事项。
- 总结：图形和文字展示本节课学习要点。
- 延伸：图片展示生活中常见的物联网，引导学生尝试使用。
- 收获反馈：图片展示在线反馈的内容截图，添加超链接；视频展示一些不文明摆放共享单车的行为，提醒学生注意文明出行。

5.5.2 课件制作过程

本节将根据本章所学知识制作综合性多媒体课件，课件内容包含文字、图片、声音、视频等，并使用"希沃白板"制作课件，在课件中将使用课程活动工具包的部分工具。

■ **制作页面内容**

根据教学设计，选择希沃白板，选择合适的应用主题，制作课件封面、导入部分、主体部分、结束等课件页面内容。

01 新建课件 运行"希沃白板"软件，新建"物联网络连万物.enbx"课件。

02 标题页面 选择"更多背景"中的合适模板，并应用主题将当前页面的背景应用到全部页中，添加课件文本内容，效果如图 5-71 所示。

03 制作导入部分 添加 4 个空白页，第 2 页插入视频"物联网的一天"，第 3 页插入图片"智能监控 1""智能监控 2"，第 4、5 页输入文字信息，并插入箭头形状，效果如图 5-72 所示。

图5-72 制作导入部分

04 制作了解物联网页面　新建第6、7、8页,效果如图5-73所示,在相关页面中插入文字、图片、形状和声音。

图5-73　制作了解物联网页面

05 制作体验智能页面　新建第9、10、11、12、13页,效果如图5-74所示,在相关页面中插入文字、图片、形状和声音。

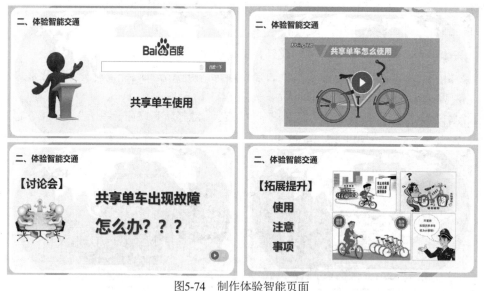

图5-74　制作体验智能页面

06 制作结束部分　新建第14、15、16、17页,效果如图5-75所示,在页面中插入文字、图片、形状和声音。

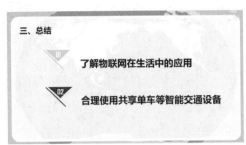
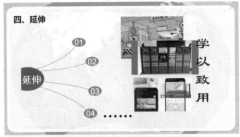

图5-75　制作结束部分

■ 设置页面内容

页面中的内容制作完成后，需要根据教学思路设置一定的视频播放方式、自定义动画和超链接等。

01 设置视频　分别选择第 2、11、17 页中的视频，按图 5-76 所示操作，设置视频播放的方式。

02 设置声音　选择第 7 页中的声音，按图 5-77 所示操作，设置声音播放方式。

图5-76　设置视频

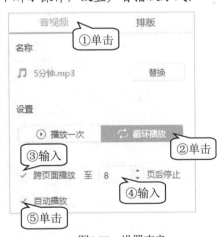
图5-77　设置声音

03 设置动画　选择第 5 页中的箭头形状，根据教学思路，按图 5-78 所示操作，设置形状的自定义动画效果。按照类似方法，完善其他页面中对象的进入、动作和消失等动画效果。

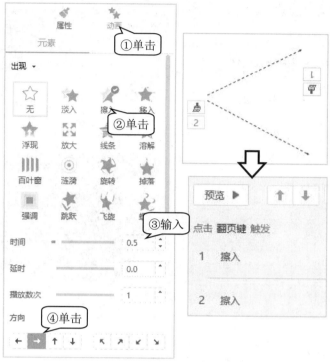

图5-78 设置自定义动画

04 添加超链接 选择第16页的截图,选择"右击"→"更多操作"→"添加超链接"命令,在添加超链接对话框中,按图5-79所示操作,添加超链接到在线反馈网页。

图5-79 添加超链接

05 导出课件 选择"文件"→"导出课件"命令,导出课件。

5.6 小结和习题

5.6.1 本章小结

本章通过一些具体实例,由熟知的 PowerPoint 操作技巧过渡到电子白板软件的操作,从添加基本内容开始到深入研究"希沃白板"软件交互控制技巧及一些常用的教学工具介绍等方面,对课件制作的基本知识和操作技巧进行了系统介绍。本章需要掌握的主要内容如下。

- 初识电子白板:了解电子白板的基本组成和工作原理;掌握常见的电子白板维护与保养的知识;熟悉"希沃白板"软件界面、页面基本操作和课件基本操作。
- 添加课件内容:掌握如何在课件页面中添加文本、图片、音视频、思维导图等内容,并调整图片、文本等元素的属性。
- 设置课件交互:通过运用"希沃白板"软件提供的蒙层、放大镜、课堂活动等功能实现课件交互,了解交互课件的设计和制作方法。
- 使用学科工具:通过操作课件,掌握运用白板工具辅助学科教学的方法,包括语文、数学等。通过实例制作,了解电子白板资源素材的作用,并能灵活选择资源制作交互课件。

5.6.2 强化练习

一、填空题

1. 交互式电子白板按照技术原理分类有 4 种类型,它们分别是_____、_____、_____、_____。
2. "希沃白板"使用界面由_____、_____、_____、_____、_____及_____等部分组成。
3. 在对白板对象进行移动、删除、复制等操作之前,必须要_____。
4. "希沃白板"软件中的学科工具有_____、_____、_____、_____、_____等。
5. "希沃白板"软件保存的文件类型名是_____。

二、选择题

1. 在"希沃白板"软件中,( )视频格式可以正常插入。
   A. MP4　　　　　　B. AVI　　　　　　C. WMV　　　　　　D. SWF
2. 在"希沃白板"软件中选择( )批注后,笔迹会自动消失。
   A. 蜡笔　　　　　　B. 书法笔　　　　　C. 荧光笔　　　　　D. 魔术笔
3. "希沃白板"软件中能使多个对象靠左对齐的图标是( )。

4. "希沃白板"软件中不可直接添加的多媒体类型是(　　)。
   A. 动画　　　　　B. 视频　　　　　C. 音频　　　　　D. 图片
5. 利用"希沃白板"软件制作课件时，可以删除课件页面的方法有(　　)。
   ①删除页　　②清除页　　③橡皮擦　　④重置页　　⑤Delete 键
   A. ①②③　　　　B. ①⑤　　　　C. ①②③④⑤　　D. ①②④⑤

三、判断题

1. "希沃白板"软件中的对象可以使用 Backspace 键删除。　　　　　　　　　(　　)
2. "希沃白板"软件中误操作时，可按 Ctrl+Z 键撤销。　　　　　　　　　　(　　)
3. "希沃白板"软件中删除页是删除整个页面。　　　　　　　　　　　　　　(　　)
4. "希沃白板"软件中无法绘制任意三角形。　　　　　　　　　　　　　　　(　　)
5. "希沃白板"软件中的橡皮擦工具不可删除图形对象。　　　　　　　　　　(　　)

四、问答题

1. 电子白板触碰无响应时，可能存在的问题是什么？
2. 如何给"希沃白板"课件添加背景？
3. 如何隐藏"希沃白板"课件中的对象？
4. 如何使用"希沃白板"按钮实现导航功能？
5. 简述如何实现在一张页面中显示多个内容。

第 6 章　几何画板课件制作实例

使用"几何画板"软件制作课件是中学数学、物理老师必须掌握的技能,因为它能够准确地绘制几何图形,动态地保持几何关系,而且课件制作过程简单,不需要掌握高深的编程技巧。许多教师在上课时现场制作课件,并运行、展示给学生观看,使学生很容易理解所教知识。

■ **本章内容**
- 几何画板制作基础
- 绘制平面几何图形
- 绘制立体几何图形
- 绘制函数图像
- 制作动画型课件

6.1 几何画板制作基础

"几何画板"软件制作的课件可由多张"页面"组成,每张页面上可以放置文字、图片、图形、按钮等对象来展示教学内容,再按照教学需要进行演示,是一种适用于数学、物理知识分析的动态几何工具。

标签与按钮

6.1.1 工作界面

安装"几何画板 5.05 最强中文版"软件后,单击"开始"按钮,在程序列表中选择"几何画板 5.05 最强中文版"→"几何画板 V5.05"命令,运行该软件,进入如图6-1所示的"几何画板"软件界面。

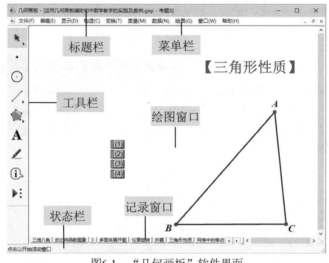

图6-1 "几何画板"软件界面

可以看出,"几何画板"软件界面由标题栏、菜单栏、工具栏、状态栏、记录窗口及绘图窗口等部分组成。

1. 菜单栏

"几何画板"软件功能主要是通过菜单栏中的命令实现的,利用菜单栏不仅可以制作出准确复杂的图形,还可以实现动画、轨迹、追踪、复杂的交互等功能,常用的菜单如下。

- 文件:用于对文件进行操作,包括新建、打开、保存文件等,同时也有页面设置、打印预览等命令。
- 编辑:用于对对象和操作的编辑,包括撤销、重复和剪切、复制、粘贴图片,以及清除对象操作,最重要的是菜单中的"操作类按钮"命令,一般制作动画时都会用到,其他命令的作用将在后面的实例中详细介绍。

- 显示：主要针对对象的设置，如线条的颜色及点、线、圆的标签等，也有对动画的设置，如加速、减速动画等。
- 构造：主要是根据一定的条件来构造对象，如点、线、圆等，这是画板中使用较多的菜单命令。
- 变换：主要是对对象进行适当变换，如平移、旋转等，同时也有设置标记向量、标记中心等作用，也是几何画板中比较常用的命令。
- 度量：主要是针对几何画板中对象的度量，如距离、面积、横坐标、纵坐标等，并有"计算"命令，可以在几何画板中调用计算器。
- 数据：可以新建参数和函数，并实现表格的制作和数据的计算。
- 绘图：有建立坐标系、绘制坐标系中的点等作用，在后面的实例中将详细介绍。
- 窗口：主要是设置窗口风格和显示打开文件的列表。

2. 工具栏

"几何画板"软件窗口的左边是工具栏，这些工具的主要用途是画图和输入文本，默认情况下列出如下 9 个工具。

- "移动箭头"工具：其中包含"移动箭头"工具、"旋转"工具、"缩放"工具，能够实现对对象的选择、移动、旋转和缩放操作。
- "点"工具：用于画点。单击"点"工具，将光标移到绘图区中的适当位置，单击鼠标即可画点。
- "圆"工具：用于画圆。选中"圆"工具，在绘图区先单击鼠标，再移动鼠标指针到另一位置释放，就能画出圆。
- "线段直尺"工具：其中包含"画直线"工具、"画线段"工具和"画射线"工具3种画线工具，鼠标移至相应的工具按钮上松开左键，就能选中相应的工具在绘图区画线。例如，画一条线段，在绘图区先单击鼠标，再移动鼠标指针到另一位置释放，就能画出线段。
- "多边形"工具：用于画多边形。将鼠标指针放在此按钮上，按住鼠标左键，弹出选项，其中包含"多边形"工具、"多边形和边"工具和"多边形边"工具3种画多边形的工具。
- "文字"工具：此工具的功能是显示、隐藏、拖动或编辑点、线和圆等对象的标签，也可制作注释框。
- "标记"工具：用于给对象做标记，可以通过"标记"工具创立角标记，标记相等的角度或是直角，还可以通过"标记"工具创立记号来辨认路径，标记相等的线段或是相互平行的线等。
- "信息"工具：用于显示绘图区中几何对象的信息。
- "自定义"工具：此工具的功能是创建新工具和调用自定义工具。另外，利用此工具还可以查看课件的制作步骤。

6.1.2 基本操作

对象的基本操作包括选择、移动、旋转、缩放、删除和恢复等。在制作课件时,合理地操作对象,可以更快、更好地制作出课件。

1. 选择对象

在对几何对象进行移动、删除、复制等操作之前,必须先选取对象。被选取的对象一般呈红色。

- 选择单个对象:单击"移动箭头"工具 ,再用鼠标单击所要选取的对象即可。若是选择按钮,则将鼠标指针移至按钮左侧的黑色区域,单击后即可选中按钮,此时,按钮将出现红色方框。表6-1所示是部分对象选中和未被选中的区别。

表6-1 对象选中和未被选中的区别

图标	对象选择
·	未选中的点
⊙	选中的点
————	未选中的直线
————	选中的直线
动画点	未选中的按钮
动画点	选中的按钮

- 选择多个对象:依次单击所需选择的对象;若取消对某个对象的选择,再依次单击此对象一次即可。若要选择多个对象,可拖动鼠标拉出一个矩形框,则此矩形框包含的所有对象都被选中。

2. 移动对象

单击工具栏中的"移动箭头"工具 ,选中所需移动的单个或多个对象,按住鼠标拖动,即可移动所选择的对象,所选择对象的父对象和子对象也会跟着移动。如果要进行精确的移动,需要用到"变换"→"平移"命令,该命令的用法将在后面详细介绍。

3. 旋转对象

在旋转前必须先确定一个旋转中心,单击工具栏中的"旋转"工具 ,用鼠标双击选中一点后,此点即设定为旋转中心,按住鼠标拖动,即可实现旋转。若要进行精确的旋转,则需用到"变换"→"旋转"命令。

4. 缩放对象

缩放前必须先确定缩放中心,单击工具栏中的"缩放"工具 ,用鼠标双击选中一点后,此点即设定为缩放中心,按住鼠标拖动,即可实现缩放。若要进行精确的缩放,则需用到"变换"→"缩放"命令,该命令的用法将在后面详细介绍。

5. 删除和恢复对象

单击工具栏中的"移动箭头"工具 ，选中所需删除的单个或多个对象，按 Delete 键即可。若要恢复已删除的对象，按 Ctrl+Z 键即可。

6.2 绘制平面几何图形

复杂的几何图形都是由简单的几何图形组成的，点、线、圆和圆弧就是常用的简单几何图形，这些图形可以利用"构造"菜单中的命令来绘制。

6.2.1 绘制三角形

在"几何画板"软件中，要构造线段的垂直平分线、三角形的中位线等与线段中点有关的图形，必须先作出线段的中点，选择"构造"→"中点"命令，即可在一条或几条线段上取中点。

构造对象

实例1　绘制三角形的 3 条中线

本实例课件验证了三角形的 3 条中线交于一点，由课件题目、课件说明、几何图形三部分组成，效果如图 6-2 所示。

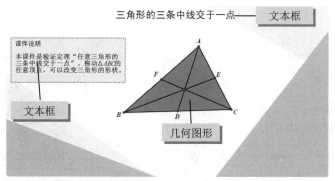

图6-2　课件"绘制三角形的3条中线"效果图

利用"几何画板"中点和线的构造，绘制三角形的 3 条中线，拖动 △ABC 的任意顶点，可以改变三角形的形状。在制作时，可利用"几何画板"软件提供的粘贴图片命令，统一课件的整体背景。

■ 设置参数

在制作"几何画板"课件前，可设置统一背景颜色，根据需要设置对象标签的显示与隐藏属性。

01 运行软件 在"开始"菜单的程序列表中选择"几何画板 5.05 最强中文版"→"几何画板 V5.05"命令,运行"几何画板"软件,新建文件"绘制三角形的 3 条中线.gsp"。

02 设置背景颜色 选择"编辑"→"参数选项"命令,按图 6-3 所示操作,选择合适的背景颜色。

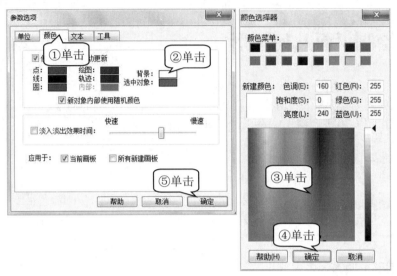

图6-3 选择背景颜色

03 设置自动显示标签 按图 6-4 所示操作,在"参数选项"对话框中,可设置所有对象的标签,选择自动显示几何对象的标签。

图6-4 设置自动显示标签

 为保证各页面背景的一致性,可在"颜色选择器"对话框的"红色""绿色""蓝色"文本框中输入相同的数字。

■ 新建页面

"几何画板"课件中的页面,可利用"文件"→"文档选项"命令,建立新页面或复制其他文件页面。

01 增加新页面 选择"文件"→"文档选项"命令,按图 6-5 所示操作,可增加新的页面"三角形"。

图6-5 增加新页面

02 复制其他页面 选择"文件"→"文档选项"命令,按图 6-6 所示操作,复制其他文件中的"等腰梯形"页面。

图6-6 复制其他页面

 利用增加的新页面,可以复制别的几何画板课件中的页面,也可以把若干个需要的课件整合起来。

■ 绘制三角形

绘制三角形是几何画板中最基本的操作,可以先画 3 个点,再连线;也可以直接画 3 条线段。

01 画 3 个点 在"三角形"页面中选择工具栏中的"点"工具 ,按图 6-7 所示操作,得到三角形的 3 个顶点。

02 画三角形 选择"移动箭头"工具 ,按图 6-8 所示操作,画三角形。

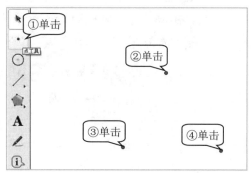

图6-7 画3个点

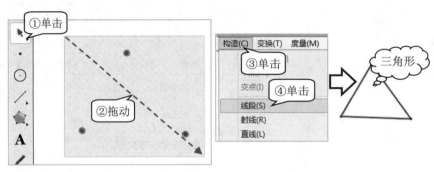

图6-8 画三角形

■ 显示、隐藏标签

标签指的是几何对象的名称,其在几何作图中非常重要,如点、线、圆都有相应的标签,这样才可以很好地区别这些几何对象。

01 显示标签 选中三角形的3个顶点和3条边,选择"显示"→"显示标签"命令,得到三角形的顶点标签 ABC 和三边的标签 i、j、l。

02 隐藏标签 按图6-9所示操作,依次单击三角形的三边,隐藏三角形三边的标签。

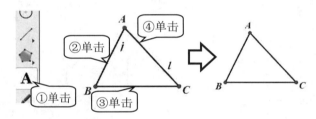

图6-9 隐藏三角形三边的标签

 通过单击选取对象的方法经常因为误操作,功亏一篑。选择同类对象时,可以先选择相应的工具,再选择"编辑"→"选择所有"命令,这时"编辑"→"选择所有"命令会发生相应的变化。

■ 构造中点

制作时,通常选择"构造"→"线段中点"命令构造线段的中点,也可选择"变换"→"缩放"命令来构造。

01 构造中点 利用"移动箭头"工具,依次选中三角形的3条边,按图6-10所示操作,得到三角形 ABC 三边的中点。

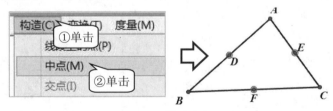

图6-10 构造中点

02 **画中线** 选择"线段直尺"工具，按图 6-11 所示操作，画三角形三边的中线。

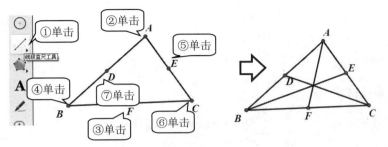

图6-11 画三角形三边的中线

03 **构造交点** 选择"移动箭头"工具，按图 6-12 所示操作，单击 3 条中线的相交处，得到 3 条中线的交点 G。

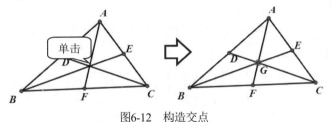

图6-12 构造交点

■ 输入文本

为了明确课题和课件的使用方法，通常利用"文字"工具 输入说明性文字。

01 **输入课题** 选择"文字"工具，按图 6-13 所示操作，输入课题"三角形的3条中线交于一点"。

02 **输入文本** 按图 6-14 所示操作，输入说明性文字，$\triangle ABC$ 将随着图形上三角形顶点标签的改变而改变。

 几何画板 5.05 版本在输入说明性文字时，有了很大的改进，文字与其相对应的图形形成呼应，类似于其他软件中的热区。

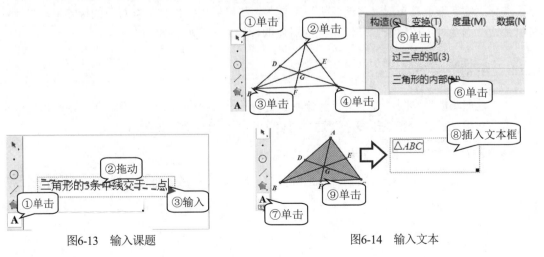

图6-13 输入课题　　　　图6-14 输入文本

03 保存文件 选择"文件"→"保存"命令,弹出"另存为"对话框,单击"保存"按钮即可。

1. 设置标签样式

系统自动设置的标签的字形、字号、字体、颜色通常不能很好地满足用户的需要,可以根据需要改变标签的字形、颜色等样式。

设置标签的文字格式有 3 种方式:一是通过"文本"工具栏设置;二是通过对象的属性对话框设置;三是通过"编辑"菜单设置。

2. 修改对象标签

制作时,根据需要可以修改对象标签,将不合适的字母改成需要的字母,还可以加上一些描述性的语言,以便更清楚地描述对象。

选择"文字"工具 **A**,鼠标指针变为手形,将鼠标指针移到标签 A 上双击,打开"点 A"对话框,按图 6-15 所示操作,将点 A 改为点 O。

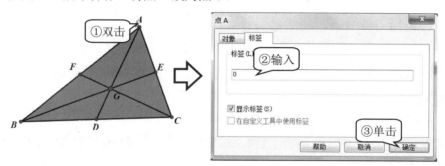

图6-15 修改几何对象的标签

3. 改变标签位置

选择"文字"工具 **A** 或"移动箭头"工具,将鼠标指针移到所选对象的标签上,当鼠标指针变成形状时,按住鼠标左键可拖动对象的标签,改变其位置。

6.2.2 绘制等腰图形

在"几何画板"作图过程中,有部分对象是构图不可缺少的部分,但是在最终的课件演示中,这些对象使课件变得过于复杂,这时可以利用"几何画板"的隐藏功能。

实例2 等腰梯形的对角线相等

本实例要制作的课件是有关初中平面几何的内容,演示等腰梯形的性质——两对角线相等,效果如图 6-16 所示。

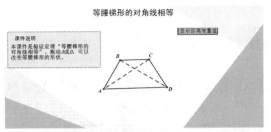

图6-16 课件"等腰梯形的对角线相等"效果图

通过对象的显示和隐藏功能,隐藏部分线和点来实现梯形的绘制,显示和隐藏对象有两种方式:一种是创建按钮,适用于暂时性的隐藏对象;另一种是通过命令,永久地隐藏对象。

跟我学

■ 绘制等腰三角形

选择"构造"→"垂线"命令,过中点做已知线段的垂线,并在此基础上构造等腰三角形,然后过一点做已知直线的平行线。

01 绘图 运行"几何画板"软件,新建文件"等腰梯形的对角线相等.gsp",作线段 AB 及中点 C。

02 作垂线 按图 6-17 所示操作,过点 C 作线段 AB 的垂线 j。

图6-17 作垂线

03 作等腰三角形 选择"点"工具，再单击垂线 j 作点 D;选中"线段直尺"工具，作线段 DA、DB,得到等腰三角形 DAB。

几何画板中构造等腰三角形的方法有很多,通过画两个半径相等的圆相交也可得到等腰三角形。

04 隐藏垂线 选取"移动箭头"工具，按图 6-18 所示操作,隐藏垂线 j。

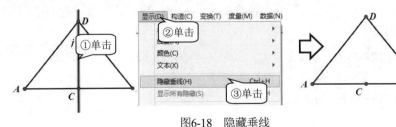

图6-18 隐藏垂线

■ 绘制等腰梯形

选择"构造"→"平行线"命令,构造梯形的上下底,再隐藏部分几何对象,即可得到等腰梯形。

01 作平行线　作线段 DC,选择"点"工具,再单击线段 DC 作点 E;然后按图6-19所示操作,过点 E 作线段 AB 的平行线 k。

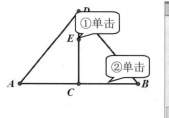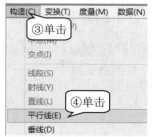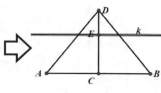

图6-19　作平行线

02 作交点　选取"移动箭头"工具,单击直线 k 与线段 DA、DB 相交的地方,作点 F、G。

03 隐藏部分对象　选择"显示"→"隐藏对象"命令,隐藏直线 k 与线段 DA、DB 及点 C、D。

04 作边及对角线　作线段 AF、FG、GB、FB、GA。

■ 度量线段长度

根据需要可以度量线段的长度,掌握线段的属性,但在度量线段长度之前,必须选中线段。

01 度量线段 FB 长度　选择"度量"→"长度"命令,按图6-20所示操作,度量线段 FB 的长度。

02 度量线段 GA 长度　用同样的方法度量线段 GA 的长度。

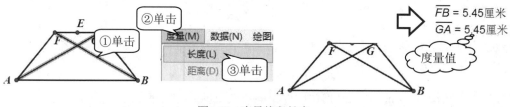

图6-20　度量线段长度

■ 创建显示、隐藏对象按钮

选择"编辑"→"操作类按钮"→"隐藏/显示"命令,根据课件演示的需要,通过单击按钮的方式显示和隐藏对象。

01 创建显示/隐藏按钮　选择线段 FB、GA 的度量值,选择"编辑"→"操作类按钮"→"隐藏/显示"命令,创建如图 6-21 所示的"显示/隐藏"按钮。

图6-21　"显示/隐藏"按钮

02 **隐藏距离度量值** 单击按钮,隐藏度量值 $\overline{FB}$ = 5.45厘米、$\overline{GA}$ = 5.45厘米的同时,隐藏距离度量值按钮变成显示距离度量值按钮。

03 **保存文件** 选择"文件"→"保存"命令,保存文件。

 知识库

1. 调整几何对象位置

将鼠标指针移到所要移动的对象上,按住鼠标不放拖动,即可移动所选对象的位置。移动操作按钮时,必须按图 6-22 所示操作。

图6-22　移动操作按钮

2. 度量点到直线的距离

有直线 l,A 为直线外一点,过点 A 作直线 l 的垂线段,在直线 l 上任取点 C,分别度量 AC 和 AB 线段的长度。按图 6-23 所示操作,通过移动点 C 在直线 l 上的位置,观察 AB 和 CA 线段长度的变化。

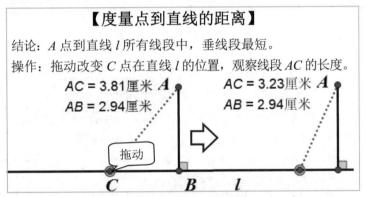

图6-23　度量点到直线的距离

3. 修改按钮标签

按钮的标签是系统自动生成的,在演示课件的过程中有时并不符合情景,经常需要教师根据要求修改,按图 6-24 所示操作修改即可。

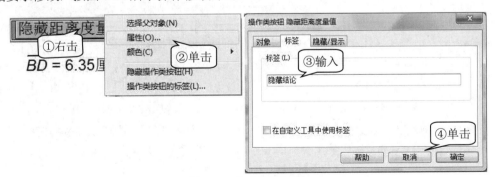

图 6-24　修改按钮标签

6.2.3 绘制正五边形

迭代是"几何画板"中一个很有用的功能,它相当于程序设计的递归算法。通俗地讲,就是指一个初始对象(可以是数值、几何图形等)按一定的规则反复映射的过程。通过"几何画板"中的"迭代"功能,可制作正 n 边形。

迭代的使用

实例 3　绘制正五边形

本实例要制作的是初中《数学》课件中正五边形的绘制,并在此基础上研究正多边形的性质,效果如图 6-25 所示。

通过"迭代"功能,根据需要确定边的数量 n,重复绘制 n 个线段,实现正 n 边形的构造。

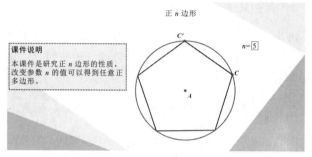

图6-25　课件"绘制正五边形"效果图

跟我学

■ 新建参数

几何画板中生成数据的方式有多种,常用的有两种:一种是选择"数据"→"新建参数"命令,构造新参数;另一种是在数轴上作点,再度量点的横坐标。

01 新建参数　新建文件"绘制正五边形.gsp",选择"数据"→"新建参数"命令,弹出"新建参数"对话框,按图 6-26 所示操作,新建参数 n=5 。

02 计算数值　选择"数据"→"计算"命令,弹出"新建计算"对话框,按图 6-27 所示操作后,单击"确定"按钮即可计算数值 360°/n = 72.00°。

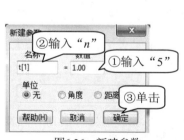

图6-26　新建参数

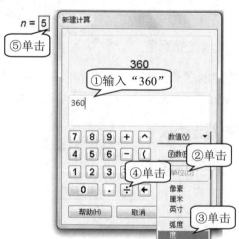

图6-27　计算数值

03 作圆　选择"圆"工具,作出以 A 点为圆心过点 B 的圆,并在圆 A 上单击画点 C。

几何画板中主要有两种方法用来构造圆：一种是利用"圆"工具作以一点为圆心，另一点为半径的圆；另一种是先作一点和一条线段，再选择"构造"→"以圆心和半径作圆"命令作圆。

■ 旋转对象

旋转之前，必须先标记旋转中心，然后选择"变换"→"旋转"命令，在弹出的对话框中按要求设置。

01 选取旋转中心 双击点 A，点 A 闪烁两下，表示将点 A 标记为旋转中心。

02 标记角 单击计算值 $\frac{360°}{n}=72.00°$，选择"变换"→"标记角度"命令，将 $\frac{360°}{n}=72.00°$ 标记为旋转角。

03 旋转 选择点 C，按图 6-28 所示操作，将点 C 逆时针旋转 $72°$ 得到点 C'，作线段 CC'。

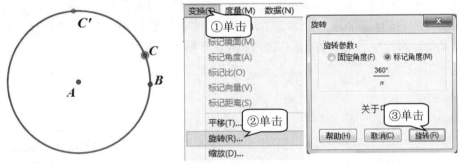

图6-28 逆时针旋转点

■ 深度迭代

深度迭代是一种带参数的迭代，选取迭代对象和迭代参数后，按住 Shift 键，才能选择"变换"→"深度迭代"命令。

01 作五边形 分别选取点 C、参数值 $n=5$，按住 Shift 键，选择"变换"→"深度迭代"命令，弹出"迭代"对话框，按图 6-29 所示操作，作出五边形。

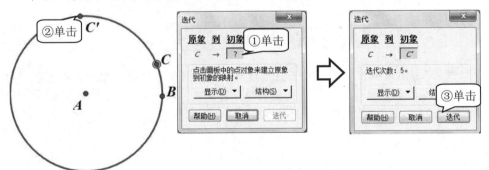

图6-29 作五边形

02 隐藏部分对象 选择"显示"→"隐藏对象"命令，隐藏点 C、点 B，保存文件。

 知识库

1. 迭代的基本概念

迭代是"几何画板"中一个很有趣的功能，类似于程序设计的递归算法，指一个初始对象(可以是数值、几何图形等)按一定的对应规则循环传递的过程。若要掌握好迭代功能，必须明确几个概念：①原象，产生迭代序列的初始对象；②初象，原象经过一系列变换操作而得到的象；③迭代深度、迭代次数(带参数的迭代中的参数值)。

2. 设置迭代

"几何画板"软件中迭代的控制方式分为两种：一种是没有参数的迭代；另一种是带参数的迭代，称为深度迭代。两者没有本质的不同，但前者需要手动改变迭代的深度，后者可通过修改参数的值来改变迭代深度，需先选中原象，弹出"迭代"对话框后，再选择迭代的初象(目标)。

创新园

01 在"几何画板"软件中绘制"等腰直角三角形"，任意拉动三角形的3个顶点，等腰直角三角形的特性始终保持不变，通过构造角平分线和垂线，隐藏部分点、线段来实现，效果如图6-30所示。

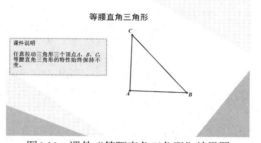

图6-30　课件"等腰直角三角形"效果图

02 制作"认识任意角"课件，演示任意度数的角，只需修改输入中的角度度数，然后单击"出来"文本按钮，即可自动画出该度数的角，效果如图6-31所示。

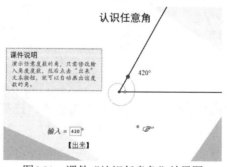

图6-31　课件"认识任意角"效果图

6.2.4 绘制圆形

圆是基本几何图形之一，基于圆的探究是学习探究平面几何的重要组成。在几何画板软件中可以通过多种方法绘制圆形。

实例4　绘制任意圆形

用几何画板的"圆"按钮，可在平面内画出任意圆，移动点的位置可改变圆的位置和大小。绘制圆的方法还有多种，如用圆心和半径来构造圆等，效果如图6-32所示。

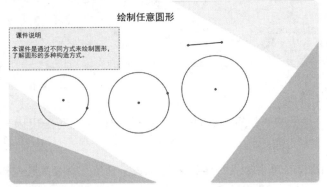

图6-32　课件"绘制任意圆形"效果图

跟我学

■ "圆"按钮绘制圆

01 绘制圆　单击"圆"按钮⊙，将鼠标指针移到工作区，按图6-33所示操作，单击出现一点(圆心)，在平面内其他任意位置再次单击，出现圆上一点，并绘制出圆。

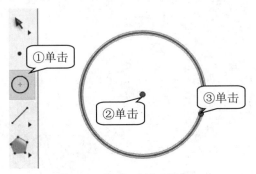

图6-33　"圆"按钮绘制圆

02 停止绘制　单击"移动箭头"按钮，停止绘制圆。

■ 以圆心和点绘圆

在几何画板中也可用构造功能，在平面内以已知的一点为圆心、另一点为圆周上的点画圆。

01 绘制点　单击"点"按钮·，在编辑区域合适位置绘制两个圆点，一个作为圆心一个作为圆周上的点。

02 构造圆 按图 6-34 所示操作,单击"移动箭头"按钮,依次选中作为圆心的点和所作圆上一点。选择"构造"→"以圆心和圆周上的点绘圆"命令,构造出圆。

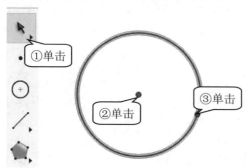

图6-34 以圆心和点绘圆

■ 以圆心和半径绘圆

在几何画板中若已知圆心位置,并且有一条已知线段,即可绘出以已知线段长度为半径的圆。

01 绘制圆心和半径 单击"点"按钮,在编辑区域合适位置绘制圆心;单击"线段直尺"按钮,绘制一条线段确定圆的半径长度。

02 绘制圆 按图 6-35 所示操作,单击"移动箭头"按钮,选中作为圆心的点和平面内的已知线段。选择"构造"→"以圆心和半径绘圆"命令,构造圆形。

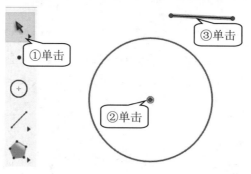

图6-35 以圆心和半径绘圆

1. 构造线段上的点的第二种方法

构造线段上的点也可通过以下方式实现:选中对象,选择"构造"→"线段上的点"命令,构造线段上的任意点。该点可在线段上任意移动。

2. 构造两条线交点的简单方法

单击"移动箭头"按钮,单击两线交点位置,即可得到所需交点。

3. 绘制/构造线段、射线、直线的方法说明

绘制/构造线段、射线、直线,既可以通过切换"线段"按钮绘图,也可以利用"构造"菜单命令构图。

01 在"几何画板"中完成一段弧的绘制。已知圆周上的两点,以这两点为端点绘制圆上的弧,效果如图 6-36 所示。移动点的位置可改变弧长,效果如图 6-36 所示。

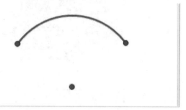

图6-36 课件"绘制圆上的弧"效果图

02 制作"构造圆内部"课件,利用几何画板可构造圆的内部,按图 6-37 所示操作,右击圆内部可更换颜色。

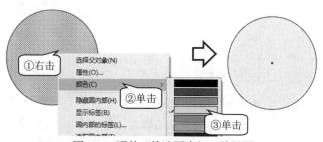

图6-37 课件"构造圆内部"效果图

6.3 绘制立体几何图形

几何体的绘制相对来说比较复杂,需要考虑如何去体现立体感,其中包括几何体的投影、虚线和实线的搭配、各个线条之间的位置关系、不同角度的切换等,展示几何体的空间感,有利于培养学生的空间想象能力。

6.3.1 绘制旋转体

在"几何画板"软件中,旋转体的构造是利用"轨迹"命令实现的。使用"轨迹"命令不但可以绘制圆锥体、圆柱体、圆台,还可以绘制函数图像。

实例 5　圆锥的性质

本实例内容是高中《数学》中的绘制圆锥体，研究圆锥体的性质，课件效果如图 6-38 所示。

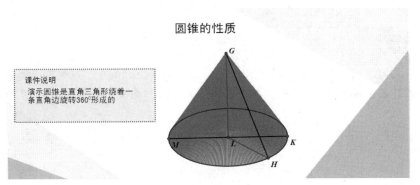

图 6-38　课件"圆锥的性质"效果图

本实例主要任务是学习如何构造轨迹，制作时首先画椭圆，然后在椭圆的基础上制作圆锥体。大家可以举一反三，用类似的方法绘制圆柱体、圆台等。

跟我学

■ 绘制椭圆

用几何画板制作椭圆的方法有多种，但都用到了"构造"→"轨迹"命令。

01 新建文件　运行"几何画板"软件，新建文件"圆锥的性质.gsp"。

02 作圆 C　作出以点 C 为圆心经过点 A 的圆 C，作过点 C 的线段 AB。

03 作交点 E　在圆 C 周上作点 D，过点 D 作线段 AB 的垂线交线段 AB 于点 E。

04 作线段 DE 中点　作线段 DE，再作线段 DE 的中点 F。

05 作椭圆　按图 6-39 所示操作，作椭圆。

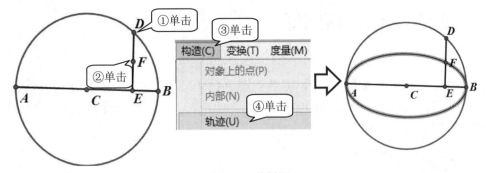

图 6-39　作椭圆

■ 绘制圆锥体

圆锥是直角三角形绕着一条直角边旋转 360°形成的，底面的直观图是椭圆。

01 隐藏部分对象 隐藏圆 C、线段 DE，以及点 D、E、F。
02 作垂线 过点 C 作线段 AB 的垂线，在线段 AB 的垂线上作点 G。
03 作母线 在椭圆上作点 H，作线段 GH。
04 作圆锥 按图 6-40 所示操作，作圆锥，保存文件。

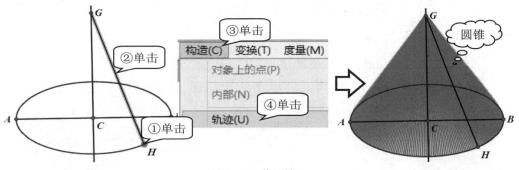

图6-40 作圆锥

1. "轨迹"的定义

"轨迹"就是几何对象在运动过程中所留的痕迹。根据轨迹的定义，轨迹是按照给定的条件通过运动产生的。"几何画板"软件中的"显示"和"作图"菜单中都含有"轨迹"命令，可借助"显示"菜单中的"轨迹"命令来了解质点或对象的运动轨迹，并且通过"作图"菜单中的"轨迹"命令绘制出质点或对象的运动轨迹，化无形为有形，拓展学生的想象能力。

2. 构造"轨迹"的条件

构造轨迹是指动点引起的随动对象移动过程形成的轨迹。前提条件是必须选中动点和随动对象(只能选中此两个对象)，"构造"菜单下的"轨迹"才能启用，该命令不是一开始就能使用的，需要建立在选中动点和随动对象的基础上才可以。或者利用轨迹法实现参数范围的动态变化。

6.3.2 绘制三维坐标系

"几何画板"软件可构建三维坐标系，并在三维坐标系的基础上画多种立体图形。使用它不但可以画多面体，而且可以画立体感很强的曲面图形，并且可实现三维旋转和棱的虚实变换。

绘制三维坐标系

实例6 可旋转的正方体

正方体是高中阶段非常重要的几何体之一，其性质非常丰富，本实例内容是绘制可旋转的正方体，效果如图 6-41 所示。

制作时，应先制作三维坐标系，并自定义工具"三维坐标系"，然后利用该工具绘制可旋转的正方体。

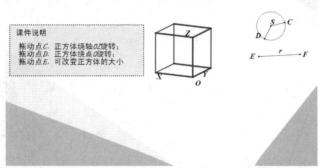

图6-41 课件"可旋转的正方体"效果图

构造三维坐标系

三维坐标系的构造非常重要,在三维坐标系的基础上能构造可旋转的空间平面和立体图形,这一点对学习立体几何尤其重要。

01 新建文件 运行"几何画板"软件,新建文件"可旋转的正方体.gsp"。

02 作圆 C_1 作出线段 AB,作点 A 为圆心经过点 B 的圆 C_1。

03 作点 C、D 在圆 C_1 上作点 C、D,连接线段 AC、AD。

04 作已知半径的圆 作线段 EF,作点 G,绘制以点 G 为圆心、线段 EF 为半径的圆 C_2。

05 平移点 G 按图 6-42 所示操作,将点 G 向上平移 1 厘米得到点 G'。

06 作平行线 过点 G、G'作直线 j 交圆 C_2 于 H 点,过点 G 作线段 AC 的平行线交圆 C_2 于 I 点。

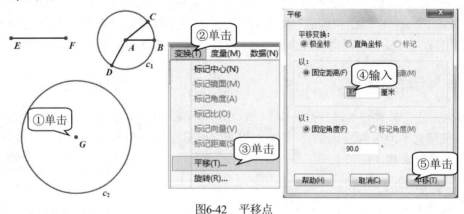

图6-42 平移点

07 旋转点 I 按图 6-43 所示操作,将点 I 逆时针旋转 90°得到点 I'。

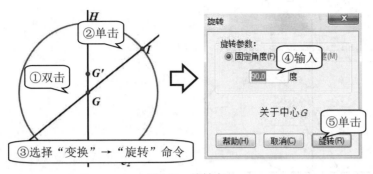

图6-43 旋转点

08 作直线 j 的垂线 分别过点 I、I' 作直线 j 的垂线,垂足分别是 J、K,连接线段 DE。

09 作点 L、L' 过点 G 作线段 AD 的平行线交圆 C_2 于 L 点,将点 L 逆时针旋转 $90°$ 得到点 L'。

10 作直线 j 的垂线 分别过点 L、L' 作直线 j 的垂线,垂足分别是 M、N。

11 度量比值 按图 6-44 所示操作,得到比值 $\frac{GM}{GH} = -0.87$。

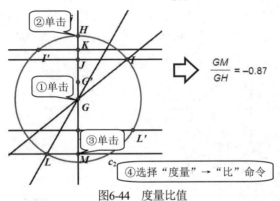

图6-44 度量比值

12 缩放点 J 按图 6-45 所示操作,将点 J 以 G 点为中心按比值 $\frac{GM}{GH} = -0.87$ 缩放得到点 J'。

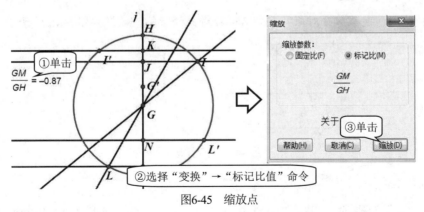

图6-45 缩放点

13 重命名标签 按图 6-46 所示操作,将点 J' 的标签重命名为 J_1。

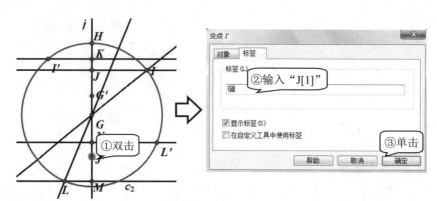

图6-46 重命名标签

14 作点 J_2 同样的方法度量比值 $\dfrac{GN}{GH}=-0.38$,并将点 J 以 G 点为中心按比值 $\dfrac{GN}{GH}=-0.38$ 缩放得到点 J',将点 J' 的标签重命名为 J_2。

15 作直线 j 的平行线 分别过点 L、L' 作直线 j 的平行线 l、m,分别过点 J_1、J_2 作直线 j 的垂线 n、o,直线 l、n 交于点 O,直线 m、o 交于点 P,连接线段 GO、GP、GK。

16 设置线段粗线 按图 6-47 所示操作,将线段 GO、GP、GK 设置为粗线。

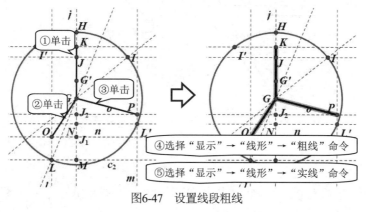

图6-47 设置线段粗线

17 简化图形 隐藏部分对象并重命名部分对象的标签,效果如图 6-48 所示。

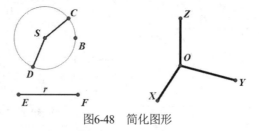

图6-48 简化图形

■ 绘制正方体

以三维坐标系为基础,利用缩放、平移变换命令即可构造常见的立体几何图形。

01 自定义工具 选择"编辑"→"全选"命令,选择当前画板中的全部对象,按图 6-49 所示操作,制作自定义工具"三维坐标系"。

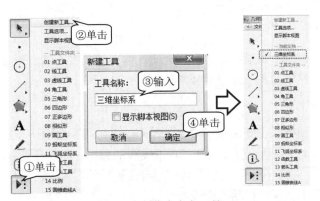

图6-49　制作自定义工具

 "自定义"工具位于工具栏的最下面，顾名思义，其最大用途就是创建自定义工具。一般情况下"自定义"工具不可用，只有在创建工具和查看课件的制作过程中才能使用。

02 选择自定义工具　按图 6-50 所示操作，选择自定义工具"三维坐标系"，绘制三维坐标系。

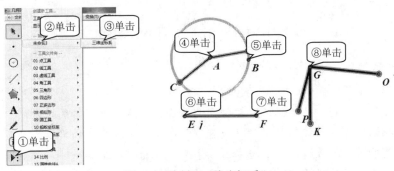

图6-50　绘制"三维坐标系"

03 作正方体　将点 G、P、K，线段 GK、GP 按向量 GO 平移得到线段 OK_1、OP'；连接线段 KK_1；将点 K、K_1 连接，线段 GK、GO、OK_1、KK_1 按向量 GO 平移得到线段 PK'、PP'、$P'K_1'$，效果如图 6-51 所示，保存文件。

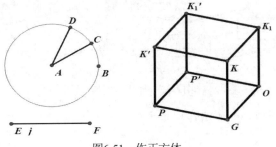

图6-51　作正方体

6.3.3 构造三视图

正方体在旋转过程中，如果不能实现三视图，即棱的虚实不能实现变化，则没有层次感，立体感不强，从而影响教学效果。

实例 7 正方体的三视图

本实例内容是绘制棱虚实变化的正方体，课件效果如图 6-52 所示。

在实例 6 的基础上学习自定义工具"棱的虚实"的应用，即随着正方体位置的变化，棱的虚实也随着发生变化。立体几何图形的立体感主要来自棱的虚实，隐藏在可视面后面的线段是虚线，当它运转到可视位置时自动转换成实线。

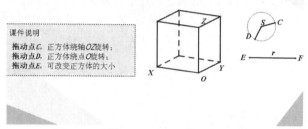

图 6-52 课件"正方体的三视图"效果图

跟我学

01 打开文件 运行"几何画板"软件，打开课件"绘制可旋转的正方体"。

02 设置参数 选择"编辑"→"参数选项"命令，选择角度的单位为"弧度"。

03 作虚实的棱 隐藏线段 GK，选择工具栏中的"自定义工具" →"立几平台"→"多面体棱及表面线段虚实"工具，按图 6-53 所示操作，作虚实变化的棱 GK。

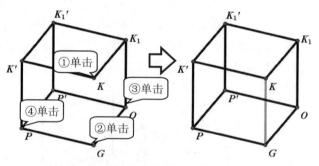

图 6-53 作虚实的棱

04 作其他的棱 用同样的方法作出正方体的其他 11 条棱，保存文件。

 知识库

1. 构造棱的虚实注意事项

使用"多面体棱及表面线段虚实"工具时,首先角度单位必须设置成"弧度",其次在作虚实变化的棱时,4 个点的单击是有顺序的,即第 1 步面对几何体,第 2 步按上、下、右、左的顺序单击 4 点。

2. 演示任意多面体的三视图

生活中接触到的几何体都是立体图形,我们只有在某一个平面进行观察时,这个角度的某一个面才是平面。当我们从不同的角度去察看这个物体时,如果它不是对称的图形,那么它所展现出来的平面也是不一样的,因此每个人从不同的角度就会看到事物的不同方面。而对某个不规则的几何体,通常采用 5 种视角来观察它,即俯视、仰视、正视、左视、右视,如表 6-2 所示。

表6-2 5种视角的三视图

角度	图样
原始图	
俯 视	
仰 视	
正 视	
左 视	
右 视	

 创新园

01 在"几何画板"软件中绘制"球体",通过构造圆、中垂线、过点的弧、轨迹等命令来实现,效果如图 6-54 所示。

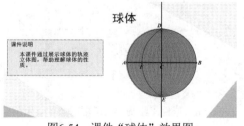

图6-54 课件"球体"效果图

02 制作"圆柱体的三视图"课件,演示圆柱体的正视图和俯视图,圆柱体的正视图和侧视图都是长方体,高度是圆柱体的高度,宽度是圆柱体底面直径长。圆柱体的俯视图是一个和底面全等的圆,效果如图 6-55 所示。

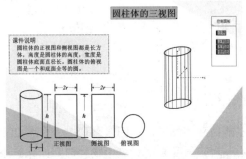

图6-55　课件"圆柱体的三视图"效果图

6.4　绘制函数图像

在"几何画板"中,通过度量点的坐标,呈现函数与图像的关系,探索归纳函数图像上点的坐标与函数解析式的关系,激发学生的学习兴趣。

绘制函数图像

6.4.1　绘制一次函数图像

一次函数及其图像是初中代数的重要内容,也是高中解析几何的基石,一般形如 $y=kx+b$,其中 x 为自变量。使用"几何画板"软件,可以很容易呈现出带参数的一次函数图像。

实例8　绘制一次函数图像

本实例内容是通过改变参数 a 的数值,移动点 A 的位置,从而改变横坐标,得出不同的函数数值,绘制出不同参数的一次函数图像,课件效果如图 6-56 所示。

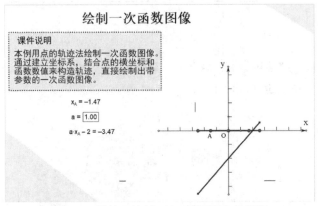

图6-56　课件"绘制一次函数图像"效果图

本实例用点的轨迹法绘制一次函数图像。制作时，先建立坐标系并绘制线段，再在线段上构造点并度量点的横坐标，新建参数并计算带参数的函数数值，结合点的横坐标和函数数值来构造轨迹，直接绘制出带参数的一次函数图像。

■ 输入函数

绘制一次函数，需要建立坐标系，新建数据参数，并通过输入函数进行数据的计算。

01 建立坐标系 新建一个画板文件，文件保存为"绘制一次函数图像.gsp"。选择"绘图"→"定义坐标系"命令，定义坐标系，按图 6-57 所示操作，用"线段"工具在 x 坐标轴上任意绘制一条线段。

02 度量点横坐标 选中绘制的线段，选择"构造"→"线段上的点"命令，构造点 A，选择点 A，选择"度量"→"横坐标"命令，得到点 A 横坐标 $X^A = -1.47$。

03 新建参数 选择"数据"→"新建参数"命令，按图 6-58 所示操作，新建参数 a。

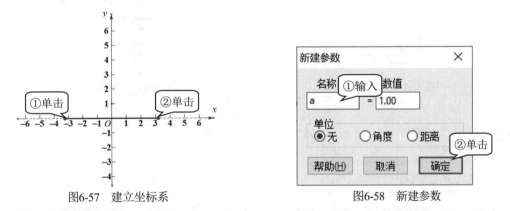

图6-57　建立坐标系　　　　　　　图6-58　新建参数

04 输入函数 选择"数据"→"计算"命令，打开"新建计算"对话框，按图 6-59 所示操作，输入函数解析式。

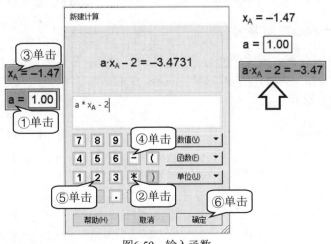

图6-59　输入函数

■ 构造轨迹

函数输入后，需要根据函数要求绘制相关点，并构造轨迹，得到带参数的一次函数图像。

01 绘制点 选择"绘图"→"绘制点"命令，按图6-60所示操作，先选择点A的横坐标值，再选择函数解析式，自动绘制点B。

02 构造轨迹 按图6-61所示操作，用"移动"工具选中点A和绘制的点B，选择"构造"→"轨迹"命令，得到带参数的一次函数图像，可以任意改变参数值，获取不同的一次函数图像，保存文件，完成课件制作。

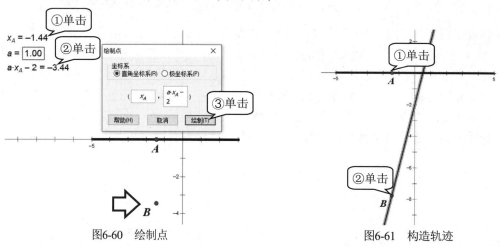

图6-60　绘制点　　　　　　　图6-61　构造轨迹

知识库

1. 函数图像的绘制方法

绘制二次函数图像的方法通常有两种：一种是建立函数解析式，选择"绘图"→"绘制新函数"命令；另一种是在x轴上任取一点，将该点的横坐标带入函数解析式，计算出相应的函数值，然后利用"轨迹"命令得到函数图像。

2. 描点法作一次函数图像

利用几何画板描点画函数图像的方法，任何函数图像都可以通过描点法绘制，课件效果如图6-62所示。

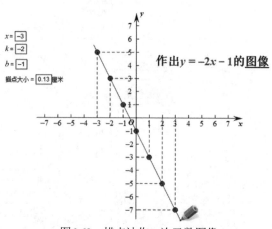

图6-62　描点法作一次函数图像

左边的 3 个参数 x、k、b 是分别控制自变量 x 的初始值。x 可以改变参数值从而改变初始值；k 表示一次项系数，改变其值可以改变一次函数的斜率，从而改变函数图像的方向；b 表示一次函数的常数项，改变其值可以控制一次函数的位置。

制作时，应先单击"初始化"按钮，回到初始状态。设置好参数值后，进行一次函数的表格制作，水平向右拖动表示填表的点，可以自动将自变量 x 所对应的 y 值算出；水平向右拖动表示描点的点，可以自动在坐标系上将点描出来；水平向右拖动表示填表连线的点，可以自动画出该一次函数的图像。

6.4.2　绘制二次函数图像

绘制二次函数图像指的是绘制只有自变量和函数两个变量的函数的图像，二次函数图像是初、高中一个非常关键的内容，二次函数与一元二次方程及一元二次不等式紧密相关。

实例 9　绘制二次函数图像

本实例内容是绘制固定系数的二次函数图像，课件效果如图 6-63 所示。

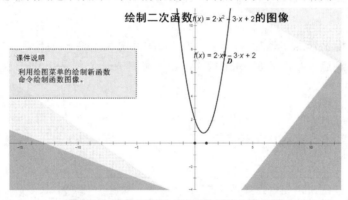

图6-63　课件"绘制二次函数图像"效果图

通过学习"绘图"→"绘制新函数"命令的使用，给定具体函数来绘制图像。同时，还可以利用"几何画板"作出较为复杂的函数图像，探求新的规律。

跟我学

■ **绘制二次函数图像**

固定系数的二次函数的图像做起来非常简单，若要修改系数，就必须打开"新建函数"对话框。

01 新建文件　运行"几何画板"软件，新建文件"绘制二次函数图像.gsp"。

02 绘制新函数　选择"绘图"→"绘制新函数"命令，按图 6-64 所示操作，绘制二次函数 $f(x)=2x^2-3x+2$ 的图像。

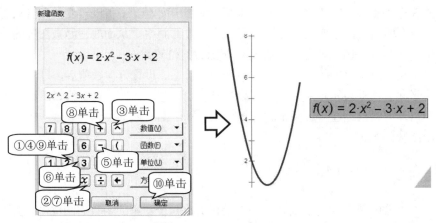

图6-64 绘制二次函数图像

■ **合并文本到点**

在演示课件时,移动函数的图像,解析式不但会发生变化,同时其位置也随着图像的改变而改变。

01 在函数图像上作点 选择画点的工具,在函数图像上单击作点 D。

02 合并文本到点 按图 6-65 所示操作,合并文本 $f(x)=2x^2-3x+2$ 到点 D 上,保存文件。

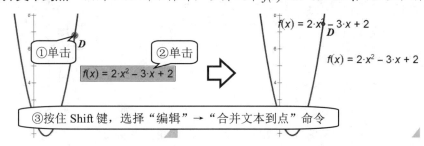

图6-65 合并文本到点

6.4.3 绘制三角函数图像

绘制带参数的三角函数图像指的是函数解析式除自变量和函数两个变量外,系数中还含有其他的参数,主要有两种函数:一种是新建参数;另一种是度量值或计算值。

▎**实例 10** 绘制 $y=A\sin(\omega x+\varphi)$ 函数图像

三角函数在物理和数学方面都有很重要的应用,绘制带有参数的函数图像时,只需在输入参数的位置单击相应的参数或度量值即可,课件效果如图 6-66 所示。

函数 $y=A\sin(\omega x+\varphi)$ 中,A、ω、φ 分别表示物理学上波的振幅、频率、初相,演示参数 A、ω、φ 与波形的关系,通过 $y=A\sin(\omega x+\varphi)$ 图像的绘制,继续学习"绘图"→"绘制新函数"命令的使用。

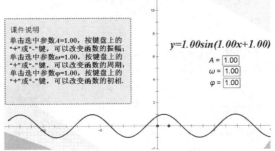

图6-66 课件"绘制y=Asin(ωx+φ)函数图像"效果图

跟我学

01 新建文件 运行"几何画板"软件,新建文件"绘制 y=Asin(ωx+φ)函数图像.gsp"。

02 新建参数 新建参数 A = 1.00、ω = 1.00、φ = 1.00。

03 绘制函数图像 选择"绘图"→"绘制新函数"命令,按图 6-67 所示操作,单击"确定"按钮,绘制 y=Asin(ωx+φ)的函数图像,保存文件。

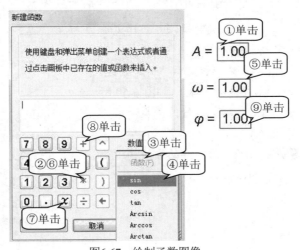

图6-67 绘制函数图像

6.4.4 绘制分段函数图像

分段函数也是一个函数,只是在每一段内其对应关系不同,在图像上任取一点,这一点应能在各段图像上自由地移动。这才是真正意义上的分段函数,否则只能算是多个函数图像的拼凑。

实例 11 绘制分段函数图像

本例是绘制分段函数 $y = \begin{cases} x^2 + 1 & (x \leq -2) \\ 2x - 1 & (-2 < x \leq 1) \\ x + 1 & (x > 1) \end{cases}$ 的图像,课件效果如图 6-68 所示。

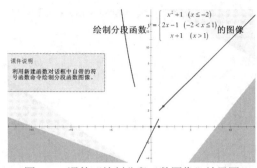

图6-68 课件"绘制分段函数图像"效果图

利用符号函数 sgn(x),构造控制分段函数的变量,使其在相应区间段为零或不为零,达到分段的目的。

跟我学

■ 构造控制变量

利用绝对值函数和符号函数构造控制变量,用一个解析式表示出分段函数。

01 新建文件 运行"几何画板"软件,新建文件"绘制分段函数图像.gsp"。

02 构造控制变量 $m1$ 选择"数据"→"新建函数"命令,弹出"新建函数"对话框,按图 6-69 所示操作,单击"确定"按钮,修改函数便签为 $m1$,构造变量 $m1(x)=\text{sgn}(1+\text{sgn}(-2-x))$。

03 构造控制变量 $m2$、$m3$ 用同样的方法构造变量 $m2(x)=\text{sgn}(1+\text{sgn}((x+2)\cdot(1-x))\cdot\text{sgn}(|x+2|))$、$m3(x)=\text{sgn}(1+\text{sgn}(x-1))\cdot\text{sgn}(|x-1|)$。

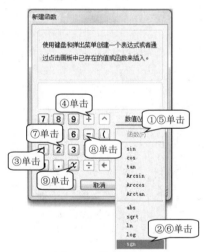

图6-69 构造变量

■ 绘制分段函数

在控制变量的基础上利用"绘制新函数"命令绘制出分段函数。

01 计算分段函数 选择"数据"→"新建函数"命令,新建分段函数 $g1(x)=x^2+1$、$g2(x)=2\cdot x-1$、$g3(x)=x+1$。

02 计算函数 $t(x)$ 按图 6-70 所示操作,选择"数据"→"新建函数"命令,计算函数 $t(x)=m1(x)\cdot g1(x)$。

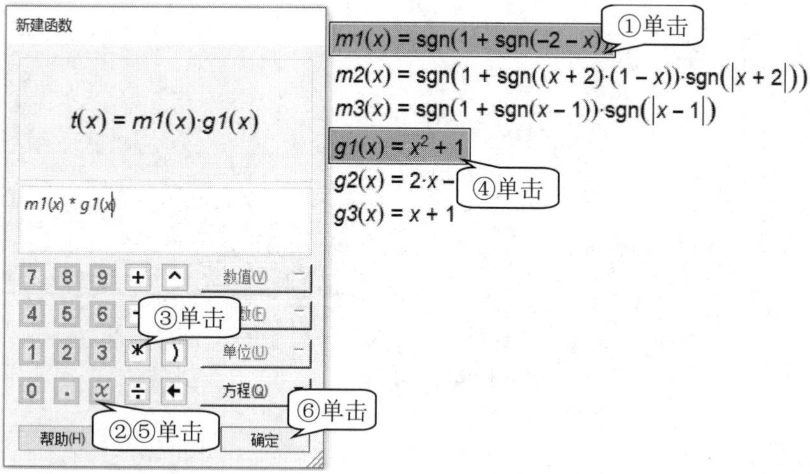

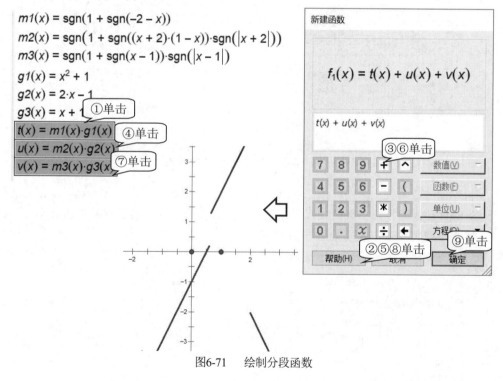

图6-70 计算函数

03 计算函数 $u(x)$、$v(x)$ 用同样的方法计算函数 $u(x)=m2(x)\cdot g2(x)$、$v(x)=m3(x)\cdot g3(x)$。

04 绘制分段函数 选择"绘图"→"绘制新函数"命令,按图6-71所示操作,绘制函数 $w(x)=t(x)+u(x)+v(x)$ 图像。

图6-71 绘制分段函数

05 绘制点 分段函数是在每一段内其对应关系不同,按图6-72所示操作,在图像上任取一点 A,能在各段图像上自由地移动;隐藏不必要的函数表达式,将图像调整到合适的位置,保存文件。

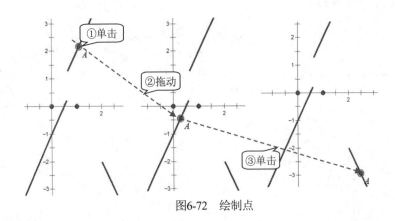

图6-72 绘制点

创新园

01 通过用描点法构造绘制"反比例函数"图像,效果如图 6-73 所示。

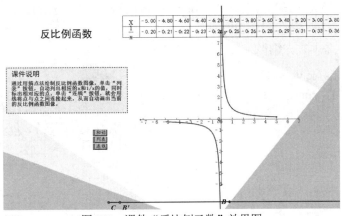

图6-73 课件"反比例函数"效果图

02 制作"指数函数"课件,根据指数函数的定义、图像与性质,应用数形结合的思想方法和设计线段控制参数的技术,追踪轨迹生成函数图像,动态视觉化底数影响函数图像与性质的过程,效果如图 6-74 所示。

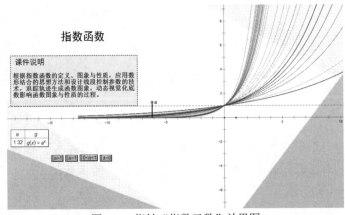

图6-74 指针"指数函数"效果图

6.5 制作动画型课件

"几何画板"软件提供了强大的动画功能,其画出的各类对象可以运动,这是它被称为"动态几何"的原因。若要制作复杂的"几何画板"动画,必须先掌握一些简单动画的制作方法。

6.5.1 制作移动动画

"几何画板"软件中的移动是点到点的移动,既可以沿直线运动,也可以沿曲线运动。与动画相似,也可以作出各种对象的移动,包括圆、线段、正方形等各种几何对象的移动;甚至可以在"几何画板"软件中插入各种图片,让图片也像几何对象一样运动。

制作动画

实例 12　棱台与棱锥

棱锥被平行于底面的一个平面所截后,截面和底面之间的部分叫作棱台,棱台的 4 条侧棱线延长相交于一点,则形成棱锥。本课件反映出棱台与棱锥的关系,效果如图 6-75 所示。

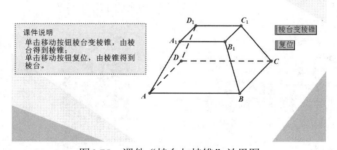

图6-75　课件"棱台与棱锥"效果图

根据棱台的定义,学习"编辑"→"操作类按钮"→"移动"命令的使用,画一个与棱锥底面平行的平面,截取一个小棱锥后得到棱台;制作移动按钮,实际是让几何对象沿矢量运动,因此必须有起点和终点。

跟我学

01　运行文件　运行"几何画板"软件,打开"几何画板"文件"棱台与棱锥.gsp"。

02　绘制棱台　在线段 PA 上作点 A_1,过点 A_1 作线段 AB、AD 的平行线交线段 PB、PD 于点 B_1、点 D_1,过点 D_1 作线段 CD 的平行线交线段 PC 于点 C_1。

03　绘制移动按钮　按图 6-76 所示操作,绘制移动按钮 棱台变棱锥 。

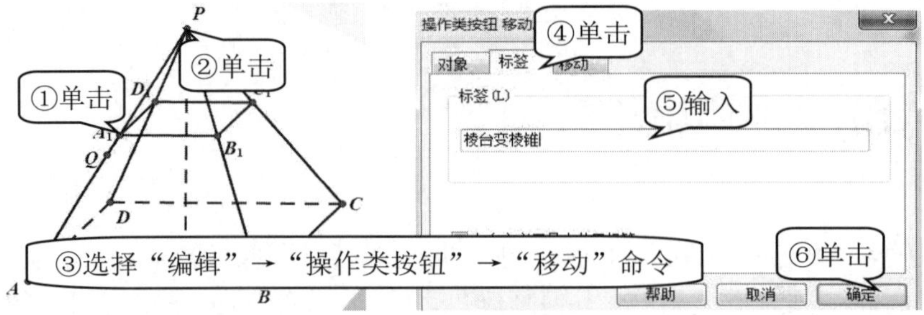

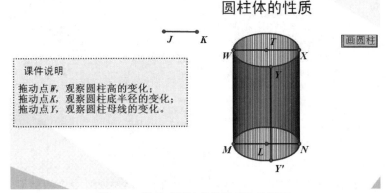

图6-76 绘制移动按钮

04 绘制移动按钮 复位 用同样的方法，在线段 PA 上作点 Q，再绘制点 A_1 到点 Q 的移动按钮 复位，保存文件。

6.5.2 制作路径控制动画

移动虽有比较好的运动效果，但移动一次后便需恢复到原位，而"几何画板"软件中的动画功能却能很生动地表现连续运动效果。简单的动画通常在某一路径上运动，路径可以是线段、射线、直线，也可以是圆或弧及轨迹等。

实例 13 圆柱体的性质

圆柱是长方形绕着它的一条边旋转一周得到的旋转体，课件效果如图 6-77 所示。

圆柱体的性质

图6-77 课件"圆柱体的性质"效果图

通过"编辑"→"操作类按钮"→"动画"命令的使用，以及动画对话框中参数的设置，绘制圆柱体，观察圆柱体的性质；绘制圆柱体时，通常作出母线的轨迹或对母线应用追踪轨迹命令。

跟我学

01 打开文件 运行"几何画板"软件，打开文件"圆柱体的性质.gsp"。

02 追踪线段 选择 YY' 线段，选择"显示"→"追踪线段"命令，将线段 YY' 设为追踪线段。

03 设置动画标签 按图 6-78 所示操作，设置动画标签为"画圆柱"。

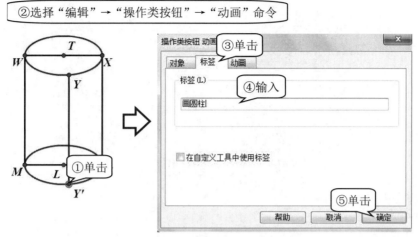

图6-78 设置动画标签

04 设置动画路径 按图 6-79 所示操作，设置动画路径和次数，保存文件。

图6-79 设置动画路径

6.5.3 制作参数控制动画

制作动画时，不但可以制作几何对象的动画，还可以对新建参数制作动画，数字化控制集合对象的变化。

实例 14 绘制 $y=x^a$ 图像

幂函数的图像和性质情形比较复杂，课件效果如图 6-80 所示。

通过绘制 $y=x^a$ 图像，学习"编辑"→"操作类按钮"→"动画"命令的使用。制作时，应先建立参数，画出函数图像，再建立参数的动画。

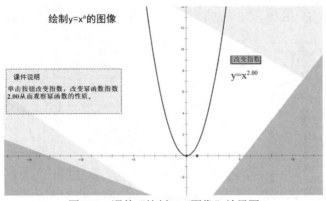

图6-80 课件"绘制$y=x^a$图像"效果图

跟我学

■ 绘制幂函数图像

幂函数图像在高中阶段是一个难点,学生往往掌握不好幂函数的性质,通过几何画板作图可以突破难点。

01 新建文件 运行"几何画板"软件,新建文件"绘制$y=x^a$图像.gsp",新建参数 $a = \boxed{2.00}$。

02 绘制幂函数 选择"绘图"→"绘制新函数"命令,绘制$y=x^a$的函数图像。

■ 制作参数动画

制作参数动画之前,必须要选定参数对象,才能设置该参数的动画。

01 设置参数动画 选中参数 $a = \boxed{2.00}$,选择"编辑"→"操作类按钮"→"动画"命令,按图6-81所示操作,设置参数的动画按钮 改变指数 。

图6-81 设置参数动画

02 显示文本工具栏 选择"显示"→"显示文本工具栏"命令,在状态栏上方显示文本工具栏。

03 输入函数解析式 选择"文字"工具 A ,按图6-82所示操作,输入函数解析式$y=x^{2.00}$。

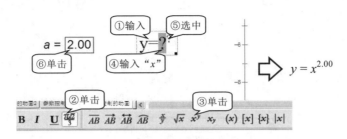

图6-82 输入函数解析式

6.5.4 制作系列动画效果

为了使动画美观,可以将多个零散的动画效果合并制作成一个系列连贯的动画来体现效果,通过一个按钮实现多个动画效果的呈现。

实例15 不同图形交替显示

通过"隐藏&显示""系列"按钮的制作,单击"三角形"按钮,只显示三角形,隐藏四边形;单击"四边形"按钮,只显示四边形,隐藏三角形,如图6-83所示。

系列动画制作

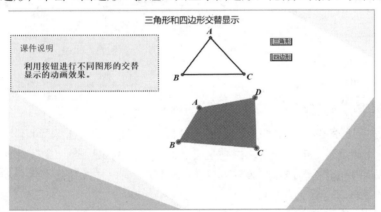

图6-83 课件"不同图形交替显示"效果图

通过绘制多个图像,创建多个显示或隐藏的按钮,设置系列按钮。制作多个图像交替显示的动画效果。执行一个"系列"按钮就相当于顺序地执行"系列"按钮中所包含的按钮。

跟我学

■ 绘制图像

使用线段工具、多边形工具分别绘制三角形和四边形。

01 绘制三角形 运行"几何画板"软件,选择"线段直尺"工具,按图6-84所示操作,在绘图区绘制三角形 ABC。

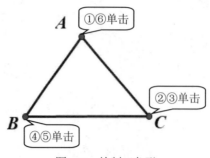

图6-84 绘制三角形

02 绘制四边形 按图 6-85 所示操作,选择"多边形"工具,在绘图区绘制四边形 *ABCD*。

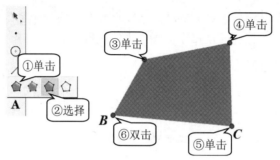

图 6-85 绘制四边形

■ 制作系列动画

制作系列动画,需要绘制多个按钮,并设置成系列按钮。

01 隐藏&显示三角形 选中三角形 *ABC*,按住 Shift 键不放,选择"编辑"→"操作类按钮"→"隐藏&显示"命令,工作区会出现"显示对象"和"隐藏对象"两个按钮来控制三角形的显示与隐藏,按图 6-86 所示操作,同时修改这两个按钮的标签为"显示三角形"和"隐藏三角形"。

图6-86 隐藏&显示三角形

02 隐藏&显示四边形 按照上述操作方法,制作"显示四边形"和"隐藏四边形"两个按钮来控制四边形的隐藏与显示，效果如图6-87所示。

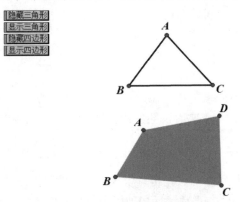

图6-87　隐藏&显示四边形

03 制作"三角形"系列按钮　选中"显示三角形"和"隐藏四边形"按钮，选择"编辑"→"操作类按钮"→"系列"命令，按图6-88所示操作，制作"三角形"系列按钮。

图6-88　制作"三角形"系列按钮

04 制作"四边形"系列按钮　按照上述操作方法，选中"隐藏三角形"和"显示四边形"按钮，制作"四边形"系列按钮。

05 隐藏其他按钮　选中"隐藏三角形""显示三角形""隐藏四边形""显示四边形"4个按钮，按Ctrl+H键隐藏，只保留"三角形"和"四边形"两个按钮。

06 保存文件　选择"文件"→"保存"命令，保存文件。

知识库

1. "动画"和"移动"运动按钮

"几何画板"软件的运动按钮可以分为"动画"和"移动"两种。"动画"的运动方向可以分为向前、向后、双向、自由4种；"移动"中的速度又可以分为慢速、中速、快速和高速4种，在其后面的输入框中可以输入一个合适的数值，自定义合适的速度。经过巧妙的组合后，所制作的图形都可以在各自的路径上以不同的速度和方向进行动画或移动,以产生良好、强大的动画效果;并且所度量的角度或线段的长度及其他的一些数值也可以随着运动而不断发生变化,非常接近于实际,可以更好地达到数形结合。

2. "声音"按钮

几何画板 V5.05 的"操作类按钮"中新增加了一个"声音"命令,这是一个很有趣的功能,利用它可以构造出听函数的按钮,单击时,会发出函数图像对应的声音。

3. 防止误操作按钮的制作

在几何画板课件操作中,经常会对按钮进行误操作,出现错误信息对话框或使某一对象操作后处于被选中状态,中断了课件的正常运行和破坏屏幕显示内容。为了避免以上问题的发生,下面给出一个解决方法:将单独的操作按钮和任一点的"显示/隐藏"按钮一起建立"系列"按钮,并将执行参数设置为"同时执行",修改标签为相应的名称即可。这样建立的按钮,无论如何操作,都不会发生错误。

创新园

01 绘制"花瓣展开"动画,利用动画功能,通过操作按钮追踪点,出现花瓣展开的轨迹,效果如图 6-89 所示。

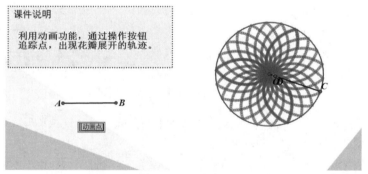

图6-89 课件"花瓣展开动画"效果图

02 制作"轨迹法画椭圆动画"课件。首先过原点画出一个圆 O;其次在圆上任取一个点 A,过点 A 作 X 轴的垂线,垂足为点 B,隐藏垂线,构造线段 AB;然后构造线段 AB 的中点 C,依次选中点 A、C,选择"构造"→"轨迹"命令;最后制作动画按钮来控制点 A、B 的运动,当单击"动画点"按钮时,点 C 的轨迹就会自动出来,从而构造了一个椭圆,效果如图 6-90 所示。

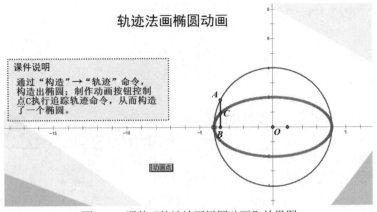

图6-90　课件"轨迹法画椭圆动画"效果图

6.6　小结和习题

6.6.1　本章小结

本章通过一些具体实例,从制作简单的课件开始,到深入研究"几何画板"软件如何绘制函数图像、制作交互性动画课件等方面,对课件制作的基本知识和操作技巧进行了系统介绍。本章需要掌握的主要内容如下。

- 几何画板制作基础:了解"几何画板"软件的使用界面,掌握选择对象、移动对象、旋转对象、缩放对象、删除和恢复对象等方面的基本知识及操作方法。
- 绘制平面几何图形:学习简单的点、线的绘制方法,主要有文字的添加和设置、几何对象的隐藏和显示、迭代的使用方法等。
- 绘制立体几何图形:熟练利用"轨迹"命令绘制旋转体,利用自定义工具创建工具"三维坐标系",并学习棱的虚实工具的使用方法。
- 绘制函数图像:介绍常用函数的图像绘制方法。
- 制作动画型课件:熟练利用"动画"和"移动"命令制作交互性动画课件,学会使用参数控制动画等。

6.6.2　强化练习

一、填空题

1. "几何画板"软件保存5种文件类型,它们分别是_____、_____、_____、_____、_____。

2. "几何画板"软件界面由_____、_____、_____、_____、_____及_____等部分组成。

3. 在对几何对象进行移动、删除、复制等操作之前,必须要_____。

4. 在"几何画板"软件中,"文字"工具 A 的功能有_____、_____、_____、_____、_____。

5. 在"几何画板"软件中,旋转、缩放对象时必须先确定_____。

二、选择题

1. 下列中不是"自定义"工具▸功能的是( )。
   A. 创建新工具　　　　　　　　　B. 调用自定义工具
   C. 查看课件制作步骤　　　　　　D. 显示文本工具栏
2. 在"几何画板"软件中,第二功能键是( )。
   A. Ctrl　　　　B. Shift　　　　C. Alt　　　　D. Ctrl+Shift
3. 在圆 O 上画弧 AB 的步骤顺序是( )。
   ① 选中圆O　② 选中点A　③ 选中点B
   A. ①②③　　　B. ②③①　　　C. ③①②　　　D. ②①③
4. 在"几何画板"软件中粘贴图片时,图片不能被约束在( )。
   A. 1个点上　　B. 2个点上　　C. 3个点上　　D. 4个点上
5. 自学制作课件的一般步骤是( )。
   ① 选择自定义工具　② 显示脚本视图　③ 选择所有对象　④ 创建自定义工具
   A. ①②③④　　B. ②①④③　　C. ③①④②　　D. ②④①③

三、判断题

1. 在"几何画板"软件中无法输入字符 γ、α、β。　　　　　　　　　　( )
2. 在"几何画板"软件中误操作时,可按 Ctrl+Z 键撤销。　　　　　　　　( )
3. 制作多页面课件时,删除页面后是无法撤销的。　　　　　　　　　　　( )
4. 在"几何画板"软件中,只能绘制自然对数、常用对数函数图像。　　　( )
5. 路径动画的动作路径只能在连续的曲线或直线上。　　　　　　　　　　( )

四、问答题

1. 简述"几何画板"软件隐藏对象有几种途径。
2. 使用"几何画板"软件如何制作多页面课件及通过按钮实现页面跳转功能?
3. 简述"几何画板"软件的迭代和深度迭代有何区别。
4. 使用"几何画板"软件如何制作系列按钮实现复杂的功能?
5. 如何输入"几何画板"软件本身没有自带的字符?

第7章　多媒体CAI课件制作综合实例

多媒体 CAI 课件的制作是一项富有挑战性的工作。一个优秀的多媒体 CAI 课件应融教育性、科学性、艺术性、技术性于一体，这样才能最大限度地提升教学效果，提高教学质量，充分激发学习者的潜能。制作一个优秀的多媒体 CAI 课件，不仅要有严格的科学精神，还要有丰富的想象力。

本章以制作八年级《语文》课件"大自然的语言"为例，综合前面所学知识，结合教学实际，详细介绍课件开发流程，期待读者能举一反三，制作出更多能用于实际教学的课件。

■ **本章内容**
- 课件制作规划
- 编写课件脚本
- 准备课件素材
- 制作发布课件

7.1 课件制作规划

本实例是八年级《语文》下册"大自然的语言"课件内容，是一篇介绍物候学知识的说明文。在制作课件之前，要认真推敲文章，确定学生学习目标，把握教学重难点，根据学生的实际学情写出详细的教学设计。围绕教学设计，再进行课件制作的规划，如确定课件需要创建的学习情境、展示时机、内容和方式等，明确课件的功能及制作思路。

7.1.1 课件制作需求分析

课件的作用是展示教学设计，强调教学重点，突破教学难点，根据本课的教学重、难点，按要求筛选相关信息、概括文章要点，体会科普说明文语言具体、生动、形象、准确等特点，针对八年级学生的语文学习，制作的课件大致需要具备以下两个功能。

1. 创设情境

教师要为学生的学习尽可能创设真实的情境，考虑学生缺少野外观察体验，难以理解本文中提到的物候知识，制作课件时可采用图片、音视频等创设情境，如图7-1所示。

图7-1 创设情境

- 图片创设情境：用图片展示春、夏、秋、冬等景色，给学生以真实的视觉感受，激发学生学习课文的积极性。
- 音、视频创设情境：语文学科中的"读"占有非常重要的作用，在教学时采用启发诱导和品读相结合的方法通过朗读课文的音、视频，让学生从视觉和听觉上感受科普文的基本特点。

2. 呈现信息

多媒体课件中的一个特点是信息量大，可让学生快速阅读筛选整合信息，如图 7-2 所示，课件第 4 张幻灯片介绍了作者，第 12 张幻灯片分析了课文中的语言特点。

图7-2　呈现信息

- 作者介绍：作者是气象学家，本文介绍的内容是气象学的一个分支学派——物候学，通过对作者情况的介绍，让学生了解作者作为一位科学家在其科学作品中体现出来的形象、生动、准确的科学思维语言。
- 语言分析：需掌握的字词、句子、语言分析等，通过分析课文结构和语言，感受作者实事求是的精神和科学严谨的态度。

7.1.2　课件制作流程

课件的制作流程：首先编写脚本；其次根据脚本分析本节课会用到的素材，如文字(课文原文、作者介绍、练习等)、图片(作者图像、四季图片、大自然图片等)、课文朗读的视频、动画或声音等；然后确定制作课件使用的软件；最后完成课件的制作，如下图所示。

1. 编写脚本

脚本设计是制作多媒体课件的重要环节，需要对教学内容的选择、结构的布局、视听形象的表现、人机界面的形式等进行周密的考虑和细致的安排，它的作用相当于影视剧本。

2. 准备素材

"大自然的语言"一课所涉及的素材有文字、图片、音视频等，收集素材的方法有多种，以下做简单介绍。

- 文字素材：可直接输入计算机，也可在网上下载，有关作者的介绍可以从网上查找并下载。
- 图片素材：可以采用数码相机拍摄、扫描仪扫描、网上下载等方法，本实例中使用的图片素材全部为网上下载。
- 音视频素材：语文中的课文朗读声音文件不可少，一般采用自己录制、网上下载等方法获得，本实例采用网上下载的方法。

3. 确定制作软件

本课件使用 PowerPoint 2019 软件制作。本实例中下载的图片选用 Photoshop、美图秀秀、光影魔术手等软件进行预处理。处理声音使用的是 GoldWave，课件中使用它截取音乐文件；视频处理软件使用的是 Camtasia Studio，使用"狸窝全能视频转换器"软件转换视频格式。实例中使用的动画如相册，可采用 PowerPoint 软件中的自定义动画实现，也可使用 Flash 实现，本实例采用 Flash 软件制作完成。

7.2 编写课件脚本

课件脚本包含课件文字脚本和课件制作脚本，编写课件脚本的工作量很大，该阶段需要考虑课件制作的所有细节问题，正所谓"磨刀不误砍柴工"，做好这部分工作，将为后续课件的制作节省很多时间。

7.2.1 编写课件文字脚本

课件文字脚本就是按照教学过程，描述教学中每一环节的教学内容及其呈现方式的一种文本形式。通过文字脚本可以体现多媒体 CAI 课件的教学设计情况，文字脚本一般由学科教师编写，并由具有学术水平和教学经验的学科专家进行审查。编写文字脚本时，应根据主题需要，按照教学内容的相互联系和教育对象的学习规律，对有关画面和声音材料分出轻重主次，合理地进行安排和组织，以便完善教学内容。

1. 课件文字脚本构成

多媒体 CAI 课件文字脚本的编写包括学习者的特征分析、教学目标的描述、知识结构的分析、学习模式的选择、学习环境与情境的创设、教学策略的制定、教学媒体的选择设计等内容。

2. 课件"大自然的语言"文字脚本示例

文字脚本一般包括序号、内容、媒体类型、呈现方式。如果是练习或测试，则应包括序号、题目内容(包括提问和答案)、反馈信息等。

1) 文字脚本设计

课件"大自然的语言"文字脚本示例如表 7-1 所示。

表7-1 课件"大自然的语言"文字脚本示例

学科	使用对象	设计/制作者	课题	课件用途
语文	八年级	方舟	大自然的语言	新课讲授
序号	内容	媒体类型	呈现方式	
1	封面	图片、文字	图片与文字同时呈现	
2	导入新课	图片、文字	呈现文字	

(续表)

序号	内容	媒体类型	呈现方式
3	初读课文	文字、视频	呈现视频
4	作者介绍	图片、文字	呈现文字
5	积累字词	文字	用文本框组织文字呈现
6	思考练习	文字	用文本框组织文字呈现
7	再读课文	动画、文字	分段显示文字
8	指导研读	文字	用文本框组织文字呈现
9	思考练习	文字	用文本框呈现习题文字
10	品读课文	音乐、文字	伴随音乐呈现文字
11	概括语言	文字	用文本框呈现文字
12	思考练习	文字	用文本框呈现文字
13	小结拓展	文字	用文本框呈现文字
14	封底	图片、文字	图片与文字同时呈现

2) 提炼课件栏目

在动手制作课件之前,一定要考虑好课件内部结构的设计问题,只有合理规划课件的栏目,才能使课件主题明确、层次清晰,否则会造成目录庞杂混乱。以下是编排栏目时特别需要注意的几点。

(1) 根据教学需要从课件内容中提炼出栏目,并且栏目既要有独立性又要相互关联。

(2) 尽可能将最有价值的内容列在栏目上,各栏目的内容要围绕课件主题。

(3) 尽可能从使用者的角度编排栏目目录,以方便使用。

在完成课件"大自然的语言"的教学设计后,紧接着就要根据教学内容和需要确定课件的内容结构。本实例将课件分为导入新课、初读课文、再读课文、品读课文、小结拓展 5 个主栏目,其中"初读课文"栏目又细分为作者介绍、积累字词、思考练习 3 个子栏目,"再读课文"栏目又细分为指导研读、思考练习等,"品读课文"栏目分为概况语言、思考练习等栏目,这些栏目基本上涵盖了本课所需要的各方面内容。

7.2.2 编写课件制作脚本

课件制作脚本一般是根据编写好的文字脚本,按照课件开发的要求编写而成的,是在文字脚本的基础上创作的。它不是直接、简单地将文字脚本形象化,而是在深度学习了文字脚本的基础上,进一步地引申和发展。

1. 课件制作脚本的构成

多媒体 CAI 课件制作脚本一般包括 CI(标志、色彩、字体、标语)、版面布局、浏览方式、课件结构及交互设计等内容,对于大型的多媒体 CAI 课件还要进行各主要模块的分析、链接关系的描述等。在设计制作脚本时,要尽量形成独特的课件"风格"。通常情况下,编写多媒体 CAI 课件的制作脚本包括三方面内容:色彩、字体设计;安排课件结构导航;界面设计。

2. 课件制作脚本的详细设计

制作脚本的设计形式不是千篇一律的,下面从色彩、字体、课件结构导航和界面设计几方面来设计编写课件"大自然的语言"的制作脚本。

1) 色彩、字体设计

根据说明文《大自然的语言》的意境,选择绿色调为课件基准色调,采用丰富的颜色,衬托大自然的活力;以深绿色为正文文字颜色,课件的演示媒体为多媒体教室的投影,所以课件"大自然的语言"中的字体以方正姚体和微软雅黑为主。

2) 课件结构设计

课件"大自然的语言"的结构如图7-3所示。

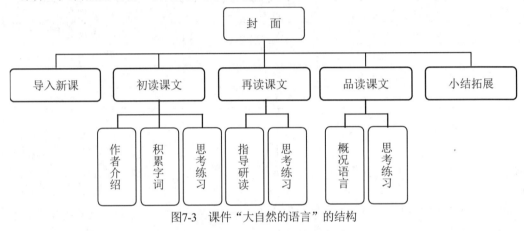

图7-3 课件"大自然的语言"的结构

该课件主要是以教学展示为主、自主学习为辅,其学习过程及控制的设计主要通过课件的导航,使用者可根据需要,自由选择播放内容,实现自主使用。

3) 页面设计

页面设计是将课件的风格、版式与结构、内容完美结合的过程。页面设计除了要版面美观大方、内容安排合理,还要考虑课件的应用环境,比如在大屏幕投影上放映的课件,其配色、字体粗细、单页面上文字的量的安排等,都需要仔细考虑并试用。

7.3 准备课件素材

多媒体素材是课件中用于表达一定思想的各种元素,包括图形、动画、图像、文本、音视频等。根据上述"大自然的语言"课件脚本,需要收集相应的文字、图片、声音和视频动画等素材,这些素材的取得可以通过多种途径,如利用扫描仪采集图像、利用动画制作软件生成动画、用话筒输入语音,或者从各种多媒体素材资源中取得。

7.3.1 准备文字图片素材

根据课件脚本设计,"大自然的语言"课件需要文字(课文原文、作者介绍、练习等)、图片(作者图像、四季图片、大自然图片等)。通过前面章节的学习,可以知道获取文字和图片素材的方法有多种,下面以网络搜集为例,介绍如何搜集作者介绍及作者图像素材。

■ 准备图片素材

课件中涉及的各种图片素材可以利用搜索引擎进行查找,找到需要的图片素材后,有时需要先利用图像软件处理下载图片中的水印或干扰因素。

01 搜索图片 登录"百度图片"网站,按图 7-4 所示操作,以"竺可桢"为关键词搜索"作者"图片素材,保存所选择的图片。

图 7-4 搜索图片

02 打开图片 按图 7-5 所示操作,在 Photoshop 软件中打开下载的"竺可桢"图片。

图 7-5 打开图片

03 创建选区 按图 7-6 所示操作，用套索工具选择"竺可桢"图片中的文字部分。

图 7-6 创建选区

04 内容识别 按图 7-7 所示操作，在软件默认的识别范围基础上，修改内容识别取样区域。在本实例中去除人物脸部的区域，以增强识别填充的精确度。

图 7-7 内容识别

 Photoshop 的内容识别填充功能，是利用人工智能识别技术检测选定范围周围的像素点，以快速修补选中位置的污点。

■ 准备文字素材

课件中所需的文字内容，利用搜索引擎搜索后，复制到记事本或文字处理软件中，以备后用。

01 搜索文字　按图7-8所示操作，搜索课件"大自然的语言"所需文字素材并复制。

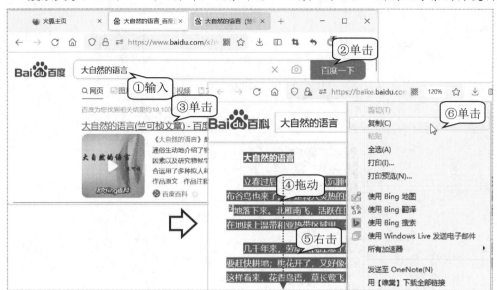

图7-8　准备课件"大自然的语言"文字素材

02 粘贴文字　选择"开始"→"所有程序"→"附件"→"记事本"命令，打开记事本，选择"编辑"→"粘贴"命令，将文字粘贴到"记事本"中。

03 保存文字　选择"文件"→"保存"命令，将文本以"大自然的语言"为名保存到素材文件夹中。

7.3.2 准备音视频素材

制作语文课件时，原文朗读的音频或视频是必不可少的。音视频素材的准备可以自己制作，也可以借用网上的优质资源。视频素材，可以使用专门的视频软件下载，但由于现在很多网站的视频下载比较困难，因此可以使用录屏软件翻录。课件制作软件不同，对视频格式也有一定的要求，需要时可以通过格式转换工具软件进行格式转换。

跟我学

■ 准备视频素材

视频素材可以通过网络下载，可使用的软件有很多，如硕鼠、快剪辑等。本实例使用硕鼠软件下载视频。

01 查找网上视频　利用搜索引擎找到视频网址，按图7-9所示操作，查找网上视频。

02 复制视频网址　按图7-10所示操作，复制视频所在的网址。

03 使用硕鼠下载　打开硕鼠软件，按图7-11所示操作，使用硕鼠软件下载视频。

图7-9 查找网上视频

图7-10 复制视频网址

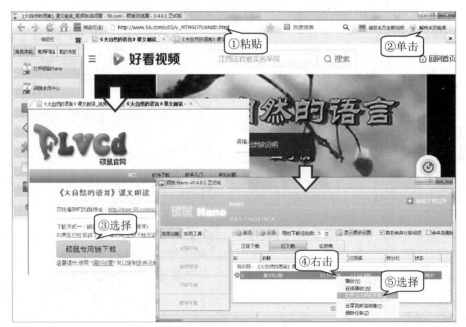

图7-11 使用硕鼠软件下载视频

现在很多网站都屏蔽了视频下载功能,当视频不能下载时,可以在视频播放时,使用录屏软件进行翻录,完成后生成所需要的视频格式即可。

■ **转换音频格式**

网上下载的音频有时不能直接用在课件制作软件中,这时可以通过一些专门软件来转换音频格式,以便于课件使用。

01 打开文件 运行"狸窝全能视频转换器"软件,按图 7-12 所示操作,打开需转换格式的声音文件。

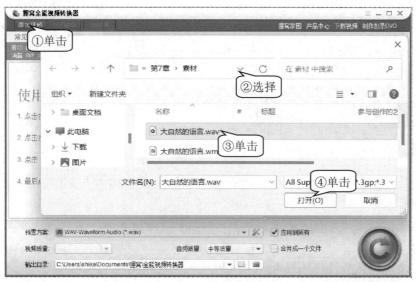

图7-12 打开声音文件

02 转换格式 按图 7-13 所示操作,选择声音转换格式,生成 MP3 格式的声音文件。

图7-13 转换声音格式

03 查看文件 在打开的输出文件夹中,找到转换后的 MP3 声音文件,并将其移到本章节的指定文件夹中。

 转换后的声音文件,如果只需要使用其中的一个片段,可以在 PowerPoint 2019 软件中进行声音的裁剪。插入声音文件后,在"播放"选项卡中,选择"剪裁音频"即可方便地进行声音的剪裁。

7.3.3 准备动画素材

《大自然的语言》是一篇介绍物候学知识的科普文章。根据脚本设计,课件有两处用到了动画,首先是文章从一年四季的物候变化谈起,形象说明什么是"大自然的语言",导入新课时幻灯片使用 Flash 相册,让学生感受一年四季的变化;其次是在品读课文时,同步朗读,文字与声音同时出现,便于学生阅读思考。

■ **制作四季相册**

选择一年四季的图片,网上下载时注意图片的大小,以保证制作时整体画面美观。制作相册时,采用调整图片元件的 Alpha,产生淡入淡出的效果。

01 创建相册 运行 Flash 软件,新建一个 540×427 像素的文件。

02 导入图片 选择"文件"→"导入"→"导入到库"命令,再按图 7-14 所示操作,将四季图片导入"库"面板中。

图7-14 导入图片

03 调用图片 选中第 1 帧,打开"库"面板,将图片"春小鸟"拖到舞台上,并按 F8 键,将图片设置为图形元件。

04 设置透明度 选中舞台上的图形元件,按图 7-15 所示操作,将元件的 Alpha 设置为 20%。

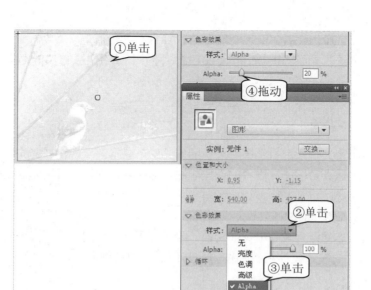

图7-15 设置透明度

05 创建补间动画 在第 30 帧处按 F6 键，插入关键帧，再按图 7-16 所示操作，创建补间动画。

图7-16 创建补间动画

06 设置透明度 选中第 30 帧上的图形元件，用步骤 04 的方法，将图形元件中的 Alpha 值设置为 100%。

07 设置其他图片 用同样的方法，调用其他图片，制作淡入淡出效果。

08 保存发布 将制作好的展示四季照片的电子相册以"Photo.fla"为文件名，保存在课件素材文件夹中，并发布得到"Photo.swf"文件，备用。

7.4 制作发布课件

制作课件的主要任务是根据脚本的要求和设计意图，将文字、图片、声音和视频等素材合成起来。虽然制作课件的软件越来越简单易学，为教师亲自动手制作课件提供了方便，但要制作成交互性强、操作灵活、视听效果好的 CAI 课件，仍需下一番功夫。前面章节介绍了这些软件的使用方法，下面以 PowerPoint 2019 软件为例，介绍"大自然的语言"课件的制作、发布过程。

7.4.1 课件制作分析

《大自然的语言》一文是科学家竺可桢的作品。在课堂教学中，需要先营造贴切文章内容的氛围，以便学生能真切地体会作者的创作想法，更深入地理解文章，而这正是多媒体课件的特长。

本实例课件的效果如图 7-17 所示，课件显示了一个有着一年四季特点的相册，课件导航放在幻灯片的左侧，方便课堂教学中灵活切换。限于篇幅，本实例仅介绍部分幻灯片的制作方法和要点，以及课件的整体设计和控制技巧，其他部分的制作方法，请参看前面相关章节自行完成。

图7-17　课件"大自然的语言"效果图

本课件除封面、封底共有 13 张幻灯片，从结构图中可以看出共有两层菜单，主菜单下有 5 个菜单项，这 5 个菜单项中有 3 个有二级子菜单。导航设计是课件的独特之处，可方便在每个教学环节之间进行切换，制作上也很方便，制作完成后，其他幻灯片可用"复制"和"粘贴"的方式制作。

7.4.2 制作课件模板

若要经常制作课件，对于同一学科的课件可以制作课件模板，以便统一风格，节约制作时间。课件模板包括的内容很多，如封面、封底与幻灯片的版式等。限于篇幅，此部分着重介绍幻灯片母版的统一幻灯片背景及封面的制作。

■ 制作幻灯片母版

使用幻灯片母版，可统一背景设计、项目符号和字体的类型与大小，插入要显示在多张幻灯片上的艺术图片(徽标)等，使课件风格统一、整齐美观。

01 打开课件　运行 PowerPoint 软件，打开"大自然的语言.pptx"文件。

02 进入母版视图 在"视图"选项卡的"母版视图"区,按图7-18所示操作,选中第1张"标题幻灯片"版式,为幻灯片添加纯色背景。

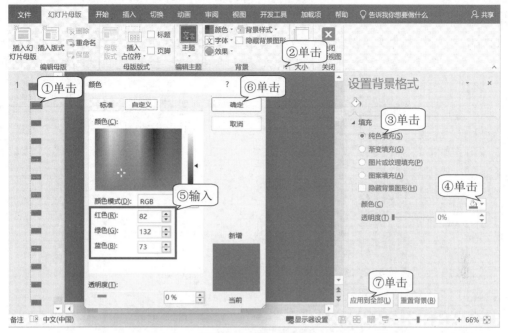

图7-18 设置母版背景

03 制作第2张版式 选择"母版视图"区的第2个"标题与内容"版式,绘制一个矩形,矩形无轮廓,填充颜色为浅绿色(224,231,205)。

04 制作第3张版式 同样的方法制作第3张"节标题"版式,绘制的矩形颜色为白色(255,255,255)。

05 添加文本框 删除3张新建版式上的"日期""页脚""页码"等文本框,在第2、3张幻灯片中添加文本框,输入文字"人教版八年级下册《大自然的语言》",调整好文本框的大小与位置,效果如图7-19所示。

图7-19 添加文本框效果

06 关闭母版视图 按图7-20所示操作,保存课件并关闭幻灯片母版视图。

图7-20 关闭母版视图

■ 制作封面背景

为突出课题，封面使用一年四季的图片作为装饰，因此封面背景采用了相册的样式，使用相册放置各种类型的图片，更加美观。

01 插入图片 选中第 1 张幻灯片，设置版式为"标题幻灯片"。在幻灯片中插入素材文件夹中的图片"春天树叶.jpg"，调整图片的大小和位置，按图 7-21 所示操作，为图片添加阴影效果。

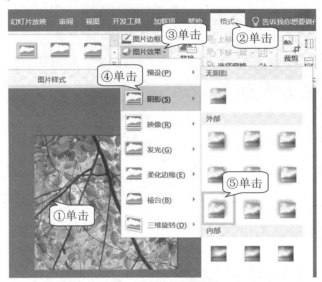

图7-21 添加阴影效果

02 绘制矩形 按图 7-22 所示操作，在封面幻灯片的中间绘制一个矩形，设置矩形颜色为白色，无轮廓。

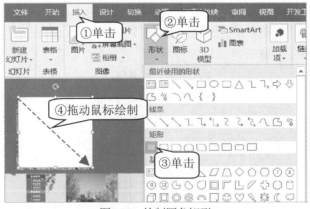

图7-22 绘制圆角矩形

03 设置叠放次序 右击矩形，在快捷菜单中选择"置于底层"命令，将白色矩形叠放在图片下方。

04 添加其他图片 用同样的方法添加封面右下角春夏秋冬四张装饰图片，效果如图 7-23 所示。

图7-23 添加封面配图

 在排列图片时,可以使用"格式"选项卡"对齐"按钮中的相关命令来快速对齐图片。

■ **制作课件标题**

课题的制作,不仅要醒目,也要贴合课文内容。在本实例中使用了矩形和直线等形状来突显标题文字。

01 绘制矩形 在"插入"选项卡中,选择"形状"→"矩形"工具,绘制一个白色矩形,设置矩形为无填充,轮廓的线条粗细为2.25磅。

02 绘制线条 在"插入"选项卡中,选择"形状"→"直线"工具,绘制一个白色线条,设置线条粗细为1磅,效果如图7-24所示。

图7-24 绘制线条

03 输入标题文字 选中第1张幻灯片,在"插入"选项卡中,选择"文本框"→"绘制横排文本框"命令,绘制文本框,输入课件标题"大自然的语言"。

04 设置标题格式 选中标题"大自然的语言",在"开始"选项卡的"字体"按钮区,设置标题格式为"白色、方正粗宋简体、80磅、加粗",效果如图7-17所示。

7.4.3 制作课件导航

多媒体课件涉及的教学信息内容增多时,各知识点之间的关系会变得复杂多样,如果学习者对课件内容不熟悉,就像在大海中航行一样,容易迷航,而使用导航就能避免这种现象。鲜明、准确的导航(如图7-3 所示)能够帮助学习者理解课件所表达的教学内容,引导其进行有效学习,提高学习效率。

跟我学

■ 制作课件导航

利用插入形状的功能,在幻灯片上插入图形、添加文字作为课件导航图标,适当调整大小,并利用对齐功能快速对齐。

01 绘制按钮　新建一张幻灯片,选择"标题与内容"版式,在"开始"选项卡的"绘图"功能区,选择"矩形"工具,在幻灯片上绘制一个矩形,按图7-25所示操作,设置矩形的颜色和不透明度。

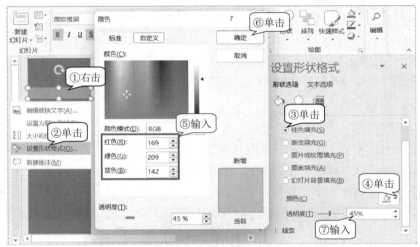

图7-25　绘制导航按钮

02 添加按钮文字　右击矩形按钮,选择"编辑文字"命令,输入文字"导入新课",为按钮添加文字,文字格式为"微软雅黑、18磅、加粗、阴影"。

03 绘制第2个按钮　复制粘贴"导入新课"按钮,调整位置至"导入新课"按钮的下方,并修改按钮文字为"初读课文"。

04 绘制渐变线条　"初读课文"有3个二级目录,先制作第1个二级目录"作者介绍"。在"初读课文"按钮下方绘制一条水平线条,粗细为2.25磅,宽度为4.9厘米,颜色为浅绿色,按图7-26所示操作,设置线条形状格式为渐变线。

图7-26　绘制渐变线条

05 制作二级目录 再绘制一条垂直渐变线条，粗细为 2.25 磅，高度为 1.21 厘米，用同样的方法设置线条的格式。

06 添加文字 在"插入"选项卡中，选择"文本框"命令，绘制一个文本框，输入文字"作者介绍"，设置文字"颜色为白色、字体为汉仪劲楷简、字号为 18 磅"，并将绘制的线条和文本框组合成一个对象，效果如图 7-27 所示。

图7-27　二级目录效果

07 完成目录制作 通过复制、粘贴的方法，完成剩余 3 个一级目录和 6 个二级目录的制作。

08 对齐一级目录 按住 Ctrl 键，同时选中 5 个一级目录，在"格式"选项卡中，选择"对齐"→"左对齐"命令，完成一级目录的对齐效果。用同样的方法对齐 7 个二级目录。

09 对齐二级目录 按住 Ctrl 键，同时选中"初读课文"目录下 3 个二级目录，在"格式"选项卡中，选择"对齐"→"纵向分布"命令，实现二级目录的上下等距离分布。

10 完成其他部分 输入幻灯片中其他文字部分，插入导航目录装饰图片和大自然四季的图片，调整大小并移到合适的位置，最终第 2 张"导入新课"的幻灯片的效果如图 7-28 所示。

图7-28　导航目录效果图

7.4.4　制作课件内容

课件内容幻灯片的设计也应保持课件的整体风格，并充分利用各种工具和技巧来快速制作。限于篇幅，下面仅介绍两张有代表性的幻灯片的制作，其他幻灯片的制作请读者参照示范课件自行完成。

■ **制作视频幻灯片**

课文朗读的视频幻灯片制作，主要是做好前期的视频下载和转换处理工作，因此应事先检查一下课件制作软件支持哪些视频格式。

01 插入影片 选中第 3 张幻灯片,选择"插入"选项卡,单击"影片"按钮,插入"大自然的语言.wmv"影片,并选择"单击后播放"选项。

02 裁剪影片 选中影片,按图 7-29 所示操作,裁剪影片上下不需要显示的部分。

03 保存课件 单击"保存"按钮,保存修改的结果。

图7-29 设置影片格式

> 在"插入视频文件"对话框的文件类型下拉列表中选择"动画",可以在幻灯片上插入 SWF 动画文件,用此方法制作两张插入动画的幻灯片。

■ 制作文字幻灯片

在 PowerPoint 中,以文字为主的幻灯片主要是用艺术字或文本框工具来制作,重点是文字的颜色、字号、字体等选择要合理。

01 录入文字 选中第 6 张幻灯片,利用"文本框"工具在幻灯片上制作多个文本框,并输入相应的文字,根据教学需要,设置好文字的格式。

02 设置对齐 按住 Shift 键,选中幻灯片中 4 道题的题干部分,按图 7-30 所示操作,设置题干左对齐。

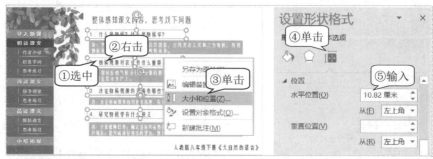

图7-30 设置对齐

03 添加答案按钮 在"插入"选项卡中,选择"图标"工具,按图 7-31 所示操作,添加"叶子"图标,调整好大小,放在幻灯片的适当位置。

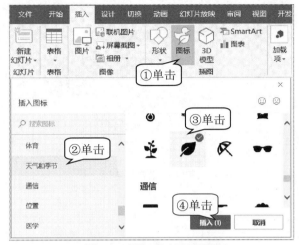

图7-31 添加"叶子"按钮

04 修改按钮颜色 选择"叶子"图标,按图 7-32 所示操作,设置叶子的填充颜色为"绿色",使用"复制""粘贴"命令再复制 3 个"叶子"图标,放在幻灯片的适当位置。

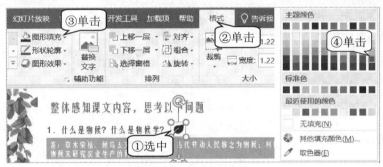

图7-32 修改按钮颜色

05 保存课件 单击"保存"按钮,保存修改的结果。

■ 制作交互导航栏

通过为自选图形设置超链接的方式,实现课件的跳转,只需完成一个幻灯片中导航栏的制作,其他页面可通过"复制""粘贴"的方法完成。

01 选择命令 选中第 2 张幻灯片中的"导入新课"导航按钮,右击,选择"链接"命令,打开"插入超链接"对话框。

02 创建对象超链接 按图 7-33 所示操作,为"导入新课"按钮创建超链接,链接到第 2 张幻灯片。

03 创建其他超链接 重复上述步骤,为其他按钮创建超链接,链接位置如图 7-34 所示。

04 设置填充效果 选中第 2 张幻灯片,选中"导入新课",按图 7-35 所示操作,为当前超链接设置填充效果。用同样的方法,为其他幻灯片对应的导航按钮设置填充颜色。

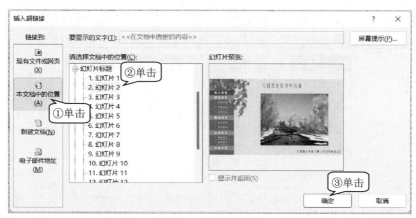

图7-33　创建超链接

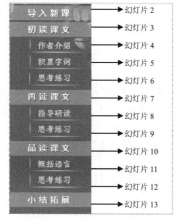

图7-34　超链接的链接位置

图7-35　设置超链接填充效果

05 保存课件　单击"保存"按钮，保存修改的结果。

7.4.5　设置动画效果

通过课件动画效果的设置，可使课件按照教学需要有序地展示内容，一来课件更加生动形象，二来使展示内容的条理性更加明显。

限于篇幅，下面仅介绍第 1 张封面幻灯片和第 6、7 张幻灯片的动画设置，其他幻灯片的效果请读者参照示范课件自行完成。

在PPT中插入Flash动画

■ 设置封面动画

封面动画首先播放"寂静山林"音乐，其次用熔解的方式展示课题，最后封面上的图片整体出现。

01 插入音频　选中第 1 张幻灯片后，单击"插入"选项卡，选择"媒体"按钮区"音频"按钮，插入"素材"文件夹中的"寂静山林(轻音乐).mp3"文件。

02 设置声音播放选项　选中幻灯片上的声音图标，按图 7-36 所示操作，设置幻灯片放映时自动播放该声音。

图7-36　插入声音并设置声音选项

 在播放幻灯片时，声音图标默认是显示的。有时为了在播放幻灯片时不会看到声音图标，除了可以把声音图标移除页面范围，还可以选取"放映时隐藏"选项。

03 设置图片进入动画　按住 Shift 键，选中第 1 张幻灯片中的所有图片对象，按图 7-37 所示操作，使所有图片以淡入的方式展示。

图7-37　设置图片进入动画

04 保存课件　单击"保存"按钮，保存修改的结果。

■ 设置练习动画

自定义动画的播放顺序是根据其预先设置的顺序依次播放的。为了实现随机播放的效果，可以使用触发器来控制文本的随机显示方式。

01 设置答案进入效果　选中第 6 张幻灯片中的答案文本框，按图 7-38 所示操作，设置答案的进入效果为"劈裂"。

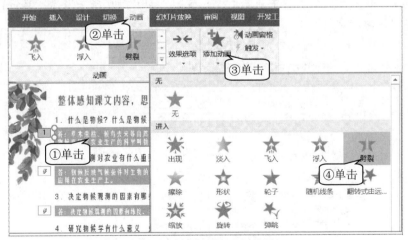

图7-38　设置答案进入效果

02 打开"动画窗格"　在"动画"选项卡中，单击 动画窗格 按钮，打开"动画窗格"。

03 设置触发器 选中第1个答案,按图7-39所示操作,设置单击"叶子"图标时,展示第1题的答案。

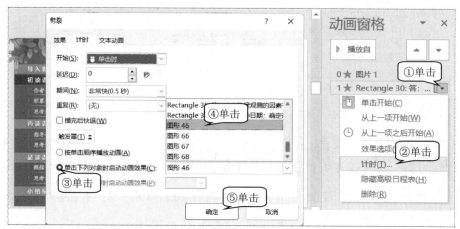

图7-39 设置触发器

 如何确定答案对应的"触发器"对象?在"开始"选项卡中,选择"选择"→"选择窗格"命令,打开"选择"窗格,单击幻灯片中的第1题后的"叶子"图标,在"选择"窗格中查看该图标的名称,从而确定第1题的答案触发对象名称是"图形46"。

04 设置其他动画效果 用同样的方法,设置其他3道题的动画效果。
05 保存文件 单击"保存"按钮,保存修改的结果。

■ 添加Flash动画

Flash 动画是 SWF 格式文件。若想在 PowerPoint 文件中播放 SWF 格式文件,可以通过控件插入幻灯片中,也可以通过插入视频的方式添加 Flash 动画。

01 切换幻灯片 打开课件,切换至第7张幻灯片。
02 添加 Flash 动画 单击打开"插入"选项卡,按图7-40所示操作,添加 Flash 动画,调整动画播放窗口大小和位置。

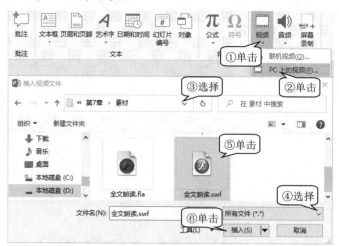

图7-40 添加Flash动画

03 测试动画 按 Shift+F5 键测试当前幻灯片，查看效果并保存文件。

7.5 小结和习题

7.5.1 本章小结

本章通过一个具体实例，从编写脚本、准备素材、制作发布等各个环节，展示了课件从设计到开发制作的完整过程，介绍了课件开发各环节的相关知识、方法和技巧，以帮助读者在学完本书后，对课件开发制作有一个整体的认识。本章需要掌握的主要内容如下。

- **课件制作规划**：根据教学设计，确定课件所需要的素材，分析课件制作的重点与难点。
- **编写课件脚本**：了解课件文字脚本的构成和基本编写方法；了解课件制作脚本的相关知识、详细设计过程和方法。
- **准备课件素材**：了解课件素材准备在课件制作过程中的重要性；掌握网络搜索下载素材的基本方法，以及视频素材的下载技巧和转换方法。
- **制作发布课件**：熟练利用一种课件制作软件完成课件的制作并发布。

7.5.2 强化练习

在自己对应的学科教学中，选择一个合适的课题，选定合适的课件制作软件，制作一个综合的课件。要求本课件要按照完整的课件制作过程来实施，体验编写课件文字脚本→制作脚本→准备课件素材→制作课件的完整过程。